Den Gefallenen des Kreises Hoya zum Gedächtnis

Jan H. Witte

# Die Soldaten des Kreises Hoya im Ersten Weltkrieg

Einsätze, Gefechte, Verluste

www.tredition.de

© 2020 Jan H. Witte

Verlag & Druck: tredition GmbH, Halenreie 40-44, 22359 Hamburg

ISBN

| Paperback | ISBN 978-3-7497-8151-5 |
| Hardcover | ISBN 978-3-7497-8152-2 |
| e-Book | ISBN 978-3-7497-8153-9 |

Das Werk, einschließlich seiner Teile, ist urheberrechtlich geschützt. Jede Verwertung ist ohne Zustimmung des Verlages und des Autors unzulässig. Dies gilt insbesondere für die elektronische oder sonstige Vervielfältigung, Übersetzung, Verbreitung und öffentliche Zugänglichmachung.

Vorwort

Vor einhundert Jahren kehrten die letzten kriegsgefangenen deutschen Soldaten aus dem Ersten Weltkrieg in die Heimat zurück. Darunter befanden sich auch etliche aus dem damaligen Kreis Hoya. Denjenigen, die nicht aus dem Krieg zurückkehrten, wurden in ihrer Heimat Denkmäler gesetzt. Die Denkmäler sind noch vorhanden, doch heute, drei bis vier Generationen später, steht der geneigte Betrachter zumeist ratlos vor einer Liste von Namen und Daten, die für sich genommen wenig aussagekräftig sind. Die zugehörige Geschichte vom Einsatz und Verlust der Hoyaer Soldaten zu erzählen, soll Aufgabe dieser kleinen Darstellung sein.

Der Erste Weltkrieg war mehr als ein ereignisloser und schier endloser Stellungskrieg. Männer aus dem Kreis Hoya kämpften in China, Afrika und Palästina. Sie dienten bei der Infanterie, als Jagdflieger und als U-Bootbesatzungen. Ihr Weg in und durch den Krieg ist nicht einfach nachzuvollziehen. Im Heimatmuseum Grafschaft Hoya lagert – weithin unbekannt und vergessen - das sogenannte „Eiserne Buch"; ein Foliant, versehen mit einem „genagelten" Einband und dem schlichten Titel: „Dem Andenken der im Weltkriege 1914/1919 Gefallenen aus dem Kreise Hoya gewidmet". In diesem Buch listeten die alphabetisch geordneten 60 Gemeinden des damaligen Kreises ihre Gefallenen und Vermissten auf. Anhand dieser Aufzeichnungen und der mittlerweile „online" zugänglichen Verlustlisten kann der Weg der kreisangehörigen Soldaten in und durch den langen und verlustreichen Krieg zumindest in den Grundzügen dargestellt werden. Ausgestellt war das Eiserne Buch – verwahrt in einem ebenholzfarbenen mannshohen Schrein - wahrscheinlich im damaligen Kreishaus in Hoya. Auch der Schrein befindet sich inzwischen im Heimatmuseum.

Angesichts der im Eisernen Buch verzeichneten über eintausend Gefallenen kann im Rahmen der hier vorgelegten Studie nicht auf jedes Schicksal eingegangen werden. Stattdessen soll v.a. anhand derjenigen Einheiten, in denen relativ die meisten Soldaten aus dem Kreis Hoya dienten und fielen (also den Einheiten der niedersächsischen Armeekorps), der Weg der Ereignisse nachvollzogen werden.

Hoya, im Mai 2020

Dr. Jan H. Witte

# Inhaltsübersicht

I. Quellenlage .................................................................. 9

II. Die deutschen Streitkräfte ........................................ 21
  1. Armeegliederung ........................................................ 21
  2. Mobilmachung ............................................................ 27

III. Der Krieg 1914 ........................................................... 29
  1. Vormarsch im August ................................................ 29
    a) Der Angriff auf Lüttich ......................................... 29
    b) Vormarsch zur Sambre.......................................... 33
    c) Schlacht bei Charleroi und Namur ..................... 39
    d) Die Schlacht von St. Quentin .............................. 58
    e) Andere Fronten im August 1914 ......................... 78
  2. Schicksalsmonat September ................................... 80
    a) Die Schlacht an der Marne .................................. 80
    b) Die Stellung bei Reims ......................................... 97
    c) Andere Fronten .................................................... 111
  3. Stellungskrieg im Oktober ..................................... 115
    a) Entwicklung bei der 2. Armee............................ 115
    b) Der Wettlauf zum Meer ..................................... 117
    c) Die erste Flandernschlacht ................................ 120
  4. Der Ausgang des Jahres .......................................... 127
    a) Im Westen nichts Neues ..................................... 127
    b) Die Ostfront ......................................................... 132
    c) Hoyaer in Übersee ............................................... 142

IV. Ordensverleihungen................................................ 145
  1. Die ersten Orden ...................................................... 145
  2. Das Eiserne Kreuz 1. Klasse ................................... 151
  3. Die ranghöchsten Orden ........................................ 156

V. Hoyaer im Krieg zur See ......................................... 159
  1. Das Seegefecht vor Texel ........................................ 159
  2. Marineinfanterie....................................................... 162
  3. Der Untergang von U 58 ......................................... 164
  4. Sonstige Marineangehörige................................... 166

VI. 1915: Das Jahr der vielen Fronten ....................... 168
  1. Winterschlacht in der Champagne ...................... 168

2. Der Feldzug im Osten .......................................................174
3. Das Alpenkorps in Italien und Serbien.............................182
4. Das X. RK an der Vogesenfront.........................................188
5. Herbstschlacht in der Champagne.....................................194
6. Die übrige Westfront 1915 ..................................................201

## VII. 1916: Verdun, Somme, Rumänien........................................203
1. Verdun ...................................................................................203
2. Somme ...................................................................................214
3. Das Alpenkorps in Rumänien.............................................220
4. Der Feldzug in Mazedonien................................................226
5. Die Ostfront ..........................................................................229

## VIII. 1917: Verteidigung im Westen, Angriff im Osten ............235
1. Die aktiven Regimenter ......................................................235
   a) Champagne......................................................................235
   b) Nordfrankreich ...............................................................243
   c) Verdun ..............................................................................248
   d) In den Osten und nach Flandern .................................249
2. Das Alpenkorps....................................................................251
3. Die Reserve-Regimenter .....................................................254

## IX. Offiziere aus dem Kreis Hoya ...............................................258

## X. 1918: Bis zum Waffenstillstand ..............................................263
1. Die letzten deutschen Offensiven......................................263
2. Die Jägerbataillone...............................................................268
3. Die alliierte Schlussoffensive..............................................269
   a) August...............................................................................269
   b) September.........................................................................271
   c) Ein Grab in Nahen Osten ...............................................274
   d) Die letzten Gefallenen....................................................276

Literatur- und Quellenverzeichnis.................................................282

Abbildungsverzeichnis.....................................................................286

Anhang: Das Eiserne Buch..............................................................287

# I. Quellenlage

Die Quellenlage zu den militärischen Ereignissen des Ersten Weltkriegs ist als „mäßig gut" zu bewerten. Die Personalunterlagen der Preußischen Armee, zu der die Masse der Hoyaer Soldaten gehört haben, sind - ebenso wie die Gefechtsberichte und Truppentagebücher der einzelnen Einheiten - im Zweiten Weltkrieg größtenteils verloren gegangen. Gesammelt waren sämtliche Truppenunterlagen der preußischen Armee im „Reichsarchiv" in Potsdam, das aber 1944 durch Bombenangriffe weitgehend zerstört wurde. Erhalten geblieben sind im Bundesarchiv lediglich kleine Reste von Unterlagen der einzelnen Regimenter, Divisionen und Korps. Die Mannschaftsstammrollen und Einberufungslisten - aus denen man den genauen Werdegang der einzelnen Hoyaer Soldaten hätte entnehmen können - sind dagegen beinahe restlos vernichtet.

Eine solche Zuordnung der aus unserer Region stammenden Soldaten zu einzelnen Einheiten ist aber zumindest teilweise über die erhalten gebliebenen (und als Amtsblatt täglich herausgegebenen) „Deutschen Verlustlisten", in denen sämtliche Verwundeten, Vermissten und Gefallenen, überwiegend auch mit dem jeweiligen Geburtsort, genannt sind, möglich. Diese Listen gaben, getrennt nach den preußische, bayerischen, württembergischen und sächsischen Truppen – sowie einer Marineliste - in den ersten zwei Kriegsjahren Sammelmeldungen der einzelnen

Regimenter zu den jeweiligen Verlusten in Zeitabschnitten von etwa sechs bis acht Wochen heraus. So meldete das Reserve-Infanterie-Regiment (RIR) Nr. 74 aus Hannover, bei dem viele Hoyaer Soldaten dienten, erstmals am 25. Oktober 1914 alle Verluste für die Gefechte ab dem ersten Einsatz am 22. August bis zum 20. September 1914. Soweit man hier also einen Hoyaer Namen findet, beispielsweise in der 6. Kompanie den des Reservisten Ernst Meyer aus Bücken mit der Angabe „verwundet", so ist damit zumindest belegt, dass er innerhalb des genannten Zeitraums an einem der Gefechte dieses Regiments teilgenommen hat.

Das bereits ab dem 5. August in Kämpfe verstrickte „aktive" hannoversche Infanterieregiment (IR) Nr. 74 berichtete dagegen schon erstmals am 4. Oktober (allerdings nur für das I. und II. Bataillon) über die Verluste aus dem August 1914. Das III. Bataillon des IR 74 veröffentlichte dagegen erst am 7. (für die 9. und 10. Kompanie) und 17. Oktober (für die 11. und 12. Kompanie) die Namen der in den Augustgefechten als „Verlust" gemeldeten Soldaten. Am 29. Oktober erschien dann eine weitere Meldung des IR 74 für den Zeitraum September 1914 und Ende November wiederum für die Verluste des Oktobers. Dazwischen erschienen immer wieder kurze Berichtigungsangaben, da manche Namen zunächst falsch gedruckt erschienen oder zunächst als „vermisst" gemeldete Soldaten sich wieder bei der Truppe einfanden (oder doch gefallen oder in

Gefangenschaft geraten waren). Da die Meldungen aber stets gesammelt für mehrere Gefechtshandlungen abgegeben wurden, lässt sich daraus zumeist nicht eindeutig entnehmen, an welchen Tagen genau welche Verluste eintraten.

Ab Ende 1916 wurden die Verlustlisten dann aus Gründen der Geheimhaltung verändert. Nun erschienen lediglich noch Name, Vorname und Geburtsdatum (ohne Jahreszahl) sowie der Geburtsort. Eine Zuordnung der Soldaten zu den einzelnen Einheiten erfolgte dagegen in den Listen nicht mehr. Die Verlustliste vom 2. September 1918 gibt also beispielsweise Auskunft darüber, dass ein Leutnant der Landwehr namens Konrad Jürns, gebürtig aus Hoya, in Gefangenschaft geraten ist. Unklar bleibt aber, wann, wo und bei welcher Einheit das geschehen ist. Hintergrund dieser Umstellung war die Befürchtung, dass gegnerische Aufklärungsdienste die Höhe der eigenen Verluste - bei den an bestimmten Kampfhandlungen beteiligten Regimentern - ansonsten einfach anhand der Listen auswerten und dadurch auch eine Einschätzung hinsichtlich der Kampfkraft des Deutschen Heeres errechnen könnten. Erst mit dem Waffenstillstand vom 11. November 1918 wurden dann wieder vollständige Angaben (über die jetzt noch nachträglich einlaufenden Meldungen) gemacht. Insoweit lässt sich also für die zweite Kriegshälfte deutlich weniger an Informationen gewinnen, als für die ersten zwei Kriegsjahre.

Die Verlustlisten wurden bis zum Herbst 1919

(v.a. mit Korrekturen früherer Angaben) noch weiter geführt. Sie sind mittlerweile online abrufbar und können über Suchfunktionen ausgewertet werden. Insoweit ist also für die ersten zwei Kriegsjahre eine Zuordnung der Hoyaer Soldaten zu den Einheiten, bei denen sie dienten - abgesehen von den durchaus häufigen Fällen der Falschschreibung der Namen oder Geburtsorte (neben „Hoia" findet sich auch gerne die Schreibweise „Hoyer" oder etwa auch „Hoienhagen", „Hoiahagen" und „Brücken" statt Bücken) - recht einfach möglich.

Eine weitere Quelle – zumindest für die Gefallenen – sind die Denkmäler und vor allen Dingen das im Heimatmuseum Grafschaft Hoya verwahrte „Eiserne Buch", das Ehrenbuch für sämtliche Gefallenen des damaligen Kreises Hoya.

Hier sind für jede kreisangehörige Ortschaft die Gefallenen, teils mit Berufs- und Regimentsangabe, teils aber auch ohne jegliche Zusatzdaten, eingetragen. Wer dieses Buch wann gestaltet und die Einträge für die einzelnen Ortschaften vorgenommen hat, wird im Buch selbst nicht erwähnt. Interessanterweise sind die Einträge im Eisernen Buch auch nicht ganz deckungsgleich mit den auf den einzelnen Orts-Denkmälern des Ersten Weltkriegs eingravierten Namen. So ist der Steinmetz Michael Heininger etwa für den Flecken Hoya im Eisernen Buch als Gefallener des Infanterie-Regiments Nr. 78 unter dem 29. August 1914 verzeichnet. Auf dem im Bürgerpark in Hoya errichteten Denkmal findet er sich aber nicht. Der

Grund für diese Abweichung wird wohl darin liegen, dass Heininger aus Rosenheim in Bayern stammte und bei Kriegsausbruch in Hoya als „Steinmetzgehülfe" bei der Firma Josef Gründel arbeitete. Immerhin war er im Sommer 1914 aber zumindest bereits solange in Hoya ansässig, dass er, der seinen Wehrdienst vor dem Krieg in einem bayerischen Regiment abgeleistet haben dürfte, bereits einem „hannoverschen" Regiment, dem IR 78, als Reservist zugewiesen war. Für die Verfasser des Eisernen Buches galt er als „Hoyaer". Das Denkmalkomitee sah das offenbar anders.

Umgekehrt findet sich der neunundvierzigjährige Major Hugo Reinhardt, gebürtig aus Westfalen und Berufssoldat beim Infanterie-Regiment Nr. 77 in Celle (wo er seinen ständigen Wohnsitz gehabt haben dürfte), zwar mit dem Todesdatum 22. August 1914 auf dem Hoyaer Denkmal, dafür fehlt sein Name aber im Eisernen Buch. Reinhardt war mit einer Hoyaerin verheiratet. Sein Leichnam wurde von der Front nach Hoya überführt und dort auch beigesetzt.

Hans Hartje, geboren am 7. März 1890 in Hoya, gefallen als „Kriegs-Freiwillig-Einjähriger" Student („cand. phil.") am 17. November 1914 in Flandern, fehlt sowohl im Buch wie auf dem Denkmal. Sein Schicksal ist daher nur den Verlustlisten (da er dort mit dem Geburtsort Hoya verzeichnet ist) und einer Todesanzeige der Familien Hartje-Uelzen und Hartje-Hoya im Hoyaer Wochenblatt zu entnehmen. Wahrscheinlich wuchs er in Uelzen auf, so dass für einen Eintrag im Eisernen Buch oder auf dem Gefallenendenkmal – trotz des Geburtsortes in Hoya - der nötige Bezug zur Heimat fehlte. Dafür ehrte ihn die „Allgemeine Zeitung der Lüneburger Heide" vom 12. Juli 1919 als gefallenen Uelzener.

Insoweit stellte sich also sowohl dem Komitee zur Errichtung eines Denkmals (wie auch den Verfassern des Eisernen Buches) die Frage, wer denn eigentlich als „Hoyaer" gelten und gewürdigt werden sollte: Sollten die erst kurz vor Kriegsbeginn zugezogenen Bürger berücksichtigt werden? Und oder auch die kürzere oder längere Zeit vor Kriegsausbruch weggezogenen Bürger?

Deutlich wird aus diesen Beispielen, dass die jeweiligen Angaben weder unbedingt stimmig noch vergleichbar sind. Nicht nur im Eisernen Buch und den Verlustlisten, sondern selbst auf manchen Ortsdenkmälern sind Namen, Daten und Einheiten zudem falsch geschrieben oder unvollständig angegeben. Zudem nennen einige Denkmäler (wie in Hassel) lediglich Vor- und Nachnamen sämtlicher Gefallenen ohne jegliche Daten. Andere weisen dagegen sogar Dienstgrad, Regiment, Todesort und Todesdatum auf (wie bspw. Schweringen). Jeder Ort hat nach Kriegsende für sich entschieden, welche Namen auf den Denkmälern verewigt werden sollten. So wurde durchaus diskutiert, ob die erst kurz vor Kriegsausbruch zugezogenen, die vor Kriegsausbruch weggezogenen und die nur zeitweilig im Ort wohnenden Bürger aufgenommen werden sollten oder nicht. Der in

Hoya geborene und zur Schule gegangene Leutnant der Reserve Adolf Schmalgemeyer, der bei Kriegsbeginn längst als Zollsekretär in Köln wohnte und mit einem rheinischen Infanterie-Regiment in den Krieg zog, ist auf dem Hoyaer Denkmal aufgenommen worden. Das Eiserne Buch hat dagegen auf seine Nennung verzichtet. Umgekehrt finden sich auch dieselben Namen auf verschiedenen Denkmälern wieder: So wird dem Reservist Wilhelm Kammann, gefallen am 23. August 1914, etwa sowohl auf dem Bücker Denkmal (als Altenbücker, gefallen am 23. September 1914) wie auch auf dem Gandesberger Denkmal (jeweils als Angehöriger des Reserve-Infanterie-Regiments Nr. 74, in dem ausweislich der Regimentsgeschichte nur ein Wilhelm Kammann fiel, so dass es sich um denselben Soldaten handeln muss) gedacht.

Am unerklärlichsten ist die Eintragung des posthum literarisch bekannt gewordenen Studenten Hellmut Wolfgang Zschuppe im Eisernen Buch unter den hiesigen Gefallenen. Der Eintrag zum Flecken Hoya lautet knapp: „Student, gefallen am 18. September 1917 bei Moronvilliers". Helmut Zschuppe wurde am 29. Dezember 1898 in Wien geboren und fiel, nachdem er bereits 1916 zweimal verwundet worden war, am 18. September 1917 bei Maronviller in der Champagne (unweit Reims) als Gefreiter im sächsischen Garderegiment „Leib-Grenadier-Regiment 100". Er war an der Universität Leipzig als „stud.phil." eingeschrieben, bevor er 1916 an die Front ging.

Sein Name findet sich zwar nicht auf dem Denkmal in Hoya, dafür aber auf dem Gefallenendenkmal der Stadt Meißen. Bekannt wurde Zschuppe durch einen seiner von der Front an seine Eltern geschriebenen Briefe, der in dem verbreiteten Buch „Kriegsbriefe gefallener Studenten" des Literaturprofessors Philipp Witkop abgedruckt wurde (Philipp Witkop, Kriegsbriefe gefallener Studenten, München, 1928). Witkop hatte noch während des Krieges im Auftrag der Unterrichts-Ministerien - und unter Mitwirkung der Universitäten in ganz Deutschland - dazu aufgerufen, ihm die schönsten Briefe gefallener Studenten zwecks Abdrucks zukommen zu lassen. Aus mehr als zwanzigtausend Zuschriften hatte er dann eine kleine Auswahl von 121 Studenten getroffen, deren Briefe er veröffentlichte. Darunter finden sich auch fünf Briefe Zschuppes aus dem Zeitraum Oktober 1916 bis September 1917. Dessen Schilderungen (*„Und nach einem Angriff in einem Laufgraben mit Handgranaten und Flammenwerfern ist man gebrandmarkt in der Seele."*) werden bis heute zumindest im anglo-amerikanischen Raum zitiert (Mark Hewitson, A war of words: the cultural meaning oft he First World War in Britain and Germany, in: European Review of History, 2018, S. 746-777). Unklar bleibt aber, welchen Bezug Zschuppe zu Hoya hatte, ob er, der gebürtige Wiener, dessen Familie offenbar aus Sachsen stammte, vor dem Krieg in Hoya lebte und warum sich sein Name im Eisernen Buch (aber nicht auf dem Denkmal im Bürgerpark) findet. Der einzige sichtbare Berührungspunkt liegt darin, dass der gleichaltrige, in Hoya 1898 geborene Emil Maas im selben sächsischen Leib-Grenadier-Regiment 100 wie Zschuppe diente. Der Dienst im selben Regiment mag Zufall gewesen sein, ist aber dennoch ungewöhnlich, da die Kreis-Hoyaer Wehrpflichtigen grundsätzlich zu regionalen Regimentern der preußischen und nicht der sächsischen Armee eingezogen wurden. Emil Maas wurde 1917 schwer verwundet, kam 1918 zur Truppe zurück und geriet Ende September 1918 in Gefangenschaft.

Das Leib-Grenadier-Regiment Nr. 100 hat, wie viele andere der bei Kriegsausbruch knapp vierhundert Infanterie-Regimenter, nach dem Krieg als Bücher veröffentlichte Regimentsgeschichten verfasst, von denen – trotz der in der Regel geringen Auflage - heute noch das ein oder andere Exemplar in Bibliotheken vorhanden ist. Anhand dieser zumeist chronologisch aufgebauten Kriegshistorien lässt sich in einigen Fällen ebenfalls nachvollziehen, wie sich die Geschehnisse aus Sicht der Hoyaer Soldaten darstellten.

Endlich sind auch die Tageszeitungen als Quelle dieser Geschichtsforschung nützlich. Es finden sich dort neben den regelmäßigen Todesanzeigen zwar nur spärliche Einsatzberichte, dafür wurde aber vielfach über Ordensverleihungen berichtet, wodurch neben den namentlich weitgehend bekannten Gefallenen zumindest auch einige der überlebenden Kriegsteilnehmer identifiziert werden können. Nicht zu fassen sind dagegen diejenigen Kriegsteilnehmer, die niemals verwundet waren (bzw. in Gefangenschaft gerieten oder fielen) oder ansonsten (etwa über Ordensverleihungen) gemeldet worden sind. Insoweit bleibt auch diese Darstellung selbstverständlich nur ein unvollständiges Stückwerk der regionalen Geschichtsaufarbeitung.

Der Kreis Hoya, für dessen Gefallene das „Eiserne Buch" (im Folgenden kurz: EB) gefertigt worden ist, bestand von 1885 bis 1932 und setzte sich zusammen aus den zuvor bestehenden Ämtern Hoya und Bruchhausen. Er umfasste die vier Flecken:

- Bruchhausen
- Bücken
- Hoya und
- Vilsen

Daneben bestanden 56 selbständige Gemeinden:

- Altenbücken, Anderten, Asendorf
- Berxen, Brebber
- Calle
- Dedendorf, Doenhausen, Duddenhausen
- Eitzendorf, Engeln, Essen, Eystrup
- Gandesbergen, Graue
- Hämelhausen, Haendorf, Haßbergen, Hassel, Heesen, Heiligenberg, Helzendorf, Hilgermissen, Hohenholz, Hohenmoor, Holtrup, Homfeld, Hoyerhagen, Hustedt
- Kampsheide, Klein-Borstel, Kuhlenkamp
- Loge

- Magelsen, Mahlen, Martfeld, Mehringen
- Nordholz
- Ochtmannien, Oerdinghausen, Oiste
- Scholen, Schwarme, Schweringen, Stendern, Süstedt
- Tuschendorf
- Ubbendorf, Uenzen, Uepsen
- Warpe, Wechold, Weseloh, Wienbergen, Windhorst und Wöpse.

Kreissitz war Hoya. Das Kreishaus wurde 1914 an der Stelle, wo zuvor das durch einen Brand vernichtete Rathaus des Fleckens Hoya stand, neu erbaut. Dort fungiert es heute als Verwaltungssitz der Samtgemeinde Grafschaft Hoya sowie wiederum als Rathaus der Stadt Hoya. Die Einwohnerzahl des Kreises Hoya belief sich 1910 auf 27.360 Menschen. 1932 wurde der Kreis Hoya mit dem Kreis Syke zum neuen Landkreis Grafschaft Hoya zusammengelegt. Der Sitz des Kreises wechselte nach Syke.

Insgesamt weist das Eiserne Buch für den Ersten Weltkrieg die Namen von 1177 Gefallenen auf. Das entspricht 4,3 % der Gesamtbevölkerung oder 8,6 % aller männlichen Einwohner von 1910. Bereits im Jahre 1914 sind nach den Einträgen im Eisernen Buch 119 Soldaten aus dem Kreis Hoya gefallen (nach Abzug der vier doppelt eingetragenen Namen). Diese 119 Männer lassen sich den Einheiten in denen sie dienten - und den jeweiligen Gefechtshandlungen an denen sie beteiligt waren - relativ gut zuordnen, so dass deren Geschichte den Schwerpunkt der

Darstellung ausmacht. Für die Folgejahre wird die Zuordnung schwieriger, so dass v.a der weitere Werdegang derjenigen Einheiten näher beleuchtet werden soll, in denen die relativ meisten Soldaten des Kreises dienten. So starben knapp ein Viertel aller gefallenen kreisangehörigen Soldaten bei nur vier (von insgesamt über 500 aufgestellten) Regimentern.

Die Eintragungen des Eisernen Buches sind im Anhang komplett abgedruckt. Dabei wurden sämtliche Eintragungen „unbereinigt" (also auch bezüglich der eindeutig fehlerhaften Daten) übernommen und lediglich einige erkennbare Fehler über Anmerkungen kenntlich gemacht.

## II. Die deutschen Streitkräfte

### 1. Armeegliederung

Während die Marine einen einheitlichen Truppenkörper des gesamten Kaiserreichs darstellte, existierten bei Ausbruch des Ersten Weltkrieges noch vier verschiedene deutsche Landheere, gestellt von den Königreichen Preußen, Sachen, Württemberg und Bayern, die unter einheitlichem Oberkommando in acht Armeen gegliedert waren. Die Armeen Nr. 1 bis 7 wurden bei Kriegsbeginn im August 1914 an der Westfront und lediglich die 8. Armee an der Ostfront versammelt. Die „Oberprovinz" Hannover war Teil des Königreichs Preußen. Die bis 1866 zur Armee des Königreichs Hannover gehörenden niedersächsischen Regimenter, zu denen der Großteil der Wehrpflichtigen aus den Hoyaer Landen eingezogen war, waren von Preußen übernommen worden und bildeten überwiegend einen Teil der 2. (preußischen) Armee. Diese 2. Armee verfügte bei Mobilmachung 1914 über sechs Armeekorps und insgesamt etwa 250.000 Soldaten.

Die Wehrpflichtdauer betrug bei Kriegsausbruch zwei Jahre. Allerdings gab es in den Jahren vor Kriegsbeginn pro Jahrgang regelmäßig mehr wehrpflichtige Männer, als überhaupt zu den Regimentern eingezogen und ausgebildet werden konnten. Dementsprechend wurde das Heer unmittelbar nach Kriegsausbruch um eine Vielzahl neuer Regimenter, die aus dem Potential der bislang ungedienten Männer aufgestellt werden konnten, vermehrt.

Die Gebiete der heutigen Landkreise Nienburg und Diepholz gehörten in der Friedensgliederung zum in Hannover stehenden X. Armeekorps (AK), welches aus zwei Infanteriedivisionen (19. und 20. ID) mit zusammen acht Infanterie-Regimentern (IR) bestand. Jedes Regiment (geführt von einem Oberst) verfügte in Friedenszeiten über etwa eintausend, im Krieg aber über dreitausend Soldaten, gegliedert in drei Bataillone zu je vier etwa 250 Mann starken (von einem Hauptmann geführten) Kompanien. Die zu dieser Zeit dienstpflichtigen Männer des Kreises Hoya waren ganz überwiegend zu diesem hannoverschen X. Armeekorps eingezogen worden. Dessen Gliederung war folgende (Reichsarchiv, Der Weltkrieg 1914 bis 1918, 1. Band, Berlin 1925, Anlage 1):

19. Infanteriedivision mit
- dem 1. Hannoverschen Füsilier-Regiment (FR) Nr. 73 Prinz Albert von Preußen, Standort Hannover
- dem 1. Hannoverschen Infanterieregiment (IR) 74, Hannover,
- dem IR 78 Herzog Friedrich Wilhelm von Braunschweig, Osnabrück und
- dem Braunschweigischen IR 92 in Braunschweig

20. Infanteriedivision mit
- dem 2. Hannoverschen IR 77 in Celle,
- dem 3. Hannoverschen IR 79 Voigt-Rhetz in

Hildesheim
- dem Oldenburgischen IR 91 in Oldenburg und
- dem 4. Hannoverschen IR 164 in Hameln und Holzminden

Jedes Regiment gliederte sich in drei Bataillone (I., II., III.) zu je vier Kompanien zuzüglich (zunächst) einer (später drei) Maschinengewehr-Kompanie.

Ferner verfügte das X. AK über vier mit Kanonen ausgestattete Feld-Artillerie-Regimenter (FAR Nr. 10 Hannover, Nr. 26 Verden, Nr. 46 Wolfenbüttel und Nr. 62 Oldenburg), ein mit schweren Haubitzen bestücktes sogenanntes Fuß-Artillerie-Regiment (FußArtReg) Nr. 10, ein Jägerbataillon (Nr. 10 in Goslar), ein Pionierbataillon (Nr. 10 in Minden) und ein als Aufklärung fungierendes Kavallerieregiment (Husarenregiment Nr. 17 in Braunschweig).

Neben diesen „aktiven" Regimentern wurden mit der Mobilmachung eine gleiche Zahl von in Friedenszeiten inaktiven Reserve-Regimentern aufgestellt, die im Wehrbereich des X. AK zusammen das X. Reservekorps (RK) bildeten. Die Stäbe dieser Einheiten wurden von den aktiven Regimentern gestellt, die Mannschaften setzten sich dagegen i.d.R. (allerdings mit vielen Ausnahmen) aus gedienten Reservisten zusammen, deren Ausbildung nicht länger als fünf Jahre zurücklag. Zum niedersächsischen X. RK gehörten:

19. Reserve-Infanteriedivision (RID) mit

- Reserve-Infanterieregiment (RIR) 73, mit je einem Bataillon in Braunschweig, Celle, Hannover
- RIR 74 in Hannover, Nienburg und Oldenburg
- RIR 78 in Lüneburg und Braunschweig und
- RIR 92 in Osnabrück und Lingen

2. Garde-Reserve-Infanteriedivision (GRID) mit
- RIR 77 in Hildesheim und Hameln
- RIR 91 in Göttingen und Hameln und
- RIR 15 in Minden, Bielefeld und Detmold und
- RIR 55 in Soest und Paderborn (das RIR 55 verfügte nur über zwei Bataillone)
- sowie ein selbständiges ostfriesisches Reserve-Bataillon, das III./RIR 79.

Auch bei der Artillerie (Reserve-Feldartillerie-Regimenter Nr. 19 in Wolfenbüttel, Nr. 20 in Hannover und Oldenburg), den Jägern (Reserve-Jägerbataillon Nr. 10 in Goslar), Pionieren und Kavallerie gab es entsprechende dem X. RK zugeordnete Reserve-Regimenter.

Diese Reservetruppen waren hinsichtlich Größe (ca. 40.000 Mann je Korps) und Bewaffnung gleich den aktiven Regimentern ausgestattet, lediglich artilleristisch war das X. Reservekorps dem X. Armeekorps um die Hälfte unterlegen (72 statt 144 Feldkanonen und keine Haubitzen). Auch die Aufgabenstellung und der Kampfwert beider Truppen waren ansonsten nahezu identisch; beide Einheiten wurden nebeneinander an vorderster Front eingesetzt.

Insgesamt bestanden bei Kriegsausbruch damit 204 „aktive" Infanterie-Regimenter sowie 100

Reserve-Infanterie-Regimenter. Im weiteren Kriegsverlauf wurden dann immer weitere Einheiten aufgestellt, so dass sich am Ende eine Zahl von über 500 Regimentern ergab.

Eher nachrangige Aufgaben wurden dagegen den älteren Reservistenjahrgängen der „Landwehr" (im sogenannten „ersten Aufgebot" bis zum 39. und im zweiten Aufgebot bis zum 45. Lebensjahr) und des „Landsturms" (ungediente Wehrpflichtige bis zum 45. Lebensjahr) überlassen. Die Landwehr war gleichfalls in Regimenter (für den Wehrbereich Hoya v.a. das Landwehr-Regiment Nr. 74) mit einer Stärke von gut 3000 Mann gegliedert, während der „Landsturm" zunächst lediglich in Orts-Bataillonen (so etwa das heimische „Landsturm-Bataillon Nienburg") aufgestellt wurde. Die Landwehr, deren Kampfwert gegenüber den jüngeren Soldaten in den aktiven und den Reserveregimentern schon deutlich zurückblieb, wurde zwar auch in vorderster Front, wenn möglich aber nur an „ruhigen" Frontabschnitten im Westen oder gegen die vermeintlich weniger kampfkräftigen russischen Truppen eingesetzt. Der vom Gefechtswert her noch geringer einzuschätzende Landsturm sollte dagegen – sowohl in der Heimat wie in den rückwärtigen Frontgebieten – allein zur Objektsicherung von Bahnhöfen, Munitionsdepots und anderen wichtigen Einrichtungen Verwendung finden. Lediglich bei ganz unvorhergesehenen Lageänderungen konnten und wurden auch diese Einheiten „zur Not" für einige

Tage oder Wochen in der Front verwendet, wobei sich manche Landsturmeinheiten wohl durchaus bewährt haben.

Einige der heimischen Wehrpflichtigen dienten aber auch bei dem zur 1. (preußischen) Armee gehörenden bremischen IR Nr. 75, bei den in Potsdam und Berlin stationierten königlichen Garde-Regimentern (die bei Mobilmachung der 2. Armee angehörten), bei der Marine oder anderen spezialisierten Einheiten. Von den 69 bis zum 30. September gefallenen Kreis-Hoyaer Soldaten lassen sich 68 einem bestimmten Regiment zuordnen. Von diesen fielen 51 in den „regionalen" Einheiten des X. AK und X. RK. Weitere acht Gefallene gehörten dem bremischen IR 75 und sechs den Gardetruppen aus Berlin/Potsdam an. Lediglich weitere drei Gefallene fanden bei anderen Einheiten den Tod, dabei handelte es sich um zwei aus dem Kreis Hoya gebürtige Reserveoffiziere, die ihren Wohnsitz bei Kriegsbeginn schon seit längerem nicht mehr in Niedersachsen hatten, und die mit einem rheinischen bzw. einem bayerischen Regiment ins Feld zogen sowie einen Angehörigen eines sächsischen Regiments.

Ab September 1914 schuf die Heeresleitung dann ganz neue Truppenteile, in denen v.a. die bereits wehrpflichtigen aber bislang nicht zum Dienst herangezogenen jüngeren Männer sowie eine große Anzahl von „Kriegsfreiwilligen" eingestellt wurden. Bis Dezember 1914 konnten alleine sechzig neue Reserve-Infanterie-

Regimenter aufgestellt und zum Einsatz gebracht werden. Später kamen auch neue Garde-, Landwehr- und aktive Infanterie-Regimenter hinzu, so dass sich die Zahl der Regimenter schließlich fast verdoppelte. Dabei kam es dann gehäuft auch zum Einzug der hiesigen Wehrpflichtigen in regional ganz „fremde" Einheiten.

## 2. Mobilmachung

Am 1. August wurde die Mobilmachung befohlen, der 2. August war erster Mobilmachungstag; die Urlauber und Reservisten wurden zu ihren Einheiten berufen. Während die Reservisten noch ihre Sache packten, beim Fotografen letzte Aufnahmen von sich machen ließen und sich alsdann zu ihren Sammelplätzen aufmachten, wurden die beiden aktiven hannoverschen Regimenter (deren Soldaten ohnehin bereits Urlaubssperre hatten), das FR 73 und IR 74, sofort alarmiert und bereits am zweiten August aus ihren Kasernen per Bahn von Hannover nach Westen abtransportiert. Diese beiden Regimenter und das Jägerbataillon 10 sollten nach den Mobilmachungsplänen bereits ab dem fünften des Monats einen frühzeitigen Angriff auf die starke belgische Grenzfestung Lüttich, die den Zugang nach Belgien hinein sperrte, durchführen. Diese Operation war Teil des „Schlieffen-Plans", der geplanten Schwenkung des rechten deutschen Armeeflügels durch Belgien und Nordfrankreich.

Die übrigen Regimenter erhielten erst ab dem 4. August ihre vorgefertigten Marschbefehle und erfuhren erst jetzt aus den zuvor streng geheim gehaltenen Unterlagen, wann sie verladen und wohin sie transportiert werden würden. Am selben Tage trafen die Reserveoffiziere in den Kasernen ein. Ab dem 6. August waren auch die meisten Unteroffiziere und Mannschaften dort angekommen, so dass jetzt mit den letzten Vorbereitungen begonnen werden konnte. Am siebten Mobilmachungstag erfolgte der Waffen-, Munitions- und Verpflegungsempfang. Am Tag darauf standen ein Eingewöhnungsmarsch und ein Übungsschießen auf dem Programm. Dann erfolgte der Abtransport an die Front. Das II. Bataillon des RIR 74, das sich in Nienburg gesammelt hatte, verlud am Nachmittag des 10. August auf dem dortigen Bahnhof mit 22 Offizieren und 980 Mann auf einen Sonderzug und zog Richtung Westen in den Krieg.

# III. Der Krieg 1914

## 1. Vormarsch im August

**a) Der Angriff auf Lüttich**
Die Festung Lüttich bestand aus mehreren im weiten Kreis um die Stadt herum verteilten modernen verbunkerten Sperrforts. Diese Festung beherrschte den Zugang nach Belgien und musste unbedingt, so denn der von der Obersten Heeresleitung verfolgte „Schlieffen-Plan" durchgeführt werden sollte, rasch neutralisiert werden. Daher war bereits in Friedenszeiten geplant worden, diese Festung in einem Nachtangriff von insgesamt sechs deutschen Brigaden (bestehend aus je zwei IR, Jägern, Pionieren und Artillerie) unter dem Oberbefehl des hannoverschen Generals von Emmich an verschiedenen Stellen zu durchbrechen. Die aus den beiden hannoverschen Infanterie-Regimentern 73 und 74, dem Jägerbataillon Nr. 10 sowie Artillerie und Pionieren bestehende 38. Brigade, war ja bereits am 2. August in Hannover und Goslar per Bahntransport aufgebrochen und stand schon am 5. August angriffsbereit im Süden der Stadt Lüttich. Ihr Ziel war das etwa acht Kilometer südlich Lüttich liegende Sperrfort Boncelles. Die Brigade trat gegen Abend den Angriff gegen das Fort an. Dieser Nachtangriff missglückte allerdings vollkommen. Das Ziel der Unternehmung, das Panzerfort, thronte auf einem Hügel, der kilometerweit von dichtem Wald umgeben war.

Die deutsche Brigade tastete sich gegen Abend über einige Feldwege langsam bergauf in den bis dahin stillen Wald vor. An der Spitze der sich durch den Wald tastenden Brigade marschierten die Jäger. In der Regimentsgeschichte des FR 73 (Hans Voigt, Geschichte des Füsilier-Regiment Generalfeldmarschall Prinz Albrecht von Preußen (Hann.) Nr. 73, Berlin, 1938, S. 51) heißt es dazu:

*„Gegen 1.15 Uhr schlug dem am Anfang der Brigade marschierenden Jägerbataillon 10 plötzlich heftiges Gewehr- und MG-Feuer entgegen. Man war auf die Schanzen der Zwischenstellungen gestoßen. Starke Ast- und Drahtverhaue versperrten den Weg. Sofort wurde die Entwicklung der nachfolgenden IR 74 und Füsilierregiment 73 aus der Marschkolonne nach rechts und links in den dichten Hochwald befohlen. Sie misslang vollkommen. Alsbald trat ein Vermischen der Verbände ein, und die Führung musste verlorengehen. Die Truppe wusste weder, wo Lüttich lag, noch von wo das Infanteriefeuer kam. Ohne jeden Befehl wurde geladen und das Feuer erwidert, die Leute sahen förmlich Gespenster. Die aus überhöhenden Stellungen vielfach zu hoch gehenden Geschosse der Belgier schlugen in die hinteren Teile der Kolonne ein, die ihrerseits das Feuer eröffnete und so von hinten in die vorderen Teile schoss."*

In der Geschichte des Jägerbataillons Nr. 10 (die Jäger waren speziell für den Kampf in unübersichtlichem Gelände vorgesehen und zunächst nicht in Regimentern sondern in selbständigen Bataillonen gegliedert) werden die Geschehnisse ähnlich beschrieben (Fritz Jung, Das

Hannoversche Jägerbataillon Nr. 10, Hildesheim 1933, S. 17):

*"Alles hatte den Drang nach vorn, ran an den Feind. Es wird geladen. Mit Hurra geht es voran! Die 1. Kompagnie schwärmt mehr nach links aus, während die 2. und 4. nach vorn und rechts ausschwärmen. Infanteriefeuer schlägt uns entgegen. Die ersten Jäger fallen. Das Mündungsfeuer des Gegners, der gottlob meistens zu hoch schießt, ist gut sichtbar. Wir schießen auch zunächst blindlings darauf los. Allmählich wird man ruhiger, und es wird auf das Mündungsfeuer gezieltes Feuer abgegeben. Da stoßen die vorderen Wellen auf die Drahthindernisse. Ein Stocken! Drahtscheren nach vorn! Von dem zu hoch gehenden Infanteriefeuer der Belgier wurden die nachfolgenden Truppen der 38. und 43. Brigade getroffen. Welle auf Welle wurde eingesetzt. Die Verbände vermischen sich, und jede eingesetzte Welle hält sich für die vorderste Linie und feuert, so daß ein fürchterliches Rückenfeuer entsteht (...) Von allen Seiten pfiffen einem die Geschosse um die Ohren. Überall im Walde irrten einzelne Trupps umher, die gar nicht als Freund oder Feind zu erkennen waren."*

Gegen Morgen gelang es dann, die Verbände neu zu ordnen und einige belgische Stellungen einzunehmen (Bericht des Fähnrichs Ernst Haccius im vorgenannten Buch. Haccius stammte aus Hannover und trat im Februar 1914 als Fahnenjunker in die Armee ein. Nach 1918 wurde er als Oberleutnant in die Reichswehr übernommen. Er fiel am 11. Februar 1943 als Divisionskommandeur im Kaukasus, wurde nachträglich zum Generalleutnant befördert und mit dem Ritterkreuz ausgezeichnet):

*"Wir greifen nun frisch in der alten Richtung an. Über uns hinweg schießt ununterbrochen, wie seit gestern Abend, belgische schwere Artillerie aus den Forts. Der Angriff geht gut vorwärts gegen die an sich stark ausgebauten, und durchweg verdrahteten Stellungen. Abwechselnd schießen und vorwärtslaufen – schießen, wenn die Belgier nach rückwärts wegspringen, - laufen, wenn die Kerle in den Gräben wieder Halt machen und selber schießen; vor dem drohenden Sturm kneifen sie dann wieder aus. Bei einer solchen Gelegenheit erhalte ich, geradestehend, hinter einem Baum Deckung suchend, einen Schuß durch die linke Brust, der mich auf die Erde zwingt. Meine Munition gebe ich noch ab, einige Jäger reden mir noch freundlich Mut zu, dann zieht sich das Gefecht weiter vorwärts und ich dämmere weg"*

Mehrere belgische Verteidigungsanlagen, vor und um das Panzerfort herum, konnten zwar erobert werden, ein Durchbruch bis in die Stadt hinein war aber wegen starker belgischer Gegenangriffe und der in der Dunkelheit sich mehr und mehr verirrenden Truppe nicht möglich, so dass sich die niedersächsische Brigade am nächsten Tag auf ihre Ausgangsstellung zurückzog. Manche zu weit vorgeprellten Teile der deutschen Einheiten gerieten in Gefangenschaft. Schließlich wurde der Angriff an dieser Stelle aber ganz abgebrochen und der Rückzug angetreten. Die Verluste waren hoch, das Jägerbataillon 10 meldete 30 Verwundete, 10 Gefallen und 14

Vermisste. Beim FR 73 gab es 27 und beim IR 74 (das im Nachtgefecht auch seinen Kommandeur verlor) sogar 59 Tote. Darunter waren am 6. August, als erste Gefallene des Weltkriegs aus dem Kreis Hoya, der Knecht und Musketier Alex Konrad Röpe aus Eystrup und Dietrich Diers aus Martfeld, beide vom IR 74. Diers war in der amtlichen Verlustliste zunächst als verwundet, später aber als endgültig vermisst genannt worden. Ebenfalls vermisst blieb der Zimmermann und Füsilier Hermann Frühling aus Oerdinghausen vom FR 73. Frühlings sterbliche Überreste sind erst Jahre nach dem Krieg gefunden und auf dem Soldatenfriedhof in Langemark/ Belgien beigesetzt worden.

**b) Vormarsch zur Sambre**

Gleichfalls erfolglos blieb der Angriff von vier der fünf anderen eingesetzten deutschen Brigaden. Lediglich die im Nordwesten der Stadt angreifende sechste Brigade hatte Erfolg. Sie kämpfte sich durch mehrere Feldbefestigungen bis in den inneren Festungsring vor, so dass die Stadt Lüttich selbst bereits am Abend des 6. August in deutscher Hand war. Am selben Abend verließen dann große Teile der belgischen Armee die Stadt, um weiter westlich eine neue Abwehrstellung einzunehmen. Zurück blieben nur die Besatzungen der Sperrforts. Die deutschen Truppen beschränkten sich ab dem 7. August darauf, diese verbliebenen Festungen abzuriegeln und auf die schwere Artillerie zu warten. Nach wenigen Tagen konnten sämtliche Sperrforts dann durch Beschuss mit schweren Haubitzen (der berühmten „Dicken Bertha" und österreichischen Motorhaubitzen) nach und nach zur Aufgabe gezwungen werden. Das von den Niedersachsen erfolglos bestürmte Fort Boncelles kapitulierte schließlich auch am 15. August. Die Besatzung von 300 Mann ging in Gefangenschaft. Damit war der weitere Weg nach Westen für das deutsche Heer geöffnet. In den Tagen zwischen dem 7. und 15. August hatten sich auch die nach und nach heran transportierten Hauptteile der 2. Armee im Raum zwischen Lüttich und Aachen eingefunden und zum Vormarsch bereit gestellt.

In der Zwischenzeit fühlten lediglich Kavallerieverbände weiter westlich vor, um aufzuklären, ob und welche feindlichen Armeen sich in der näheren und ferneren Umgebung befanden. Bei einer solchen Fernaufklärung fiel bei Houx an der Maas, gut 30 km westlich Lüttich, am 15. August der Schmiedegeselle Hermann Bolte aus Bruchmühlen/Vilsen, der beim 1. Garde-Ulanen-Regiment diente. Die Traueranzeige im Hoyaer Wochenblatt datiert vom 8. September. Seine Einheit gehörte zum 1. Kavalleriekorps, das von Luxemburg aus bereits ab dem 9. August Patrouillen bis zur Maas bei Namur vornahm. Dabei wurden am 14. August östlich Dinant zwei französische Kavallerie-Divisionen festgestellt. Diese hatten bereits den Maasabschnitt zwischen Yvoir und Houx besetzt. Am 15. August entschloss sich das 1. Kavalleriekorps zur gewaltsamen Erkundung der feindlichen Truppenstärke. Unter dem Schutz reitender Artillerie gingen fünf der Kavallerie zugeteilte Jäger-Bataillone zum Angriff gegen Dinant vor und drangen stellenweise bis zur Maas durch. Offenbar bei diesem Gefecht ereilte Hermann Bolte sein Schicksal. Das 1. Kavalleriekorps verblieb danach an der Maas und sicherte den in seinem Rücken stattfindenden Aufmarsch der 1. und 2. Armee.

Die Reserveregimenter, die ebenfalls ab dem 8. August mit einer Vielzahl von Bahntransporten an die deutsch-belgische Grenze befördert worden waren, versammelten sich auch nach und nach im Großraum Lüttich. Das IR 91 musste in der ersten Augustwoche – für den Fall feindlicher Landungen - vorerst sogar noch Wache auf der Insel Borkum schieben, bevor es hier von Landwehr abgelöst und gleichfalls an die deutsch-belgische Grenze transportiert wurde. Das RIR 73 wurde am 9. August in Euskirchen ausgeladen und marschierte zunächst drei Tage lang, um über den Truppenübungsplatz Elsenborn erst am 14. August die belgische Grenze zu erreichen und dann nach Lüttich weiter zu ziehen. Das RIR 74 wurde am 11. August in Bettweis ausgeladen und marschierte durch die Eifel ebenfalls zunächst nach Elsenborn.

Nachdem der Aufmarsch beendet war, marschierten das X. AK und das X. RK sodann als Teil der 2. Armee, beginnend mit dem 17. August, und zunächst ohne auf feindlichen Widerstand zu stoßen, zu Fuß tief nach Belgien hinein. Die täglichen Marschleistungen waren enorm: Einige

Regimenter legten bis zu 60 km am Tag zurück. Husaren, Ulanen und Dragoner ritten jeweils einige Kilometer vor den marschierenden Infanterieeinheiten, um die jeweils auf der Wegstrecke liegenden nächsten Dörfer zu erkunden. Sobald sie dabei Beschuss erhielten, wurde das der nachrückenden Infanterie gemeldet, die sich dann nach links und rechts von ihrer Marschstraße „entfaltete", die Artillerie dahinter bereitstellte und in breiter Gefechtsformation gegen das betreffende Dorf vorging. In einigen Ortschaften wurde zwar vereinzelt auf die Kavallerie und die durchmarschierende Truppe geschossen, zu größeren Gefechten kam es aber zunächst nicht, da die Belgier sich weiter nach Westen, hauptsächlich mit dem Ziel ihrer weiteren Festung Antwerpen, zurückzogen.

Am 19. August meldeten die unmittelbar vor den Marschkolonnen aufklärenden Kavallerie-Patrouillen sodann erstmals Kontakt mit den Vorhuten französischer Truppen. Auch jetzt kam es aber noch zu keinen größeren Kampfhandlungen, da sich der Feind nach kurzen Feuerüberfällen rasch wieder zurückzog, nachdem er seinen Auftrag – den deutschen Vormarsch zu erkunden und zu verzögern – erfüllt hatte. Die französische 5. Armee, die ihre Mobilmachung mittlerweile gleichfalls beendet hatte, marschierte derweil von Nordfrankreich aus dem deutschen Schwenkungsflügel entgegen, um ihrerseits durch Belgien hindurch offensiv werden zu können.

Noch am 20. August blieb der deutsche Vormarsch ganz störungsfrei. Erst am 21. August trafen die deutsche 2. und die französische 5. Armee an der Sambre aufeinander. Die Franzosen hatten morgens mit Vorausabteilungen die Brücken über den Fluss zwischen den Industriestädten Charleroi und Namur besetzt. Die Masse ihrer 5. Armee war aber noch von Süden her im Anmarsch. Die deutsche 2. Armee, die von Nordosten her anmarschierte, erkannte rechtzeitig, dass ein sofortiger energischer Angriff gegen die französischen Voraustruppen zu einer erfolgreichen Wegnahme der Brücken führen könne. Allerdings war auf beiden Seiten unklar, über welche Truppenstärke der jeweilige Gegner verfügte, da die Luftaufklärung nur über wenige geeignete Flugzeuge verfügte, die seinerzeit weder mit Funkgeräten ausgestattet waren, noch eine „Allwetterfähigkeit" besaßen.

Die deutsche 2. Armee unter Generaloberst von Bülow bestand zu diesem Zeitpunkt aus sechs Armeekorps: Das VII. AK und VII. RK aus Westfalen, das X. AK und X. RK aus Niedersachsen, das Gardekorps und das Garde-Reservekorps aus Berlin/Potsdam. Jedes Korps war etwa 40.000 Mann stark. Die ganze 2. Armee umfasste etwa 250.000 Mann. Nordwestlich der 2. Armee marschierte die 1. Armee, die am 22. August bei der belgischen Stadt Mons überraschend auf die dort gerade ausgeladene britische Armee traf. Östlich der 2. Armee ging die 3. (Sächsische) Armee gegen die Maas-Linie in südwestlicher Richtung vor. Die der 2. Armee gegenüberstehende französische 5. Armee unter General Lanrezac verfügte über etwa 380.000 Soldaten und war mithin deutlich überlegen.

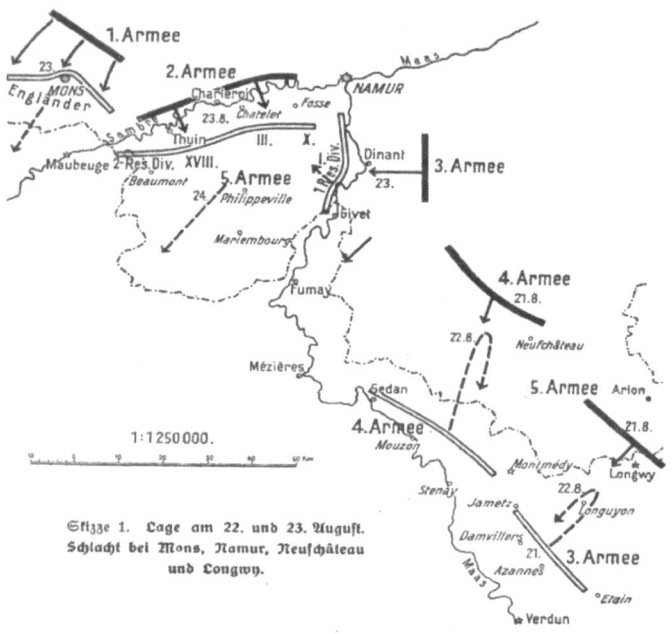

Skizze 1. Lage am 22. und 23. August.
Schlacht bei Mons, Namur, Neufchâteau und Longwy.

Übersichtsskizze aus: von Kuhl, Der Marnefeldzug 1914, Berlin 1921, Skizze 1.

## c) Schlacht bei Charleroi und Namur

*(1) Der erste Tag der Schlacht*

Nachdem es dem X. AK gelungen war, bereits am 21. August einige Brücken über die Sambre bei Pont de Loup und Tamines gegen schwache französische Sicherungskräfte in Besitz zu nehmen, setzte auch das X. RK am 22. August westlich des X. AK zum Flussübergang an. Ganz am rechten (westlichen) Flügel des X. RK griff die 2. GRID (RIR 15, 55, 77 und 91) westlich der Stadt Charleroi an und eroberte – zum Teil gegen heftigen Widerstand – das Südufer des Flusses bei der Ortschaft Monceau.

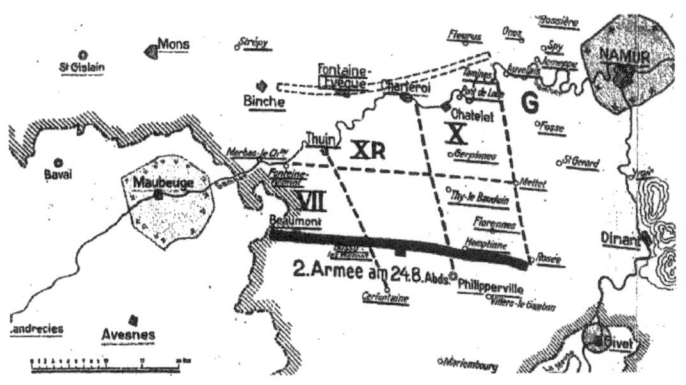

Gefechtsstreifen der vier deutschen Korps aus: von Bülow, Mein Bericht zur Marneschlacht, Berlin 1920, Anhang. G = Gardekorps, X = X. AK, XR = X. RK.

Östlich davon ging die 19. RID (RIR 73, 74, 78 und 92), teilweise unmittelbar durch die Stadt, verbunden mit kurzen aber heftigen Straßenkämpfen, gegen die französischen

Vorausabteilungen vor. Sämtlichen Einheiten gelang es schließlich an diesem Tage – unter geringen eigenen Verlusten - die Sambre in südwestlicher Richtung zu überschreiten. Das RIR 73 etwa arbeitete sich, immer wieder von einzelnen Gewehrschüssen aufgehalten, langsam durch die am Südrand der Sambre liegenden Vororte Charlerois hindurch und gelangte erst gegen 18 Uhr an den südlichen Stadtrand. Eine Voraufklärung war auf dem weiteren Marsch nach Süden nicht vorhanden, da die wenigen Kavalleristen der Division anderweitig beschäftigt waren. Kaum waren die letzten Häuser am Südrand Charlerois erreicht, begann ein weiteres Gefecht (Voigt, a.a.O., S. 59):

*„Plötzlich schlägt Gewehrfeuer in die Marschkolonne. Die Vorhut hält. Feind ist nicht zu erkennen. Der Regimentskommandeur reitet selbst zur Spitze der Kolonne vor. Ein Zug des RFAR 19 geht hinter RIR 73 am Friedhof von Couilett in Stellung. Die Erkundung der feindlichen Stellung ist infolge des lebhaften Feuers und der zahlreichen Häuser und Gärten erschwert. Schließlich werden französischen Stellungen am Nordrand des Waldes Bois du Prince erkannt. Der Regimentskommandeur schätzt den Feind auf zwei Bataillone und erteilt für das I. und III. Bataillon den Befehl zum Angriff. Das II. Bataillon wird als Reserve zurückgehalten."*

Die 19. RID konnte die erkannten französischen Stellungen bei Einbruch der Dunkelheit unter mäßigen eigenen Verlusten erobern. Der Gegner hatte sich zunächst zurückgezogen.

Weitere knapp acht Kilometer östlich griffen zeitgleich auch die aktiven Regimenter des X. AK an. Auf dem linken Flügel gingen die vier Regimenter der 20. Division bei Tamines über die Sambre. Hier kam es bereits am Morgen des 22. August zu mehreren energischen französischen Gegenangriffen, die zwar allesamt abgewehrt werden konnten, aber auch zu Verlusten auf deutscher Seite führten. Zu den identifizierbaren Gefallenen aus dem Kreis Hoya gehört dabei der Bataillonskommandeur des II/IR 77, Major Hugo Reinhardt, dessen Bataillon am Südrand von Tamines einem heftigen Gegenangriff ausgesetzt war (vgl. Jan Witte, Die Schlacht bei Namur (Bataille de Charleroi) vom 21. bis 24. August 1914, Norderstedt 2014, S. 27-40). Am 2. September erschien im Hoyaer Wochenblatt eine Todesanzeige (mit der Ortsangabe Celle), im Namen der Familie von Frau Marie Reinhardt, geborene Schmidtmann. Reinhardts Leiche wurde einige Wochen später nach Hoya zurückgeführt und ausweislich einer Zeitungsanzeige vom 21. September hier beigesetzt:

*„Die Beisetzung findet vom Schmidtmannschen Trauerhause <Kirchstraße> am Dienstag, 22. September, Nachmittags um 3 Uhr statt. Vorher Trauerfeier im Hause."*

Am nächsten Tage berichtete das Hoyaer Wochenblatt ausführlich über die Beisetzung:

*„Der Wunsch seiner Gattin, die der hiesigen alteingesessenen Familie Schmidtmann entstammt, die irdischen Überreste des für König und Vaterland*

*Gefallenen hier in heimischer Erde bestattet zu sehen, konnte in Erfüllung gehen. Die Leiche wurde exhumiert und hierher überführt. Herr Superintendent Cuntz hielt eine Trauerrede, die allen Leidtragenden tief zu Herzen ging. Außer den Freunden der Familie gab der hiesige Kriegerverein mit Fahne und Musik dem gefallenen tapferen Offizier das Geleit. Auch alle hiesigen Veteranen von 1870/71 waren im Trauergefolge. Ein Peloton des Kriegervereins gab als letzte militärische Ehrenbezeugung 3 Salven über die Gruft ab. Die Musikkapelle intonierte das alte wehmütige Soldatenlied „Ich hatt einen Kameraden" und spielte zum Schluß den Choral „Wie sie so sanft ruhn." Unter den Klängen der Wacht am Rhein trat der Kriegerverein dann den Rückmarsch an. Hugo Reinhardt begann seine militärische Laufbahn als junger Leutnant im Füsilierregiment Graf Moltke Nr. 38 in Glatz. Im Jahre 1903 kam er als Hauptmann ins Inf-Reg Nr. 164 in Hameln (…) im Jahre 1912 wurde er als aggregierter Major in das Jägerbataillon Nr. 10 nach Goslar und im September 1913 als Bataillonskommandeur ins 77. Inf-Reg. nach Celle versetzt."*

Die zwischen dem X. RK und der 20. ID eingesetzte 19. ID ging erst gegen Mittag des 22. August über den Fluss. Die erste Welle bildeten die IR 78 und 91, die ohne auf Widerstand zu stoßen bis zum Südrand des unmittelbar an der Sambre liegenden Dorfes Chatelet vorgingen, wo sie ihre Verbände neu ordneten. Weiter links (östlich) schlossen sich FR 73 und IR 74 an, noch weiter östlich rang die 20. ID zu dieser Zeit noch um Roselies und Tamines. Das IR 74 hatte zunächst keinen Feind vor sich. Erst gegen 14 Uhr brach aus den Waldstücken auf der Höhe von St. Blaise, einige Kilometer südlich der Sambre, unerwartet ein starker Gegenangriff gegen die Front der 19. ID los.

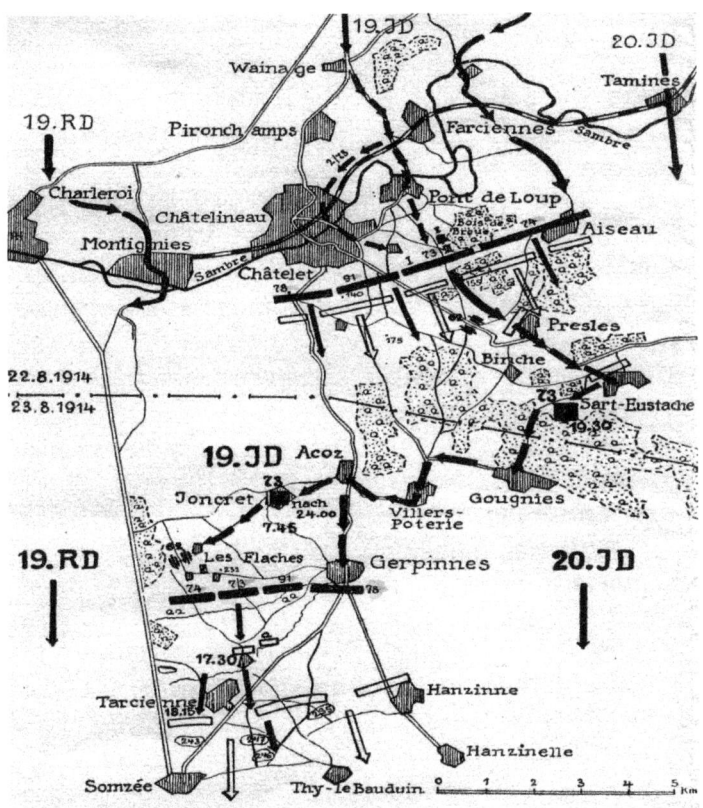

Gefechtsskizze 19. Infanterie-Division am 22. und 23.8.1914, aus: Voigt, Regimentsgeschichte FR 73, Anhang.

In der Regimentsgeschichte des IR 74 werden

die Gefechte des 22. August wie folgt beschrieben (Kurt Gabriel, Das 1. Hannoversche Infanterie-Regiment Nr. 74 im Weltkriege, Hannover 1931, S. 50):

*„Nach Durchschreiten des Ortes (Pont de Loup) entfaltete sich das Regiment und blieb mit dem III. Bataillon nach dem Ostrand des Bois de Broue im Marsch, während sich der Rest des Regiments noch bereitstellte. Aus dem hoch gelegenen Bois de Broue schlug vereinzeltes Infanteriefeuer, das jedoch nachließ, als die 10. Kompanie den Nordteil des Waldes durchschritt, um die östlich davon gelegene Eisenhütte Panama zu erreichen. Die 9. und 12. Kompanie, gegen deren Schützenlinien schwaches Feuer von Süden her schlug, entwickelten sich sogleich in diese Richtung; die 11. Kompanie folgte hinter der Mitte. Oberleutnant Ebert eröffnete mit der 10. Kompanie das Feuer gegen westlich Aiseau zurückgehende Franzosen und schwenkte, als ein Vorwärtskommen des am rechten Flügel der 20. ID liegenden IR 164 bemerkt wurde, nach Süden ein. Dann arbeiteten sich seine Züge im Bois de Broue und östlich des Waldes vor, aus dessen Rand ein Zipfel nach Osten vorspringt. Der dorthin zu Pferde vorgeeilte Regimentsstab erreichte ihn etwa gleichzeitig mit den vordersten Schützen der 10. Kompanie und geriet dort in den Feuerüberfall einer französischen Radfahrerabteilung, die sich in einem Gehöft südwestlich von Aiseuau eingenistet hatte. Oberst von Düring gab dem III. Bataillon im Gelände die Richtung auf Presles an und befahl das II. Bataillon in zweiter Linie links gestaffelt und das I. hinter der Mitte zu folgen. Major von Dewall hatte mit seinen drei*

*Kompanien inzwischen den Weg am Südrand des Bois de Broue erreicht und nahm von dort den Feuerkampf gegen feindliche Infanterie auf, welche die Waldstücke nordwestlich von Presles besetzt hatte. Die 10. Kompanie arbeitete sich weiter östlich vor. Um 14 Uhr waren die Schützenlinien aller Bataillone im Vorarbeiten gegen die Waldstücke nordwestlich Presles, deren Nordrand der Feind bald räumte. Unsere Schützen folgten durch Felder und Rübenschläge in südlicher Richtung. Beim Überschreiten der Höhen südlich des Bios de Broue schlug ihnen plötzlich starkes Infanterie- und Artilleriefeuer von der großen Straße Chatelet-Presles entgegen. Zudem strebten französische Abteilungen von dort auf die nördlich gelegenen Waldungen zu. Hauptmann Thomsen hatte dieses Vorgehen französischer Kräfte beobachtet (...) Er ließ die MG freimachen und zugweise sofort das Feuer eröffnen. Auf 300m sind die französischen Linien heran, als unsere MG sie fassen und zum Halten bringen. Inzwischen sind auch die Schützenlinien der 10., 5. und 8. Kompanie heran und nehmen den Feuerkampf auf. Oberst von Düring ist mit dem Stab in die Waldstücke vorgeeilt und beobachtet, dicht hinter den vordersten Schützen stehend, das Gefechtsfeld, über das nun neue französische Linien angreifen. Auch das feindliche Feuer wird stärker, bei unseren MG tritt Munitionsmangel ein. Ein kritischer Augenblick naht! Der Feind gewinnt Boden – unsere Verluste mehren sich. Schwer getroffen fällt Leutnant Begemann, der mit den vordersten Schützen der 5. Kompagnie herankommt und gleich darauf trifft auch den Regimentskommandeur die tödliche Kugel! Es gelingt durch Einschieben der hinteren Züge, die feindlichen Linien, soweit sie nicht vor dem Waldrand fallen, zum Weichen zu bringen. Auch von Südosten zu ihrer Entlastung anreitende Kavallerie wurde vom M.G.- und Schützenfeuer gefasst und schnell auf Presles zurückgetrieben. In langen Linien geht es dann in langen und kurzen Sprüngen vor gegen den an der Chaussee eingenisteten Feind. Auf 800m wird der Feuerkampf geführt und die Distanz sprungweise verringert. Dann liegt man auf mittlere Entfernung dem Feind gegenüber. Bald wird an dem schlechteren Schießen des Feindes merkbar, das unser Feuer richtig lag und nach etwa einstündigem Feuergefecht war mit dem Glas zu erkennen, wie aus den französischen Linien einzelne Leute nach hinten liefen. Die 3. Kompanie stürmte schließlich den Abhang in einem Anlauf herab gegen die Franzosen, deren Reste sich ergaben. Unsere Verluste des Tages 3 Offiziere, 47 Mann tot, 11/164 verwundet, 18 vermisst."*

Bei diesen Kampfhandlungen fiel der sechsundzwanzigjährige Schuhmacher und Reservist Heinrich Devous aus Hoya von der oben mehrfach erwähnten 10. Kompanie des Oberleutnants Ebert. Bei der 7. Kompanie des IR 74 starb an diesem 22. August Dietrich Kasten Schäfer aus Scholen (Sohn des Vollkötners Heinrich Schäfer). Von dem heftigen französischen Gegenangriff wurde auch das neben dem IR 74 vorgehende IR 78 erfasst (Fritz Ebeling, Geschichte des Infanterie-Regiments Herzog Friedrich Wilhelm von Braunschweig – ostfriesisches – Nr. 78 im Weltkriege, Berlin 1924, S. 28):

*„Mindestens drei feindliche Regimenter laufen an,*

*in der Mitte Zuaven in weißblauen Uniformen, rechts und links davon Franzosen in rotblauer Montur (...) Dicht heran ist der Feind, da stößt das III. Bataillon IR 78 aus nächster Entfernung in seine Flanke, selbst noch in Kompagniekolonnen. Rasch wird Schützenlinie gebildet, zweigliedrig, da bei der dichten Massierung des Bataillons kein Entwicklungsraum vorhanden ist. Und auch von hier knallt es flankierend in die feindlichen dichten Linien. Das ist zuviel, der tapfere Feind verliert die Nerven, er stutzt, viele fallen, der Rest sucht den schützenden Wald, aus dem sie gekommen, zu erreichen (...) Von Hinlegen war in der Schützenreihe kaum die Rede, es wurde stehend oder kniend geschossen."*

Unterstützung erhielten die Niedersachsen durch das Feuer der hinter ihnen in Stellung gehenden eigenen Artillerie. Das FAR 26, bei dem es an diesem Tag keine Verluste gab, berichtete (von der Hude u.a., Geschichte des 2. Hannoverschen Feldartillerie-Regiments Nr. 26 während des Weltkrieges 1914-1918, Lübeck 1934, S. 29):

*„Von den Beobachtungsstellen (...) wird das Vorbrechen der dichten Schützenschwärme beobachtet (...) Furchtbar ist die Wirkung der Haubitzgeschosse in den dichten feindlichen Reihen. Vergeblich suchen die Zuaven, von weißen Offizieren angetrieben, das Artilleriefeuer zu unterlaufen. Jetzt setzen auch die MG ein und mähen nieder, was den Artilleriegeschossen entgangen ist. Als nun auch noch das bisher zurückgehaltene III/IR 78 dem Feind in die linke Flanke stößt, weicht der Rest der schwarzen Regimenter*

*zurück. Aber nur wenige entkommen. Dicht an dicht liegen Verwundete und Tote den ganzen Hang von St. Blaise hinauf."*

Am Abend des 22. August kamen die Kampfhandlungen mit Einbruch der Dunkelheit zur Ruhe. Die Regimenter verbrachten die Nacht mit dem Gewehr im Arm, jederzeit bereit, eventuelle weitere Gegenangriffe zu parieren.

*(2) Der zweite Tag der Schlacht*

Am Südufer der Sambre hatte das X. RK die Nacht mit ausgestellten Wachen auf freiem Feld verbracht und ging am Morgen des 23. August weiter Richtung Süden vor. Die etwa sieben Kilometer südlich der Sambre liegenden Ortschaften Gozee und Marbaix waren stark vom Feind besetzt und stellungsartig ausgebaut. Am rechten, westlichen Flügel, griffen RIR 15 und RIR 55 in Richtung auf Gozee an. Ab 11 Uhr war der Angriff im Fluss, kam aber stundenlang nicht recht vorwärts. Die Schützengräben lagen tief, unauffindbar in Kraut und Hafer. Die Leere des Schlachtfeldes war aus Sicht der Angreifer vollkommen. Die Deutschen nahmen den Feuerkampf zunächst mit der Hälfte ihrer Kompanien auf 800 Meter Entfernung auf. Vergeblich bemühten sich beide Regimenter dann stundenlang, die Feuerüberlegenheit zu gewinnen und, weitere Reserven heranführend, Sprung für Sprung näher an den Gegner heran zu kommen. Zudem wurde der Angriff nur von einer einzigen Batterie mit sechs Feldgeschützen unterstützt. Als letzte Reserve wurde schließlich die 4. Kompanie des Reserve-Pionier-Bataillon 10 eingesetzt. Erst gegen 21 Uhr – also nach zehnstündigem Gefecht - konnte die französische Stellung dann gestürmt werden.

Etwa einen Kilometer weiter östlich griff das RIR 91, das bislang noch keinen Feindkontakt gehabt hatte und seiner Feuertaufe entgegensah, die Ortschaft Marbaix an (Adolf Kuemmel, Res-Inf-Reg. Nr. 91 im Weltkriege 1914-1918, Oldenburg 1926, S. 29):

*„Unaufhörlich krachten die feindlichen Batterie-Salven und streuten ihre Schrapnellkugeln über die vorspringenden Kompagnien (...) Die Fahne des Regiments wurde vom Fahnenträger entfaltet und vorangetragen (...) Der Angriff kam aber etwa 400 Meter vor dem eingegrabenen Feind durch die starken Verluste, die vor allem durch die gut schießende feindliche Artillerie eintraten, zum Stehen."*

Hinter dem RIR 91 war inzwischen das Reserve-Feldartillerie-Regiment 20 aufgefahren. Dessen Regimentsgeschichte berichtet über einen nachfolgenden französischen Gegenangriff (Georg Büsing, Das Reserve-Feldartillerie-Regiment Nr. 20 im Weltkriege 1914-1918, Oldenburg, 1928, S. 28):

*„An die Batterie Mohrmann kamen nun die französischen Schützen bis auf nächste Entfernung heran, die Batterie schoss lange auf 200 Meter, unsere ganze zerfetzte Infanterie war hinter unsere Front zurückgegangen, wir waren also auf uns allein angewiesen und suchten nur durch ein mörderisches*

*Feuer die Franzosen am Sturm auf die Batterie zu hindern. Das gelang auch (...) Schrapnell auf Schrapnell wurde den Franzosen vor die Nase geworfen und die Munition wurde knapp."*

RIR 91 und RIR 77 setzten am späten Nachmittag ihre sämtlichen Kompanien zu einem neuen Angriff ein, kamen aber wiederum nur bis auf 400 Meter an den Gegner heran. Die Wende brachte schließlich der Angriff des bis dahin noch als Reserve zurückgehaltenen 10. Reserve-Jägerbataillons, bei welchem der Jäger Johann Schulenburg aus Schwarme, als einer von zwölf Toten des Bataillons an diesem Tage, fiel (Fritz Jung, Goslarer Jäger im Weltkriege, II. Band, Das Reserve-Jäger-Bataillon Nr. 10, Hildesheim 1935, S. 15):

*"Nach kurzem Feuerkampf auf 300 und 200 Meter wurde erkannt, daß einzelne Franzosen, die damals noch die weiten roten Hosen und die langen blauen Mäntel trugen, fortliefen. Jetzt trat unsere ganze Linie zum Sturm an. Die Restbesatzung der französischen Schützengräben wurde niedergemacht oder ergab sich."*

Das RIR 91 verlor an einem Tag 194 Gefallene und mehrere hundert Verwundete. Die 2. Garde-Reserve-Division verzeichnete bei ihrer Feuertaufe in ihren vier Infanterie-Regimentern, dem Reserve-Jäger-Bataillon und der Artillerie insgesamt Verluste von 307 Toten und 1473 Verwundeten, die Masse davon beim RIR 91.

Die vier anderen niedersächsischen Reserve-Regimenter des X. RK (19. RID) erlitten am 23.

August, da sie bei ihrem Angriff auf das weiter westlich liegende Dorf Nalinnes weniger Widerstand fanden, erheblich geringere Verluste. Hier fielen mit Wilhelm Kammann aus Altenbücken in der 6. und Johann Harries aus Wechold in der 7. Kompanie des RIR 74 zwei weitere Soldaten aus dem Kreis Hoya. Das RIR 74 listet 43 Gefallene, das RIR 73 verzeichnete 39 Gefallene und 94 Verwundete. Auch in dieser Schlacht gab es erneut erhebliche Verwirrungen und erstaunliche Unterschiede in der Gefechtslage zwischen den benachbarten Abschnitten: Während RIR 91 und RIR 77 erheblich unter der gegnerischen Artillerie litten, blieb dessen Wirkung bei dem nur gut vier Kilometer entfernt (neben RIR 73 und 74 eingesetzten) RIR 92 vollkommen aus. Der aus Hannover stammende sechsunddreißigjährige Leutnant der Reserve im RIR 92, Privatdozent Artur Kutscher - später Professor für Literatur und Theater in München - schrieb dazu in seinem Kriegstagebuch (Artur Kutscher, Kriegstagebuch, München 1916, S. 50):

*„Der Feind ist nicht zu sehen, nur an einer Telegraphenstange sind Schützengräben. Wir schätzen 800 Meter. Ich stehe hinter einer starken Eiche und beobachte, winke jeden an seine Stelle, wo irgend hinter mir sich noch ein Soldat zeigt. Der Feind ist in bester Deckung. Keine Möglichkeit, irgendwo einen Kopf zu erspähen. Man schießt auf die geringste höhere Erhebung auf dem Erdaufwurfe. Da platzen unsere Schrapnells über den Gräben, wieder und wieder stehen die mörderischen Feuerbälle über jenen Stellen und*

*schütten ihren Kugelregen nach unten. Rechts von mir liegt die MG-kompagnie, die nun mit ihrem wüsten Geknatter einsetzt. Auch meine Leute halten sich brav, sie stehen und liegen und knien und schießen fleißig. Ich rufe ihnen zu, wir machen Pausen; der Feind schießt meist zu hoch. Das Feuer ist im Ganzen gut und lebhaft. Die MG mähen ihre Mahd. Wir wundern uns, daß wir gar nichts merken von der französischen Artillerie. Die Orientierung ist schwer. Ich weiß weder die Lage des Regiments noch die Anlehnung, Befehle bekomme ich nicht. Überall knallt es, links und rechts, vorn und hinten."*

Beim „aktiven" X. AK stellten Aufklärungspatrouillen am Morgen des 23. August fest, dass der Feind ebenfalls noch nicht abgezogen war, sondern in einigen Kilometern Entfernung, nördlich von Tarcienne, erneut Stellungen aushob. Das IR 74 erhielt Befehl, bis zur Linie Les Flaches – Gerpinnes vorzugehen und dort zu warten, bis die linken und rechten Nachbarregimenter auf gleiche Höhe kamen. So gab es am frühen Vormittag lediglich einen kurzen Marsch nach Les Flaches, wo das I. und II. Bataillon in erster Linie entfaltet bereitgestellt wurden. Das III. Bataillon verblieb als Reserve dahinter. Nachdem auch die Artillerie hinter der Infanterie Stellung bezogen hatte, traf um 15:30 Uhr der Angriffsbefehl ein. Die Schützenlinien gingen in Richtung auf die erkannten französischen Stellungen sprungweise vor und nahmen das Feuergefecht auf. Die 4., 1. und 2. Kompanie bildeten die erste Angriffslinie.

Bereits auf weite Entfernung eröffneten die

Schützenzüge das Feuergefecht gegen die französische Infanterie. Zugweise wurde weiter vorgesprungen, während der Rest der Kompanien Feuerschutz gab. Noch ehe die gegnerische Stellung erreicht war, zogen die Franzosen sich – nach etwa zweistündigem Feuerkampf und nicht ohne den Deutschen Verluste beigebracht zu haben – zurück. Das IR 74 verlor an diesem Tag 25 Tote, darunter den Tischlergesellen und Musketier Daniel Emkes aus Schweringen (4. Kompanie) sowie 82 Verwundete. Zu den weiteren identifizierbaren Gefallenen aus dem Kreis Hoya an diesem Tage gehörte – von der 9. Kompanie des FR 73 - der Hornist Heinrich Lakemann, gebürtig aus Gandesbergen (gefallen am 23. August, aber weder auf dem Denkmal noch im Eisernen Buch verzeichnet). Das Gefecht des FR 73 verlief ähnlich wie bei IR 74 (Voigt, a.a.O., S. 109):

*"Das FR 73 rückt am Abend des 22. August, nachdem der Kontakt zum Feind abgerissen ist, vor bis Gerpinnes und Les Flaches und steht damit jetzt gut sechs Kilometer südlich der Sambre. Als das Regiment sich dort morgens bereitstellt, wird es von Artillerie beschossen. Die Aufklärung ergibt, dass der Franzose sich etwas südlich auf den Höhen von Tarcienne wieder verschanzt hat. Zwischen der eigenen und der gegnerischen Stellung liegt das sanftes Tal des Baches von Bertransart, so dass die Füsiliere zuerst einen Hang abwärts und hernach wieder einen Hang aufwärts angreifen müssen. Erst als die eigene Artillerie in Stellung gegangen und die anderen Divisionen auf gleicher Höhe sind, wird der Angriffsbefehl erteilt. Die*

*Angriffsbreite des Regiments beträgt 1200 m. Das II. Bataillon greift an der Nahtstelle zum weiter rechts in Schützenlinien angreifenden IR 74 an. Links davon wird das III. Bataillon, das an diesem Tag nur über die 9. und 10. Kompanie verfügt (der Rest sichert die Artillerie gegen eventuelle Überraschungen), im Anschluss an IR 91, eingesetzt. Die französische Artillerie streut Schrapnells über die Angreifer, die in kürzeren und längeren Sprüngen ohne größere Verluste bis an den Bach gelangen, wo sie der gegnerischen Sicht entzogen sind. Nach Überschreiten des Baches schlägt den Füsilieren auch Gewehrfeuer entgegen. Die Erkundung durch das Fernglas stellt fest, daß kleine Laubwaldstücke vom Feind besetzt sind. Zweifellos vorgeschobene Stellungen. Mit großem Geschick sind die Laubwaldstücke zur Verteidigung eingerichtet, Gräben und Schützenlöcher im dichten Buschrande überdies mit grünen Zweigen überdeckt und dem Umgelände so angepasst, daß sie erst aus nächster Entfernung als besetzte Stellungen vom übrigen Buschwerk zu unterscheiden sind. Der Feuerkampf beginnt, sowie die vordere Schützenlinie durch die folgenden Wellen aufgefüllt ist. In kurzen energischen Sprüngen geht es gruppenweise weiter vorwärts. Die 9. und 10. Kompanie haben jeweils zwei Züge in vorderer Linie eingesetzt. Die 9. erreicht den Bachgrund ohne Verluste. Der anschließende Sturmangriff hat Erfolg, die gegnerische Truppe, Zuaven, sind durch das deutsche Artilleriefeuer erschüttert und wehren sich nur kurze Zeit, bevor sie ihre Stellung nach und nach räumen. An einigen Stellen kommt es mit sich zäh verteidigenden Gruppen noch zum Handgemenge, bevor sich die Reste gefangen geben. Die*

*Gesamtverluste des FR 73 beliefen sich auf 40 Gefallene und 160 Verwundete."*

Am Abend des 23. August erging schließlich auf der gesamten Front der Rückzugsbefehl für die französische 5. Armee, da deren Lage durch den Angriff der 2. Armee und die Flankenbedrohung durch die weiter östlich vorgehende deutsche 3. Armee unhaltbar geworden war. In der Folge ging die Fühlung mit den sich rasch zurückziehenden Franzosen, die ihren Rückzug durch Nachhuten deckten, verloren. Das Schlachtfeld des 22. und 23. August wurde, während die Kampftruppe weiter marschierte, von Landsturmeinheiten aufgeräumt. Diese retteten noch so manchen in unübersichtlichem Gestrüpp und Wald liegengebliebenen verwundeten Freund und Feind und bargen die Toten. In Tarcienne wurde noch 1914 ein deutsch-französischer Soldatenfriedhof für die Gefallenen der Schlacht angelegt.

Nach dem Rückzug der französischen 5. Armee setzte sogleich die Verfolgung durch die Deutschen ein. Wiederum waren tagelang enorme Marschleistungen zu vollbringen, dennoch wurde die französische Armee, die sich rasch in südlicher Richtung zurückzog, zunächst nicht eingeholt. Mehrfach in entfalteter Gefechtsgliederung querfeldein, überwiegend jedoch in langen Marschkolonnen auf den Landstraßen, folgten die deutschen Divisionen den zurückgehenden Franzosen, die mit kleineren Nachhuten immer wieder kurzzeitig den Vormarsch der Verfolger zu verzögern wussten. Da die erste Schlacht unerwartet erfolgreich verlaufen war, entschied die Oberste Heeresleitung fatalerweise, der 1. und 2. Armee jeweils ein gesamtes Armeekorps zu entziehen und diese per Bahn in das schwer bedrohte Ostpreußen zu entsenden. Die 2. Armee, die nunmehr nur noch aus fünf statt sechs Korps bestand, überschritt am 25. August die belgisch-französische Grenze. Jederzeit waren die deutschen Vorhuten darauf gefasst, wieder auf den Feind zu stoßen, aber weder an diesem Tag, noch am 26. August stieß man beim weiteren Vormarsch auf Widerstand. Statt auf die zurückgehende französische Armee traf das RIR 73, das am rechten Flügel der 2. Armee vorging, am 27. August unvermittelt auf ein britisches Bataillon der Irish Munster Fusiliers, das als Nachhut am Bahnhof des Dorfes Etreux stand. Das Bataillon sollte den Rückzug des rechten Flügels der bei Mons durch die deutsche 1. Armee geschlagenen britischen Armee schützen und eigentlich bereits abmarschiert sein. Nachdem das RIR 73 nach ersten Schusswechseln mit den englischen Sicherungsposten bemerkte, wen es hier vor sich hatte, nahm man sofort das Gefecht auf und hinderte die Engländer dadurch an einem rechtzeitigen Rückzug. Ab dem frühen Nachmittag lag das RIR 73 dann mehrere Stunden lang mit dem etwa eintausend Mann starken britischen Bataillon im Feuerkampf. In der Regimentsgeschichte heißt es dazu (Hermann Albert Prietze, Die Geschichte des RIR 73, Hannover 1940, S. 52):

*„Kurz vor Einbruch der Dämmerung ist die Lage*

*folgende: Die Kompagnien liegen teilweise durcheinandergewürfelt dem Gegner gegenüber, stellenweise auf weniger als 100 m, teils im Dorf selbst, teils östlich davon. Da sieht man plötzlich vom Gefechtsstand des Regimentsstabes englische Reiter angaloppieren. Es ist ein Zug englischer Artillerie, der mit bewunderungswürdigem Schneid tollkühn im Marsch-Marsch heranbraust, um in der Infanteriestellung aufzufahren und die bedrängten Kameraden zu entlasten. Ein wütendes Schnellfeuer der Kompagnien am Dorfausgang bricht auf die Tapferen los. Einem Geschütz gelingt es, einen Schuss abzugeben. Das zweite Geschütz protzt auf der Straße ab. Dann liegt ein wirrer Knäuel von sterbenden und toten Menschen und Pferden da. Als der letzte brave englische Kanonier sich zum Sterben legt, schweigt das Feuer minutenlang auf der ganzen Linie".*

Gegen 22 Uhr beschloss der Kompaniechef der 10./RIR 73, der aus Lüneburg stammende Hauptmann der Reserve Otto Gravenhorst, mit seiner gut 250 Mann starken Kompanie zum Sturmangriff vorzugehen. Es gelang ihm, eine Bresche in die britische Stellung zu schlagen und den Feind zu überwältigen. Die Reste des britischen Bataillons kapitulierten daraufhin. 111 Engländer waren gefallen, 750 gingen in Gefangenschaft, nur ein kleiner Teil konnte in der Dunkelheit noch entkommen. Die Verluste des RIR 73 wurden von diesem zunächst mit 18 Gefallenen (darunter der Offiziers-Stellvertreter August Nolte aus Stolzenau) und 68 Verwundeten gemeldet (von denen aber zehn später noch an ihren

Verletzungen verstarben). Das IR 74 stieß am selben Tag derweilen zweimal auf französische Nachhutstellungen, die dem Regiment insgesamt Verluste von zehn Gefallenen zufügten.

### d) Die Schlacht von St. Quentin

*(1) Die Schlacht beim X. AK*

Am 28. August ging die sich bis dahin zurückziehende 5. französische Armee dann plötzlich zum Gegenangriff über. Die verfolgende 2. Armee benötigte einige Zeit, bis sie bei der ersten Gefechtsberührung realisierte, nicht erneut nur auf Nachhuten gestoßen zu sein. Die sich nun entwickelnde Schlacht von St. Quentin zerfiel dabei in zwei räumlich getrennte Teile: In und um die Stadt Guise an der Oise kämpften das X. AK und östlich im Anschluss das Gardekorps. Weit westlich davon traf die französische Gegenoffensive auch das X. RK. Zwischen X. AK und X. RK klaffte in einer Flussschleife der Oise aber eine ungedeckte Lücke von zunächst gut zwanzig Kilometern Breite, die, wenn die Franzosen sie erkannt hätten, verhängnisvolle Folgen für die 2. Armee hätte haben können.

Das X. AK erhielt am 28. August für den Folgetag Weisung, die an der Oise gelegene Stadt Guise einzunehmen. Die Kavallerieaufklärung ergab eine feindliche Besetzung der Stadt. Die Armeeführung ging aber zunächst davon aus nur schwache Nachhuten vor sich zu haben. Das X. AK griff Guise noch am 28. August zum Teil über verbarrikadierte und zunächst nur schwach verteidigte Brücken, zum Teil durch Durchwaten des Flusses, an und konnte die Stadt rasch Besitz nehmen (Voigt, a.a.O., S. 125):

*"In den ersten Morgenstunden ergeht der Divisionsbefehl, wonach die Husaren-Patrouillen auf dem Südufer der Oise Feind erkannt haben. Ab 8:00 Uhr marschiert das Regiment von Norden hinter IR 74 auf die Oise zu. Bei St. Germain, kurz vor dem Fluss, wird das Regiment zum Angriff bereitgestellt. Kurz vor Mittag eröffnen die Feldhaubitzen des FAR 26 aus Verden das Feuer. Die französische Artillerie antwortet aus verdeckten Stellungen. Kurz vor 14:00 Uhr nähern sich die vorderen Schützenlinien des III. Bataillons gemeinsam mit dem IR 74 dem Nordrand von Guise. Die 8. und 9. Kompanie nehmen gegen Widerstand die Südbrücke über die Oise. Die Verteidiger haben MG in den am Fluss liegenden Häusern eingenistet. Ein vorgezogenes Geschütz des FAR 26 kämpft die französischen MG nieder. Die 11. Kompanie watet zudem schließlich durch den Fluss und gegen 16:30 Uhr sind die Flussübergänge im Besitz der deutschen Vorhut."*

Noch auf der Nordseite des Flusses wurden zu Beginn der Schlacht drei der sechs Batterien (zu je 6 Kanonen) des Feldartillerie-Regiments 10 (Hannover) vollständig von feindlicher Artillerie zerschossen. Der Divisionsgeneral hatte den Batterien befohlen, offen und nicht (wie üblich) „verdeckt", also in einer Senke oder hinter anderen Sichthindernissen, aufzufahren (Kurt Heydemann, Die Schlacht bei St. Quentin 1914, II. Teil, Berlin 1924, S. 34):

*"Generalleutnant Schmundt nahm die vorausgesandte 4. Batterie selbst in Empfang und wies den Batteriechef an, oben auf der Höhe aufzufahren. Der erstaunte Einwand „hier in offene Stellung?" wurde zurückgewiesen. Der Feind sei ja nicht mehr da! Der Divisionskommandeur hielt verdeckte Stellungen wegen der Schutzschilde für unnötig, und die Artilleristen gehorchten, obwohl sie sich auf die Gefechtsvorschriften berufen konnten, um nicht in den Verdacht der Feuerscheu zu kommen. Selbst zunächst unbeschossen, suchten sich die Batterien zu betätigen; allzu viel war nicht zu erkennen, ein lohnendes Ziel kaum zu entdecken. Eine im Park von Puisieux vermutete Batterie wurde unter Feuer genommen, ebenso eine dichte Infanterie-Kolonne bei Audigny. Dann kommt von weit her eine einsame Granate durch die Luft gereist und zersplittert mit häßlichem Geräusch 100 m vor der Batterie; die nächste liegt dahinter, dann mitten in der Batterie eine Gruppe, die gleich die ganze Bedienung außer Gefecht setzt. Die heldenmütige Batterie verlor über die Hälfte ihres Mannschaftsbestandes in kaum einer halben Stunde".*

Die inzwischen auf dem Südufer der Oise vorgehende Infanterie stand binnen Kurzem ebenfalls in heftigen Gefechten (Heydemann, a.a.O., S. 45):

*"Es dauerte geraume Zeit, bis alle Kompagnien den Oise-Lauf überschritten hatten; sie fanden sich nun auf der Talsohle östlich der Stadt und sahen im Süden vor sich die Höhen jenseits der großen Straße von Vervins aufsteigen. Besorgt spähten die Führer nach den Höhen hinüber, denn die Bataillone saßen hier im Tal wie in*

*einer Mausefalle, wenn der Feind den Höhenrand besetzte (...) Als ich wieder einmal durch das Fernglas blickte, sah ich für Augenblicke ein französisches Bataillon geschlossen quer über die Höhen bei Audigny laufen. „Maschinengewehre müssen auf die Höhen da oben", schlug ich vor, aber die waren noch nicht da. Auf mein Drängen befahl dann Major Ruppricht: „Na, Oesterreich, denn gehen sie man los mit Ihrer 3. Kompagnie." Eilig überschritt ich mit meinen Zügen Mann für Mann die schmale, kleine Brücke über den tiefen Mühlengraben, dann ging es die Anhöhe schwitzend hinauf. Kaum hatten die ersten Gruppen sich oben durch eine dichte Hecke hindurchgearbeitet, da sah ich, wie das französische Bataillon in einer Entfernung von 1200 Metern auf uns einschwenkte. Ich ließ meine Leute etwa 75 Meter vorwärts der Hecke in Stellung gehen und eröffnete mit knapp einem Zuge das Feuer, um den vorwärts laufenden Gegner aufzuhalten. Unser Feuer wurde kurz erwidert, dann verschwand der Feind in einer Mulde, aus der er auf 500 Meter wieder vor uns auftauchte."*

Die 5. und 6. Kompanie wurden nun ebenfalls zum Angriff befohlen. Da sie auf ein ganzes französisches Bataillon stießen, stellten sie den Angriff alsbald ein. Die 4. Kompanie, die an der Straße Guise-Macquigny stand, wurde sogar von zwei feindlichen Bataillonen angegangen. Nachdem sämtliche Regimenter des X. AK die Höhen südlich Guise vor dem Gegner erreicht hatten, gelang es, die Gegenangriffe der 35. französischen Division, die zur Wiedereinnahme von Guise angesetzt war, zu verzögern. Im Laufe des Tages zerfiel der französische Angriff dann in Einzelvorstöße, die von sämtlichen Regimentern abgewehrt werden konnten. Nachmittags gingen die Deutschen stellenweise ihrerseits erneut zum Angriff über. Auf weite Entfernung eröffnete der Feind das Gewehrfeuer; sehr viel verlustreicher für die Deutschen waren aber die Schrapnells und Granaten der französischen Artillerie. Spät nachmittags räumten die Franzosen schließlich ihre Stellungen, um es nicht auf einen Nahkampf ankommen zu lassen. Die Gefechtsfühlung ging bei einsetzender Dunkelheit verloren und auch das Artilleriefeuer verstummte. Mit Einbruch der Nacht endeten die Kämpfe. Die Franzosen zogen sich zunächst wieder einige Kilometer weit zurück.

Einer der Gefallenen der 9./FR 73 dieses Tages war der Füsilier Dietrich Schmalhusen aus Wechold, Sohn des Schuhmachers Heinrich Schmalhusen, Wechold Nr. 106. Schmalhusen wird zwar auf dem Wecholder Denkmal als Gefallener des 23. August geführt. Das Eiserne Buch und die Gefallenenliste des FR 73 weisen ihn aber unter den Toten des 28. August aus.

Am nächsten Tag wurde um 5:00 Uhr der erneute Aufbruch befohlen. Die 19. ID sollte über Ionqueuse-Courjumelles, die 20. ID über Audigny-Landifay marschieren. Ob die Franzosen bereits wieder abgezogen waren oder nicht, war zunächst unklar. Um 5:30 Uhr war die 19. ID im dichten Nebel im Vorgehen beiderseits der Straße Guise-St.Quentin. Nach 20 Minuten Marsch setzte überraschend Infanteriefeuer ein. Das IR 74 war bei Ionqueuse direkt in den Feind gestoßen. Im Nebel spielt sich ein kurzer Nahkampf ab, der Ort wurde genommen. Dann erstürmte das FR 73 - bei allmählich besserer Sicht - die Ortschaft Macquigny. Das Regiment konnte bei geringen eigenen Verlusten 90 Gefangene machen. Doch dann entwickelten die Franzosen einen Gegenangriff von Süden her. Inzwischen war aber auch das FAR 26 hinter der eigenen Infanterie aufgefahren und schoss den ersten Angriff auf kurze Entfernung zusammen. Während die 19. ID damit relativ leicht Erfolg hatte, wurde weiter links bei der 20. ID schwer gekämpft. Zu deren Hilfe entsandte die 19. ID die 2. und 10./FR 73. Diese versuchten, gemeinsam mit dem IR 78, einen langen Abhang hinab, selbst anzugreifen (Voigt, a.a.O., S. 139):

*„Durch Haferfelder ging es in ununterbrochenem Lauf in eine Mulde hinab, 300 m an den Feind heran. Sichere feindliche Schüsse fanden hier zahlreiche Opfer. Weiteres Vorwärtskommen war hier unmöglich. Als die Munition knapp wurde, brachten mutige Freiwillige diese durch das Feuer an die eigene Schützenlinie. Nun setzten erneut französische Angriffe ein, die aber wiederum im Feuer der Füsiliere liegen blieben. Selbst in der einbrechenden Dunkelheit versuchten noch einmal starke französische Abteilungen vergeblich die deutschen Linien zu durchbrechen: Schwer sind die Verluste. Die 2. Kompanie verliert in diesem ungleichen Kampf alle Zugführer. Lt. Keppler liegt mit schwerem Bauchschuß bis zum anderen Tage zwischen den*

*Linien. Der französische Angriff geht über ihn hin und zurück. Der Kompaniefeldwebel ist verwundet. Die tapfere 10. Kompanie, die am 23. August ihre drei Offiziere verloren hat, sieht ihren prächtigen Feldwebel Schütte als Held sterben. Vizefeldwebel Wohlers und Unteroffizier Garbe fallen. Viele brave Füsiliere der 2. und 10. Kompanie liegen tot oder verwundet in ihrem Blute."*

Bei dem hier genannten gefallenen Vizefeldwebel der 10./FR 73 handelt es sich um Hermann Georg Heinrich Wohlers aus Hassel. Insgesamt verlieren allein diese beiden Kompanien 28 Tote und 90 Verwundete. Dieser Kampfabschnitt, südlich der Louvry-Ferme, war der schwerste Teilkampf der gesamten Schlacht. Das FAR 26 (Verden) war im Laufe des Tages hinter der 2. und 10. Kompanie FR 73 in Stellung gegangen, wurde aber sogleich von mehreren französischen Batterien, die aus verdeckten Stellungen feuerten, erfasst und erlitt durch Granatfeuer einige Verluste. Einer der Gefallenen des FAR 26 am 29. August 1914 war der zweiundzwanzigjährige Gefreite Dietrich Stumpenhusen (Sohn des Halbmeyers Heinrich Stumpenhusen) aus Burdorf Nr. 37.

Die Verluste der Regimenter des X. AK waren ähnlich hoch wie in der Schlacht an der Sambre. Auch das am linken Flügel des X. AK eingesetzte Gardekorps hatte an diesem Tag schwere Kämpfe zu bestehen. Hier wurde beim 2. Garderegiment zu Fuß der fünfundzwanzigjährige Friedrich Hogrefe aus Graue tödlich verwundet. Hogrefe diente bei der „Garde", die in (zunächst) fünf Garderegimenter „zu Fuß", vier Garde-Grenadierregimenter sowie jeweils zugehörige Gardeartillerie, -kavallerie etc. gegliedert und in Berlin und Potsdam stationiert war. Das Gardekorps war in den ersten Kriegsmonaten ebenfalls Teil der 2. Armee und bildete in den Schlachten von Charleroi, St. Quentin und an der Marne jeweils den linken Flügel der Armee. Hogrefe ist ausweislich des Eisernen Buches entweder am 29. August (Eintrag für den Ort Graue) oder 3. September 1914 (Eintrag für den Ort Hassel) gestorben. Die Verlustliste des 2. Garderegiments weist ihn allerdings bereits für die Gefechte bis zum 30. August als Verwundeten aus. Zudem hat es ausweislich der Regimentsgeschichte zwischen dem 31. August und dem 5. September bei diesem Regiment keinerlei Gefechte gegeben. Daher ist anzunehmen, dass Hogrefe ebenfalls in der Schlacht von St. Quentin (Guise), wo das Gardekorps am linken Flügel des X. AK kämpfte, entweder am 29. oder 30. August verwundet wurde und am 3. September diesen Verletzungen erlag. Er wird im Eisernen Buch für Hassel als Sohn des Schuhmacher Hogrefe, Haus Nr. 109, angegeben, so dass er wohl gebürtig von dort stammte, bei Kriegsausbruch aber wohl bereits nach Graue verzogen war, weshalb er auch für diesen Ort im Eisernen Buch verzeichnet ist.

Ein weiterer Gefallener des 29. August war der fünfundzwanzigjährige Schneider und Reservist

Otto Gulitz aus Hoya. Er diente bei der 1. Eskadron des Reserve-Ulanen-Regiments Nr. 2. Die berittenen Ulanen waren dem X. Reservekorps der 2. Armee als Aufklärer zugeteilt. Gulitz war an diesem Tag südlich der Spitzen des X. RK im Raum St. Quentin unterwegs und gilt seitdem als vermisst. Fest steht, dass die 2. Armee der Kavallerie am 28. August befohlen hatte, die auf der Marschroute liegenden Kanalbrücke über den Crozat-Kanal bei St. Simon schon vor Eintreffen der langsameren Infanterie zu besetzen. Die 1. Schwadron der 2. Reserve-Ulanen unter Rittmeister Freiherr von Lindeloff nahm die Brücke morgens früh am 29. kampflos in Besitz. Vier englische Kavalleristen, wahrscheinlich die Brückenposten, wurden in einem der angrenzenden Häuser schlafend gefangen genommen. Am Abend des 29. August überschritt die 1. Eskadron die Chaussee nach St. Quentin bei der Lambay-Ferme und ging weiter nordwestlich Aliancourt vor. Von dort meldete der Rittmeister, dass er zurückgehende Franzosen südlich des Weges nach Mezieres mit dem Karabiner beschossen habe. Ob Gulitz dabei oder bei einer anderen an diesem Tage durchgeführten kleineren Patrouille umkam, bleibt ungewiss. Eine Regimentsgeschichte wurde für diese Einheit nicht geschrieben, so dass weitere Einzelheiten unklar bleiben. Im Zweifel wird Gulitz an diesem Tag irgendwo abgeschossen und die Leiche vielleicht kurzerhand verscharrt worden sein. Bis heute gibt es jedenfalls keinen Hinweis auf seinen Verbleib.

Für den 30. August hatte der Oberbefehlshaber der 5. französischen Armee den erneuten Angriff durch acht seiner Divisionen gegen das aus nur zwei Divisionen bestehende deutsche X. AK befohlen. Am Morgen dieses Tages trat das X. AK um 5.30 Uhr aber seinerseits den weiteren Vormarsch an. Erneut behinderte dichter Nebel die Sicht. Bereits nach einer Stunde stieß man auf französische Feldwachen. Nach dem sich der Nebel aufgelöst hatte, wurde deutlich, dass die Franzosen wieder auf breiter Front zum Angriff schritten. Dazu berichtet die Regimentsgeschichte des IR 78 (Ebeling, a.a.O., S. 32):

*„Zwei Züge der M.G.K. (Maschinengewehr-Kompanie) feuern fast ununterbrochen 35 Minuten lang, da der zähe Gegner wiederholt zu Gegenstößen antritt. Die Verluste der 78er mehren sich; die M.G. werden unbrauchbar und müssen zurückgezogen werden. Fieberhaft wird an der Instandsetzung gearbeitet und Patronen gegurtet. Weit überlegen ist der Franzose an Zahl; Munitionsmangel macht sich bei den Kämpfern erheblich fühlbar. Major Lockemann, der tapfere Führer des II. Batls., befindet sich längst in der vorderen Linie, um die Widerstandskraft seiner Leute zu beleben. Tödlich verwundet bricht er zusammen. Die Kompagnieführer der 6. und 7. Kompanie sind den feindlichen Geschossen erlegen; der Adjutant des Bataillons liegt tot zwischen dem ausharrenden Rest der sich mit äußerster Energie wehrenden Osnabrücker. Durch todesmutigen Einsatz jedes einzelnen wird die Stellung bis zum Einbruch der Dunkelheit gehalten."*

Aufgrund des Nebels musste die deutsche

Infanterie bei den auf nächste Entfernung geführten Kämpfen zunächst auch auf die Mithilfe der Artillerie verzichten. Gegen 8 Uhr endeten die bis dahin erneut erfolglosen französischen Angriffe aber urplötzlich. Stattdessen begann nun die französische Artillerie die vordersten deutschen Linien mit starkem Granatfeuer zu überschütten. Schließlich erhielten auch die deutschen Divisionen mittags, nachdem die Munitionsbestände der eigenen Artillerie aufgefüllt waren, Befehl zum Angriff, der aber erst bei einbrechender Dunkelheit zur Ausführung gelangte. Mittlerweile hatte die französische Armee aber erneut den Rückzug angeordnet, so dass es, mit Ausnahme einiger Nachhutgeplänkel, zu keinen größeren Gefechten mehr kam.

*(2) Die Schlacht beim X. RK*

Das X. RK ging am 28. August gut 20 km westlich vom X. AK in langen Marschsäulen längs der hier nach Süden verlaufenden Oise vor, als plötzlich der Kanonendonner der bei Guise beginnenden Schlacht herüber scholl. Da aber weit und breit kein Feind zu sehen war, und man seit Tagen nach Süden marschierte, schien aus Osten, von der drei Kilometer entfernten Oise, auch keine Gefahr kommen zu können. Als die Truppe abends zur Ruhe überging, lagen noch keine neuen Erkenntnisse vor. Auch die Nacht verlief ruhig. Als sich die Einheiten des X. RK dann früh am 29. August wieder in Bewegung setzten, schlug aber urplötzlich aus der linken Flanke Artilleriefeuer in die Truppen. Zwei französische Divisionen waren unbemerkt vom östlichen auf das westliche Flussufer gewechselt und griffen das in langen Kolonnen Richtung Süden – geradezu friedensmäßig - vormarschierende X. RK in der linken Flanke an. Dieser tödlichen Gefahr eines Flankenstoßes konnte sich das X. RK nur mit Mühe behaupten. Direkt betroffen war zunächst nur die 19. Reservedivision, die parallel zur Oise südwärts zog. In der Ortschaft Mesnil (am südöstlichen Standrand von St. Quentin), das von der Hälfte der Division bereits am Abend zuvor passiert worden war, standen noch das RIR 73 und 78, als der Angriff begann (Heydemann, a.a.O., I. Teil, S. 47):

*„Um 9 Uhr morgens sind die Truppen in Mesnil marschbereit. Man ist sich keiner Gefahr gewärtig, und niemand denkt an irgendwelche Überraschungsmöglichkeiten. Im Ort drängen sich mehrere Bataillone, die sie überholenden Reiter des 6. Reserve-Dragonerregiments, dazwischen eine Haubitzenbatterie und andere Einheiten. Just in diesem Moment hatte sich der vorderste Teil einer feindlichen Marschkolonne bis auf wenige hundert Meter dem Ort genährt. Eine westlich des Dorfes auftauchende Reiterabteilung erregt keine Aufmerksamkeit, da man sie für eigene Dragoner hält. Erst als Gewehrfeuer und gleich darauf Granaten in die Marschkolonnen schlägt, wird klar, dass ein Angriff erfolgt. Der Kommandeur des RIR 78 befiehlt seinem III. Bataillon sofort östlich des Ortes zum Angriff überzugehen. Dann werden die übrigen vor Ort vorhandenen fünf Bataillone zur Schaffung einer durchgehenden Front eingeschoben. Da die französische 36. Division, die Teilen des X. RK*

*bereits an der Sambre bei Marbaix und Gozee gegenübergestanden hatte, aber Weisung erhielt, vor dem weiteren Vorrücken das Eintreffen weiterer Verstärkungen abzuwarten, konnten die geradezu überfallenen deutschen Truppen binnen kurzer Zeit eine Abwehrfront organisieren. Der eingeleitete deutsche Gegenangriff kommt aber nach kurzer Zeit zum Stehen. Die beiden hier gerade vorhandenen Regimenter, RIR 73 und RIR 78 sowie einige zufällig gerade anwesenden Teile anderer Einheiten fochten als zusammengewürfelte „Kampfgruppe" gegen die ganze 36. französische Infanteriedivision. Das RIR 78 hatte durch das feindliche Artilleriefeuer nach kurzer Zeit beträchtliche Verluste erlitten. Mehrfache Vorstöße der feindlichen Infanterie erforderten den Einsatz der letzten Reserven. Besonders schwierig war die Lage auf dem linken Flügel und der Mitte der Kampfgruppe. Als I./RIR 73 und RIR 78 endlich das Nachlassen des feindlichen Widerstands spürten, erhoben sie sich unverzüglich zu neuem Vorgehen. Um die Mitte der dritten Nachmittagsstunde hatte sich der eigene rechte Flügel an der Lorival-Ferme und dem nach der Straße Mesnil-Sissy hinziehenden Höhenrand festgesetzt. Zur selben Zeit brachen auf dem äußersten linken Flügel, wo das Halbbataillon Marquard kämpfte, die Leutnants d.R. Benecke und Lindemann von der 7. Kompanie mit ihren Zügen und dem Zug des Feldwebels Null von der 8. Kompanie sowie Teilen der 9. und 6. Kompanie an einem kleinen Waldstück nördlich der Chambrie-Ferme ein. Nach wenigen Minuten schon sah sich die kleine Schar aber einer beträchtlichen feindlichen Übermacht, einem in einer kleinen Talsenkung zum Gegenstoß bereitgestellten Bataillon, gegenüber. Atemlos sahen sie sich von der eintausend Mann starken Übermacht rasch überwältigt. Sie gerieten, 2 Offiziere und 100 Mann, die das eroberte Gehölz nicht preisgeben wollten, in Gefangenschaft. Am Abend zählte die 7. Kompanie nur noch 49 Gewehre."*

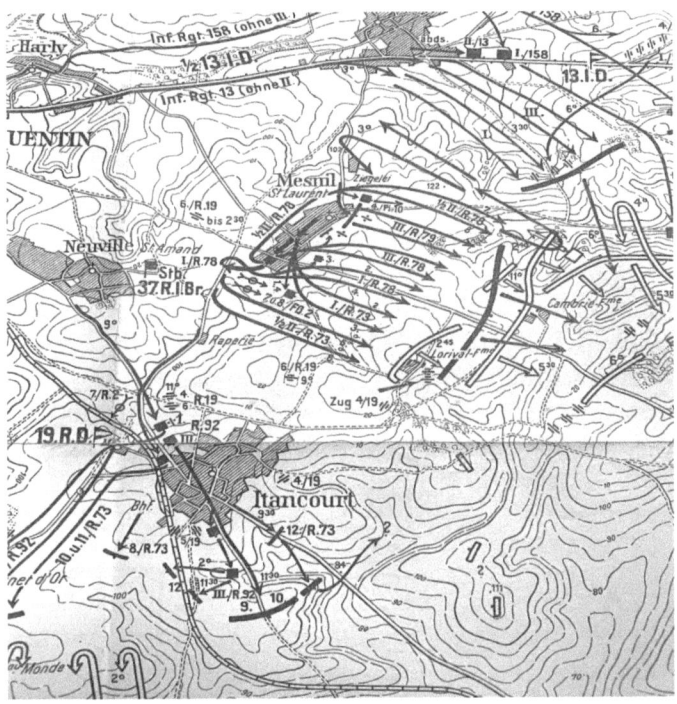

Gefechtsskizze RIR 73 und 78, aus: Heydemann, Die Schlacht von St. Quentin, I. Teil, Anhang

Der aus Rosenheim gebürtige Hoyaer Steinmetz und Reservist Michael Heininger gehörte der genannten 7. Kompanie RIR 78 an und wurde zunächst als vermisst gemeldet (Verlustliste vom 22.10.14). Erst später kam eine Korrekturmeldung, wonach er gefallen war (13.12.1914). Bei der 8. Kompanie RIR 78, die zumindest mit einem ihrer drei Züge ebenfalls auf dem linken Flügel bei der Chambrie-Ferme auf die feindliche Übermacht gestoßen war, fielen zudem der Reservist Heinrich Bolte (Sohn des Anbauers Dietrich Bolte), Süstedt Haus Nr. 78 sowie der Gefreite Friedrich Michaelis (Sohn des Anbauers Johann Michaelis), Süstedt Haus Nr. 58. Beide Soldaten wurden ebenfalls zunächst als vermisst und erst später als gefallen gemeldet.

RIR 74 und 92, die zur selben Division wie RIR 78 gehörten, hatten mit diesem Gefecht bei Mesnil nichts zu tun. Sie standen bei Beginn der Kampfhandlungen schon gut sechs Kilometer weiter südlich im Dorf Essigny und schlugen dort ihre eigene Schlacht. Die Regimentsgeschichte des RIR 78 schildert die Vorgänge wie folgt (Hanns Möller, Königlich Preußisches Reserve-Infanterie-Regiment Nr. 78 im Weltkriege 1914/1918, Berlin 1937, S.43-47):

*„Am 28. Aug. haben wir einen sehr anstrengenden Marsch zurückzulegen, um dem Feind den weiteren Rückzug abzuschneiden. Wir treten als Vorhut an und passieren um 9 Uhr den Ort Hannappes, der vom Feind angesteckt war und jetzt ein einziges Flammenmeer bildete. Eine halbe Stunde lang durchziehen die Marschkolonnen den brennenden Ort. Etwa 2 Uhr nachts, nach einem Tagesmarsch von über 40 km, beziehen wir wenige Kilometer südlich von St. Quentin, bei dem Dorf Urvillers Ortsbiwak. Noch liegt dichter Nebel über den Feldern, als wir am frühen Morgen des*

*29.8. weiter südlich marschieren zum Bereitstellungsplatz südlich Essigny le Grande. Von Norden hören wir Geschützfeuer. Zu sehen ist aber nichts. Als die Luft etwas klarer wird, bemerkt Oberstleutnant Riebensahm, dass sich im östlich gelegenen Dorf Benay und auf dem Höhenkamm auf dem das Dorf liegt, französische Schützenlinien entwickeln. Es waren mindestens 2 Bataillone (wie wir später erfuhren die 105. frz. Infanterie-Brigade). Oberstleutnant Riebensahm fasste den Entschluss, den Feind ohne zu Zögern anzugreifen. Auf Unterstützung von Artillerie musste verzichtet werden. Das III. wird frontal auf Benay, das I. und II. als Reserve seit- und rückwärts folgend angesetzt. Das Angriffsfeld bietet so gut wie keine Deckung, auf 1500 m ist von dem höher gelegenen Benay aus jede Bewegung einzusehen. Voran eine lichte Schützenlinie, geführt von den Zugführern mit ihren Entfernungsschätzern und den Gruppenführern, dahinter eine lichte Welle nach der anderen. I. u. II. Bataillon folgen entfaltet aber in geschlossenen Kompanien. Eine breite Geländefalte, die vom Feind nicht einzusehen ist, erlaubt das. Auf eine Entfernung von 1200 m fallen beim Feind die ersten Schüsse. Nach kurzer Erwiderung des Feuers erhebt sich bald hier, bald dort ein Zugführer und reißt seine Leute mit „Sprung auf marsch marsch" ein gutes Stück mit vorwärts. Sehr bald wird auch I. geschlossen rechts neben III. eingesetzt. II. schiebt sich fast bis in Höhe der kämpfenden Schützenlinie vor. Von hüben und drüben rollt unausgesetztes Schützenfeuer über das Angriffsfeld, bald stärker, bald schwächer, je nachdem sich bei uns oder beim Feinde eine Bewegung zeigt (...) Als das II. Bataillon den Kamm des Höhenrückens*

Hinacourt-Benay fast erreicht, bekommt es Befehl, nach links gegen Benay einzudrehen und Schützen zu entwickeln. Die 8. Kompanie dringt als erste über den deckenden Höhenrand hinaus und erhält sofort von einem gegenüberliegenden Hügel aus starkes und recht wirksames Infanteriefeuer. Aber sie läßt sich nicht aufhalten. Der tapfere Offiziersstellvertreter Hartmann stürmt mit seinem Zuge allen voran durch eine heckenartige Buschreihe und enge Schlucht hindurch gegen die französischen Schützen vor. Der Führer fällt, seine Leute stürmen weiter. Die ganze Kompanie folgt diesem Beispiel. Die Richtung auf das Dorf weisend, dringt nun auch Oberstleutnant Riebensahm mit der 8. und anderen Teilen des II. Bataillons in den Südrand von Benay ein. Die Tamboure schlagen an, und mit aufgepflanztem Seitengewehr geht es hinein ins Dorf. Dieser Vorstoß macht sich sofort bezahlt. Der Franzose fühlt sich in der Flanke gefasst, man merkt, dass sein Widerstand ins Wanken gerät. Das belebt auch den Angriff des I. u. II. Bataillons. Kompanien des I. dringen von der Front her gleichzeitig ins Dorf ein. Unter dem Eindruck dieses von zwei Seiten kommenden Stoßes bricht die feindliche Verteidigung bald ganz zusammen. Unaufhaltsam geht es nun von Süden und Westen her im Dorfe weiter. Noch immer erhalten unsere Leute Schüsse von einigen zäh aushaltenden Franzosen, die im nördlichen Teil des Dorfes oder in der Umgebung stecken. Ein besonders Tapferer empfängt sie auf der Dorfstraße und schießt stehend freihändig. Von einer deutschen Kugel stirbt er den Heldentod."

In der genannten 8. Kompanie RIR 78, welche die Hauptlast des Kampfes getragen hatte, fielen bzw. wurden tödlich verwundet der Postbote und Wehrmann Friedrich Grimmelmann (Hoya), der Unteroffizier Wilhelm Trautmann. Der Unteroffizier der Reserve Wilhelm Trautmann aus Hoya aus der 8. Kompanie verstarb an der an diesem Tage erlittenen Verwundung am 4. September im Lazarett von St. Quentin. Am 25. Oktober 1914 wurde er zunächst als Angehöriger der 12. Kompanie als vermisst gemeldet. Unter dem 15. Februar 1915 hieß es in der Verlustliste noch fälschlich, dass er zur Truppe zurückgekehrt sei, bevor am 13. April 1915 korrekt mitgeteilt wurde, dass er zur 8. Kompanie gehörte und schon am 4. September 1914 im Lazarett verstorben war. Die Nachricht über Trautmanns Tod gelangte aber dennoch rasch nach Hoya. Das Wochenblatt meldete am 9. September 1914 unter der Überschrift *„Der erste Gefallene aus Hoya"* über seine Verwundung und seinen Tod. Offenbar war die Nachricht von den bereits am 22./23. August gefallenen Hoyaern aus der Schlacht von Charleroi/Namur bis dahin noch nicht bis nach Hoya gelangt:

*„Dem hiesigen Schlachtermeister Trautmann ging heute die Nachricht zu, daß sein Sohn Wilhelm Trautmann in Frankreich den Heldentod gestorben ist. Am 29. August wurde er schwer verwundet und erlag seinen Verletzungen am 4. September. Er war der einzige Sohn der Familie. Möge die innige und herzliche Teilnahme der Einwohnerschaft und der Gedanke, daß der hoffnungsvolle junge Krieger so ehrenvoll in Verteidigung des Vaterlandes sein Leben dahingegeben*

*hat, den Schmerz der schwerbetroffenen Eltern lindern! Er, wie so viele, ach so viele, starb für uns alle. Danken wir übers Grab hinaus den teuren Toten!"*

Gleichfalls fielen der Pächter Heinrich Dunkhase (Wöpse) sowie der Steinsetzer Johann Heuer (Hassel). In der 5. Kompanie des RIR 74 fiel Hermann Schröder (Sohn des Anbauers Dietrich Schröder, Engeln Haus Nr. 46) und in der 6. Kompanie desselben Regiments Johann Meyer (Sohn des Anbauers Dietrich Meyer) aus Schwarme Haus Nr. 247. Beim X. RK wurden bei den Gefechten an diesem 29. August also gleich neun Soldaten aus dem Kreis Hoya tödlich verwundet. Am nächsten Tag griff das RIR 74 über die Oise nach Osten eine französische Stellung im Dorf Ribemont an. In der 7. Kompanie fiel bei diesem Angriff der Magelser Maurer Heinrich Harnacke. Der Gedenkstein in Magelsen weist als Todesdatum Harnackes den 9. August 1914 aus. Im Eisernen Buch ist er einmal unter dem 14. August (für Magelsen) und einmal unter dem 30. August (für Mehringen) verzeichnet. Am 9. und 14. August gab es für die 7./RIR 74 aber keinerlei Gefechtstätigkeit. Sowohl die Regimentsgeschichte wie auch die von seiner Familie am 18. September 1914 veröffentlichte Traueranzeige erfassen ihn richtig unter den Gefallenen des 30. August im Gefecht um Ribemont. Beim 12./RIR 73 fiel, ebenfalls an diesem Tag beim Sturm auf Ribemont, der Dienstknecht Johann Heinrich Ehlers aus Kleinenborstel.

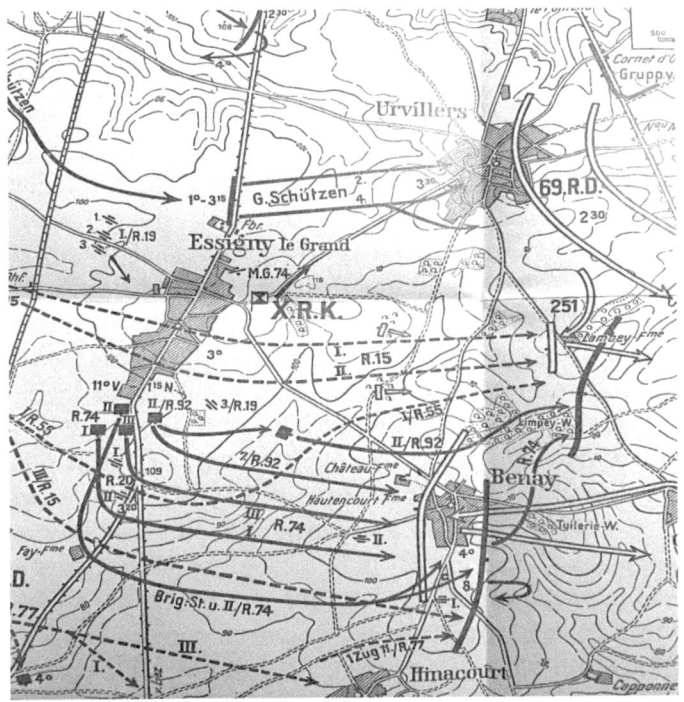

Gefechtsskizze RIR 73 und 78, aus: Heydemann, Die Schlacht von St. Quentin, Teil 1, Anhang

Am Abend des 30. August ging die Fühlung mit dem erneut ausweichenden Gegner verloren. Am 31. August ordnete die 2. Armee einen Ruhetag an. Die durcheinander geratenen Verbände wurden geordnet, (leicht) Verletzte und Vermisste meldeten sich zu ihren Einheiten zurück. Durch diesen Ruhetag konnte die sich erneut nach Süden zurückziehende französische 5. Armee genügend Vorsprung gewinnen, um in den nächsten Tagen erneute Gefechte zu vermeiden. Am 1. September begann dann für die Niedersachsen die erneute und letzte Verfolgung nach Süden. Der weitere Vormarsch führte die Truppen wieder auf lange Verfolgungsmärsche und schließlich am 4. September bis an und über die Marne.

Der August 1914 brachte für die Regimenter der 2. Armee also im Vorfeld der berühmten Marneschlacht mehrere erfolgreiche aber auch verlustreiche Gefechte, die heute weitgehend vergessen sind. Festzustellen ist, dass die Verluste im August 1914, bezogen auf die nur zehn Gefechtstage ab dem 21. August, sogar höher lagen als in allen folgenden Kriegsabschnitten. Das IR 78 beispielsweise listete zwischen dem 21. und 31. August 1914 insgesamt 255 Gefallene. Im September 1914 gab es zwar sogar 269 Gefallene, angesichts der tatsächlich 30 Gefechtstage dieses Monats waren aber letztlich geringere tägliche Verluste als im August zu verzeichnen. In den darauffolgenden Monaten, beginnend ab Oktober 1914, gingen die Verluste, als Folge des einsetzenden Stellungskrieges, erheblich zurück. So gab es im IR 78 im Monat Dezember 1914 nur noch 15 Gefallene. Im weiteren Verlaufe des Krieges wurden die Regimenter anderen Armeen unterstellt und häufig im Wechsel an der Ostfront, wieder an der Westfront und in den großen Materialschlachten von Verdun und an der Somme verwendet. In keinem der folgenden Kriegsmonate waren aber solch hohe Verlustzahlen wie im August 1914 zu beklagen.

### e) Andere Fronten im August 1914

Im ersten Kriegsmonat fielen aus dem Kreis

Hoya nur zwei Soldaten bei anderen, nicht zur 2. Armee gehörenden Einheiten: Der Oberleutnant der Reserve Karl Hockemeyer, gebürtig aus Mehringen fiel in den Vogesen am Col de St. Marie, wo er als Zugführer bei der 2. Kompanie des bayerischen Ersatz-Infanterie-Regiment Nr. 1 diente. Hier lautete die Verlustmeldung zunächst fälschlich auf „Hirkemeier" (Verlustliste vom 6.12.1914). Die Namensberichtigung erfolgte erst mit Liste vom 17. Juli 1915. Im „Eisernen Buch" wird Hockemeyer nicht erwähnt, dafür findet sich sein Name aber auf dem Wecholder Kriegerdenkmal. Unter dem 18. September erschien mit der Ortsangabe Eystrup eine Todesanzeige seiner Familie (Edith Hockemeyer, geborene Wiedwald, Friedrich Hockemeyer, Pastor zu Menslage und Dora Hockemeyer). Demnach war Karl Hockemeyer königlicher Regierungsbaumeister und Vorstand des Bauamtes für Hochwasserschutz in Ohlau/Schlesien und fiel am 24. August 1914. Warum er als Reserveoffizier gerade bei einem bayerischen Regiment diente, bleibt unklar. Vielleicht hatte er in Bayern studiert und war währenddessen in die dortige Armee eingeplant worden.

Im Südabschnitt der Westfront fiel zudem Heinrich Friedrich Bielefeld (Sohn des Vollkötners Johann Bielefeld, Haus Nr. 107, Martfeld). Er diente bei Kriegsausbruch beim 1. Oberrheinischen Infanterieregiment Nr. 97 in der Garnison Saarburg in Lothringen. Sein Regiment übernahm bereits am 1. August den Grenzschutz und führte am 11.

August ein erstes Gefecht um das Dorf Baucourt am Rhein-Marne-Kanal. Nachdem die französische Armee ab dem 19. August die Grenze überschritten hatte, entbrannte die „Schlacht um Lothringen". Die deutsche 7. Armee, der das IR 97 unterstellt war, ging in der Schlacht von Nancy-Epinal sogleich zum Gegenangriff vor. Am 20. August erhielt auch das IR 97 den Angriffsbefehl und ging aus der Ortschaft Dommersheim gegen die Linie Biedesdorf-Wolfert vor. Bei Dieuze gelang unter erheblichen Verlusten der Durchbruch, woraufhin sich die Franzosen zurückzogen. Zu den Verwundeten dieses Gefechts gehörte Bielefeld, der am 1. September im Lazarett in Dieuze an den Folgen verstarb.

## 2. Schicksalsmonat September

### a) Die Schlacht an der Marne

*(1) Ereignisse bis zum 7. September 1914*

Der weitere Vormarsch brachte bei den niedersächsischen Regimentern des X. AK und X. RK in der Zeit vom 1. bis zum 5. September keine größeren Gefechte mit sich. Die von den Deutschen verfolgte französische 5. Armee zog sich (ebenso wie die Engländer) bis südlich der Marne zurück, so dass es in den ersten Septembertagen nur zu kleineren Nachhutgefechten kam und keine Hoyaer Gefallenen zu verzeichnen sind. An der übrigen Westfront gab es dagegen weiterhin täglich größere

Kampfhandlungen, da die Franzosen sich nur schrittweise weiter zurückzogen. Am 1. September fiel nördlich Verdun mit dem Leutnant d. R. Adolf Schmalgemeyer ein weiterer Hoyaer Reserveoffizier. Schmalgemeyer war bei Kriegsausbruch als Zollsekretär in Köln wohnhaft. Sein bereits 1912 verstorbener Vater Carl Schmalgemeyer war in Hoya als Lehrer tätig gewesen. Adolf Schmalgemeyer meldete sich im Zuge der Mobilmachung bei dem ihm zugewiesenen rheinischen IR 135 in Diedenhofen (Thionville), wo er als Zugführer der 10. Kompanie zugeteilt wurde. Sein zur 5. Armee gehörendes Regiment begann am 18. August den Vormarsch zur nahen französischen Grenze. Am 22. August erfolgte ein erstes kurzes Gefecht gegen französische Sicherungen. Der Vormarsch ging zunächst ungestört weiter, bevor es zwei Tage später zur Schlacht bei Baroncourt kam, die Schmalgemeyer noch unverwundet überstand. Das IR 135 stürmte unter Verlusten von 423 Mann eine feindliche Stellung. Auf den Hinweis der Aufklärung, dass überlegene Kräfte aus Verdun im Anmarsch seien, wich das Regiment tags darauf zunächst ostwärts aus. Als sich die Befürchtung einer französischen Gegenoffensive nicht bewahrheitete, wurde der Vormarsch zur Maas fortgesetzt. Am 2. September überschritt das Regiment bei Vilosnes, nur wenige Kilometer nördlich Verdun, den Fluss. Dort stieß es auf dem westlichen Ufer auf mehrere französische Stellungen und ging sofort zum Angriff über. Die Orte Dannevoux und Bois Jure wurden trotz heftiger Gegenwehr erobert. Das III. Bataillon, bei dem Schmalgemeyer diente, verzeichnete bei diesem Gefecht zehn Tote und 60 Verwundete. Einer der Gefallenen war der Zugführer Schmalgemeyer (Rudolf Müller, Das 3. Lothringische Infanterie-Regiment Nr. 135, Oldenburg/Berlin 1922, S. 18 f.).

Am 6. September trafen dann auch die 1. und 2. Armee in der beginnenden Marneschlacht erneut auf den Gegner. An diesem Tag fiel der zwanzigjährige Stellmacher und Gefreite Ernst Kotensen aus Bruchhausen. Er war mit der 6. Batterie des 2. Garde-FAR (2. Armee) in den Krieg gezogen und kämpfte an diesem Tag bei Chalons (Ecury le Repos). Ebenfalls am 6. September fiel der Landwirt Heinrich Adolf Kahmeyer (Kleinenborstel) bei 11./RIR 73. Schließlich starben am 6. September auch Heinrich Albert Tasto (Uepsen) und der Gärtner Karl Hoppe aus Bruchhausen, beide beim bremischen IR 75 bei Esternay. Das IR 75 war an diesem Tag mit der 1. Armee weiter nach Süden vorgedrungen, als es irgendeiner anderen Einheit im weiteren Verlauf des Krieges noch gelingen sollte. Zwei Tage zuvor, am 4. September hatte die 1. Armee ihr IV. Reservekorps als Flankenschutz gegen die Festung Paris am Flüsschen Ourcq zurückgelassen und war mit ihren anderen vier Korps östlich Paris über die Marne weiter nach Süden vorgegangen. Am 5. September wurde dieses zum Flankenschutz abgestellte IV. Reservekorps von der aus Paris anmarschierenden 6. französischen Armee (die berühmten Taxifahrten an die Front) angegriffen. Den anderen Korps der 1. Armee, die am 5. und 6. September erfolgreich südlich der Marne gekämpft hatten (und bei denen Tasto und Hoppe gefallen waren), wurde am Abend des 6. September der Rückmarsch zur Unterstützung des IV. Reservekorps – ein Weg von teilweise über 60 km - befohlen. Der Plan gelang und die Schlacht am Ourcq war am Abend des 8. September für die 1. Armee weitgehend gewonnen. Die französische 6. Armee flutete auf Paris zurück.

Durch den Abzug der 1. Armee war aber an der Nahtstelle zur 2. Armee eine Frontlücke von 45 km Breite entstanden, die durch einige Kavallerieverbände nur unzureichend gesichert werden konnte. Gegen diese Lücke drängte nun die englische Armee, die sich zunächst ebenfalls auf das Südufer der Marne zurückgezogen hatte. Hier rächte sich nun die Entscheidung der Obersten Heeresleitung vom 25. August, zwei komplette Korps der 1. und 2. Armee zu entziehen und nach Ostpreußen zu schicken. Diese hätten die entstandene Lücke ausfüllen können. Die 2. Armee war daher gezwungen, am Vormittag des 7. September ihren rechten Flügel zurückzubiegen, so dass mehrere kurzfristige Stellungswechsel der Regimenter des X. RK notwendig wurden. Am linken Flügel rang die 2. Armee derweil mit 5 ½ Divisionen auf einem 12 km breiten Schlachtfeld erfolgreich mit 7 französischen Divisionen (Regimentsgeschichte RIR 15, S. 104). Am 8. September wurden mehrere französische Angriffe abgeschlagen, die eigene Stellung aber dennoch jedes Mal wieder aufgegeben, um den rechten Armeeflügel noch weiter nach Norden zu verlängern. Am 7. September fiel bei diesen Umgruppierungskämpfen der Jäger Albert Asendorf aus Schierholz (4./Reserve-Jäger-Bataillon 10) bei Epernay.

*(2) Der Untergang des III/RIR 74*

Das RIR 74 war am 6. September mit der 2. Armee zunächst noch kampflos über die Marne, durch Montmirail und über den Petit Morin immer weiter Richtung Süden marschiert. Während der Mittagsrast traf der Befehl ein, bei Le Gault - gut 20 km südlich der Marne - in ein dort entbranntes Gefecht einzugreifen. Das Regiment zog über Fontaine nach Montvinot. Hier wurde das Regiment entfaltet und zum Angriff angesetzt. Um 16 Uhr begann der Feuerkampf. Der Feind hatte sich in unbekannter Stärke in den Waldstücken südlich und südöstlich von Perthuis eingenistet. Bereits um 17:15 Uhr stürmte RIR 74 unter geringen Verlusten die feindliche Stellung. Unter den wenigen Gefallenen befand sich der siebenundzwanzigjährige Wehrmann Friedrich Mysegades aus Schweringen (6./RIR 74). Um 18 Uhr wurde dann auch der nicht weit entfernt liegende Waldrand zwischen Le Gault und Le Clos le Roi kampflos besetzt und die Verbände für die Nacht geordnet. Das I. und II. Bataillon wurden in das Dorf Le Clos le Roi befohlen, wo sie mit starken Außensicherungen und Vorposten die Nacht verbrachten. Das III. wurde dagegen zu dem einige Kilometer entfernten Gehöft La Godine geschickt, wo es für die Nacht als Flankensicherung eine Verteidigungsstellung einnehmen sollte. Diesem Bataillon wurden auch die MG-Kompanie und ein Pionierzug von 2./Reserve-Pionier-Bataillon 10 unterstellt. Lautlos zog dieses verstärkte Bataillon also durch den Wald von Le Gault und erreichte nach knapp einer Stunde freies Feld und das vom Feind nicht besetzte Gehöft La Godine. Da keine Klarheit darüber bestand, in welcher Entfernung sich feindliche Truppen befanden (und inzwischen stockfinstere Nacht herrschte), entschloss sich der Bataillonskommandeur zum Stellungsbau vorwärts des Gehöfts. Erst gegen 2 Uhr morgens begannen hier die Schanzarbeiten. Als es hell wurde, erkannten die Deutschen, dass sie sich auf halber Höhe eines mäßig abfallenden Hanges befanden. Der Hang endete an einem Bach und auf der gegenüberliegenden Seite des Tales – in nur wenigen hundert Metern Entfernung - zog sich parallel ein Höhenrücken hin, der die eigene Stellung deutlich überragte. In diesem Moment wurde das Bataillon auch schon von dort oben heftig beschossen. Wie sich später herausstellte, lag auf dem überragenden Höhenrücken das gesamte 41. französische Infanterie-Regiment, das sich hier gleichfalls erst während der Nacht eingegraben hatte. Das III. Bataillon nahm den ungleichen Feuerkampf sofort auf und zählte darauf, dass die anderen Teile des eigenen Regiments in Kürze zu Hilfe eilen würden, um die gegnerische Stellung alsdann wie gewohnt zu stürmen.

Kurz vor Morgengrauen dieses 7. September hatte der Stab des RIR 74 (und die gesamte 19. Reserve-Division) aber den Befehl erhalten, unverzüglich nach Norden – also in die Richtung aus der man am Vortage erst anmarschiert war – abzurücken. Hintergrund dieser Umgruppierung war die zwischen der 1. und 2. Armee inzwischen entstandene Frontlücke. Die befohlene Truppenverschiebung sollte zwecks Flankenschutzes eine Rückbiegung des rechten Flügels der 2. Armee einleiten und dazu war ein Marsch von mehreren Kilometern in nördliche Richtung notwendig. Während das III. Bataillon des RIR 74 also mit seinen gut eintausend Mann allein im Feuerkampf lag, rückten das I. und II. Bataillon mitsamt des gesamten Division in die entgegengesetzte Richtung ab. Mehrere Meldegänger, die dem III. Bataillon den Rückzugsbefehl überbringen sollten, kamen nicht bis in die vorderste Linie durch, da der offene Abhang, auf dem das III. Bataillon lag, aufgrund des gezielten feindlichen Feuers weder nach oben noch nach unten passierbar war. Ein Rückzug war dem III. Bataillon in dieser Situation auch nicht mehr möglich. Trotz ihrer Unterlegenheit erkämpften sich die Deutschen nach gut einer Stunde zunächst sogar die Feuerüberlegenheit. Doch dann erhielt der Feind weitere Verstärkung und auch die französische Artillerie griff nun in das Geschehen ein. Die Verluste mehrten sich, zumal die eigene Stellung in der kurzen Nacht nur unzureichend tief ausgebaut worden war. Noch immer rechneten die Offiziere fest damit, dass jeden Moment eigene Verstärkungen und die eigene Artillerie eingreifen müssten. Niemand wusste, dass sich das gesamte X. RK immer weiter nordwärts entfernte und niemand den Männern von la Godine zu Hilfe kommen würde. Der Bataillonskommandeur wurde im anhaltenden Feuergefecht mehrfach getroffen. Kurze Zeit später fiel auch sein Stellvertreter. Am späten Vormittag fassten weitere gegnerische Verstärkungen das III. Bataillon auch in der Flanke und im Rücken. Nach mehrstündigem Kampf war die Truppe schließlich ganz umzingelt, die mitgeführte Munition beinahe verschossen und die Stellung von Verwundeten und Toten bedeckt. Die Gegenwehr erlahmte.

Um 13 Uhr, nach gut siebenstündigem Kampf, verstummte das feindliche Feuer. Ein französischer Parlamentär erschien, worauf einer der wenigen noch überlebenden deutschen Offiziere befahl, den Kampf einzustellen. Über 600 Tote und hunderte von Schwerverletzten bedeckten die deutsche Stellung. Nur etwa 70 Mann konnten überhaupt noch ohne fremde Hilfe den Weg in die Gefangenschaft antreten. Rechtzeitig gerettet hatte sich nur ein kleiner Teil des Bataillons, darunter auch die Fahnenabteilung, die Tage später wieder zum Regiment zurückfand. Unter den Gefallenen des III. Bataillons finden sich mindestens sieben Männer aus dem Kreis Hoya. Es handelt sich um den sechsundzwanzigjährigen Maurer und Reservisten Dietrich Meyer (12./RIR 74) aus Mehringen, den fünfundzwanzigjährigen Schaffner und Reservisten Johann zum Hingst

(11./RIR 74) aus Hoya (der offiziell bis heute als vermisst gilt) sowie den aus Hassel stammenden Bahnarbeiter Wilhelm Wedemann (Er wird zwar im Eisernen Buch als Gefallener des „IR 73" geführt. Ein solches „IR" 73 hat aber nicht existiert, sondern unter dieser Nummer nur das Füsilier-Regiment Nr. 73. Dort wird Wedemann aber nicht gelistet. Dafür findet sich sein Name aber in den Verlustlisten bei 11./RIR 74, so dass im Eisernen Buch wohl von einer Fehleintragung auszugehen sein dürfte). Ferner fielen hier der Schuhmachermeister Ludwig Wilhelm Brunhorn aus Vilsen (12./RIR 74), Fritz Heinrich Brüne Koch aus Schwarme (11./RIR 74, bei dem im Eisernen Buch unter dem 6.9. allerdings als Ort Reims angegeben ist), der Schlachtermeister Johann Wilhelm Hustedt aus Vilsen (11./RIR 74) und Johann Heinrich Schröder aus Engeln (11./RIR 74). Wahrscheinlich sind auch etliche andere Hoyaer verwundet in Gefangenschaft geraten. Da in der Verlustliste des Regiments aber – anders als sonst üblich - keine (bzw. nur für wenige Soldaten gleichen Nachnamens) Herkunftsorte angegeben sind, lässt sich nicht feststellen, wie viele einheimische Soldaten davon betroffen waren. Auch Wilhelm Heinrich Wicke aus Asendorf dürfte jedenfalls noch ein weiteres Opfer dieses Kampfes gewesen sein. Er diente bei 10./RIR 74 und verstarb am 8. August 1915 in Marokko in französischer Kriegsgefangenschaft.

Der General der französischen 19. Infanteriedivision, Bailly, ließ den drei überlebenden

Leutnants des III. Bataillons ob ihres tapferen langanhaltenden Kampfes anerkennende Worte ausrichten. Als Ehrenzeichen durften sie trotz der Gefangennahme ihre Säbel behalten. Die Regimentsgeschichte des RIR 74 beschließt die Schilderung der Ereignisse mit folgenden Worten (Georg Bauer, Reserve-Infanterie-Regiment Nr. 74, Oldenburg 1933, S. 74):

*„Der 7. September 1914, der Kampf und Untergang des III. Batls. RIR 74 wird für immer ein Ruhmesblatt in der Geschichte des deutschen Heeres bleiben und spätesten Geschlechtern als Vorbild soldatischer Tapferkeit und Mannestreue gelten!"*

Tatsächlich hat es sich dabei auf deutscher Seite im Jahre 1914 offenbar um den einzigen Fall des Verlustes eines gesamten Bataillons gehandelt. Auf britischer Seite sind dagegen 1914 gleich drei Bataillone in ähnlicher Weise umgangen und gefangen genommen worden, darunter die Irish Munster Fusiliers, die vom RIR 73 abgeschnitten werden konnten (s.o.).

Die beiden anderen Bataillone des RIR 74 marschierten zunächst bis zum Petit Morin zurück, wo eine neue Stellung ausgehoben wurde. Am 8. September wurde das Regiment dort angegriffen. Die Franzosen drängten scharf gegen Montmirail und die vom RIR 74 südöstlich davon besetzten Höhenzüge. 18 Stunden lang lag das I. Bataillon ohne Nahrung und Wasser im feindlichen Artilleriefeuer, während nur kurze Angriffe französischer Infanterie, die sich aber rasch wieder zurückzog, erfolgten. Vom RIR 74 wurden an diesem Tag Heinrich Köhlmos aus Wechold und Fritz Deichsel aus Hohenholz schwer verwundet. Am Abend des 8. September befürchtete das Armeeoberkommando bei le Thoult dann einen ernsthaften französischen Durchbruchversuch. Die westlich benachbarte 13. ID war in ihrer Stellung zwischen Fontenelle und Montmirail nämlich stärker angegriffen worden und hatte an einigen Stellen etwas nachgegeben. Daher wurde der ganze rechte Armeeflügel nun noch weiter zurückgebogen, so dass auch das RIR 74 in der Nacht seine Stellung erneut räumen und eilig aufbrechen musste. Die Schwerverwundeten wurden, so sie nicht transportfähig waren, schweren Herzens mit einigen Sanitätern zurückgelassen. Die sogleich nachrückenden Franzosen fanden die beiden Verwundeten, Deichsel und Köhlmos, und nahmen sie gefangen. Das Rote Kreuz legte für beide Vermissten Suchkarten an (https://grandguerre.icrc.com). Der Wehrmann Friedrich Deichsel von der 6./RIR 74 (in der alphabetisch geordneten Kartei allerdings unter „DEIK" abgelegt) sei danach am 8. August verwundet worden und dann verstorben: „blesse et disparu". Heinrich Köhlmos von der 7./RIR 74 (seine Karteikarte findet sich unter „KOLM") sei „blesse 8.9. environs de Reims et disparu."

*(3) Der Rückzug von der Marne*

Östlich von Sarrechamps lag das RIR 74 dann zunächst wieder einen halben Tag lang im Artilleriefeuer. Auch aus dieser neuen Stellung ging das Regiment aber noch weiter nordwärts zurück. Der Truppe war schleierhaft, weswegen es - statt wie gewohnt zum Angriff - nun immer weiter zurückging. Endlich wurde die Marneschlacht dann am 9. September, in Verkennung der Tatsache, dass die 1. Armee ihre Schlacht am Ourq inzwischen gewonnen hatte und für neue Aufgaben bereit stand (und die mittlerweile in die Lücke zwischen 1. und 2. Armee eingedrungenen englischen Einheiten nun eigentlich in der Falle saßen), von der Obersten Heeresleitung ganz abgebrochen. Der gesamte Schwenkungsflügel des deutschen Heeres sollte sich nun weiträumig bis nach Reims zurückziehen, dort eine neue geschlossene Front aufbauen und erst dann wieder zum Angriff übergehen.

Am 9. September - unmittelbar vor Abbruch der Marneschlacht - fielen noch sechs weitere Kreis-Hoyaer: Friedrich Eimke, geboren am 11. November 1891, diente bei der 10./3. Garderegiment zu Fuß (am linken Flügel des X. AK). Seine Einheit ging am 6. September noch weit südlich der Marne gegen französische Stellungen vor, wurde am nächsten Tag dann aber selbst angegriffen. Nach Abwehr der Angriffe ging das Regiment nachts gegen einen sich entwickelnden neuen französischen Vorstoß mit Erfolg vor. Am 8. September konnte die Garde die französische Stellungen erobern und den Gegner, der sich in jedem Waldstück erneut zur Gegenwehr setzten, immer weiter Richtung Süden zurückdrängen. Unter dem Schutz der Artillerie sammelte sich die französische Infanterie am Morgen des 9.

September erneut. Um 9 Uhr ging die Garde dagegen zum Angriff vor. Nach einer Stunde war die Feuerüberlegenheit erkämpft, so dass weiter angegriffen und stellenweise im Nahkampf der Feind in die Wälder südöstlich des Mont Aout zurückgeworfen werden konnte. Hier entspannten sich noch unübersichtliche kleinere Einzelgefechte, bevor der Gegner dann auf ganzer Linie in Richtung Sezanne zurückging. Das Gardekorps hielt die Marneschlacht daher spätestens jetzt für gewonnen: Der Weg bis zur Seine war erfolgreich freigekämpft, der Gegner befand sich erneut im Rückzug. Sofort ging man zur Verfolgung vor, als um 18 Uhr plötzlich ein Haltebefehl eintraf. Zwei Stunden später erhielt das Regiment den überraschenden (und auf völliges Unverständnis stoßenden) Befehl, sich zurückzuziehen und nach Norden abzumarschieren. Die Verwundeten nahm man, so sie bis dahin gefunden und transportfähig waren, mit zurück. Friedrich Eimke fiel an diesem Tag. Nach den Verlustlisten wurde er zwar als vermisst gemeldet. Die französische Gefangenenkartei notierte dagegen, dass er noch am 9. September verstorben sei. Eimke wird also erst bei einer Nachsuche des Schlachtfeldes von den nachrückenden Franzosen gefunden worden sein (von Loebell, Das 3. Garde-Regiment zu Fuß im Weltkriege, Oldenburg/Berlin 1926, S. 35-42).

Gleichfalls am 9. September fielen der Reservist Ernst Heinrich Wohlers aus Windhorst, der Musketier Dietrich Harries aus Eitzendorf, Johann Schröder aus Asendorf und die Kanoniere

Heinrich Gansberg aus Wechold und Wilhelm Dreyer aus Eystrup. Wohlers wird im Eisernen Buch als Angehöriger des „IR" 73, der am 9. September bei Reims gefallen sei geführt (also ebenso wie bei Wilhelm Wedemann ein nicht existierendes Regiment als Truppenangabe. Tatsächlich findet sich Wohlers aber weder bei dem FR 73, RIR 73, IR 74 oder RIR 74 als Gefallener. Zudem fanden am 9. September noch keine Gefechte in der Nähe von Reims statt. Insoweit bleibt unklar, wo und bei welcher Einheit er gefallen ist). Dietrich Harries stand bei dem ebenfalls am 9. September noch im Angriff befindlichen IR 164 (X. AK, 20. InfDiv). Seine Todesanzeige im Hoyaer Wochenblatt vom 9. November lautete:

*„Heute erhielten wir durch seinen Feldwebel die traurige Gewißheit, daß unser lieber Sohn, Bruder, Schwager und Onkel, der Musketier Dietrich Harries, Inf-Reg Nr. 164 im 25. Lebensjahr in der Schlacht bei Chalons den Heldentod fürs Vaterland gestorben ist. Er ruhe sanft in Feindesland."*

Am selben Tag ist Johann Schröder aus Asendorf bei 8./RIR 74 gefallen. Im Eisernen Buch wird „Reims" als Todesort angegeben, was aber fraglich sein dürfte, da das Regiment am 9. September noch an der Marne stand und erst am 14. des Monats in Reims anlangte. Gansberg und Dreyer waren zusammen in der 6. Batterie des FAR 26 in den Krieg gezogen. Der Auftrag des FAR 26 war am 9. September rein defensiver Art, als im Laufe des Tages Artilleriefeuer auf die bei und östlich Bannay stehenden deutschen Kräfte einsetzte. Ein Opfer dieser französischen Maßnahmen wurde die Batterie Troost. Sie stand im frontalen Feuerkampf und wähnet sich in der Flanke vom X. RK gedeckt, als plötzlich ein Feuerüberfall mehrerer feindlicher Batterien sie traf (von der Hude u.a., Geschichte des 2. Hannoverschen Feldartillerie-Regiments Nr. 26 während des Weltkrieges 1914-1918, Lübeck 1934, S. 71):

*„In ununterbrochener Folge schlagen die Granaten in die Batterie ein und übertönen die Schreie der Verletzten. In wenigen Augenblicken ist mehr als die Hälfte der Bedienung außer Gefecht gesetzt. Dann fangen die Korngarben, mit denen Geschütze und Munitionswagen zur Deckung gegen Sicht umgeben sind, Feuer; bald steht die ganze Batteriestellung in Flammen. Die Hitze bringt die eigene Munition zur Entzündung, die so die durch das feindliche Feuer verursachten Verluste an Mannschaften und Gerät erhöht. Der Batteriechef befiehlt der Bedienung, sich im Wald Deckung zu suchen; es sind freilich nur noch zehn bis zwölf Mann, die dem Befehl nachkommen können. Lt. d.R. Lampe, Offizierssstellvertreter Juch, Vizewachtmeister Fuchs und 15 brave Gefreite und Kanoniere besiegeln hier die Treue zu Kaiser und Reich mit dem Tode, 18 weitere Mannschaften werden verwundet (4. Batterie)."*

Bei diesem Gefecht fielen Wilhelm Dreyer aus Eystrup und Heinrich Gansberg aus Altenbücken (gebürtig aus Wechold). Gefallen sind beide ausweislich der Einträge im Eisernen Buch am 9.

September. Gansberg ist nach den Angaben der Regimentsgeschichte aber erst 1917 in Gefangenschaft verstorben. Die Verlustlisten meldeten ihn 1914 zunächst als schwer verwundet. Erst 1916 erfolgte dann die Korrektur, wonach er schwer verwundet in Gefangenschaft geraten sei. Im Dezember 1917 wurde er dann als „in Gefangenschaft verstorben" genannt.

Zu den Verwundeten der 6. Batterie gehörte auch die Kanoniere Hermann Bockelmann aus Eystrup (leicht verwundet), Karl Schröter aus Wechold (schwer verwundet) und der Gefreite Dietrich Rippe aus Wechold (leicht verwundet). Zudem ist der Kanonier Friedrich Hütte aus Warpe (3. Batterie) unter den Verwundeten der Gefechte vom 5. September bis 13. Oktober gelistet (Verlustliste vom 11.11.1914). Auch der Unteroffizier Dietrich Ohlmeyer aus Hassel vom 5./RFAR 19 dürfte wahrscheinlich am 9. September verwundet worden sein. In der Verlustliste für die Gefechte vom 29. August bis 9. September ist er zunächst als schwer verwundet gelistet. Erst im Februar 1916 erfolgte die Korrektur, wonach er tatsächlich im Jahre 1914 nicht nur verwundet sondern auch in Gefangenschaft geraten sei. Ebenfalls in Gefangenschaft geriet Dietrich Linde aus Hassel. Er gehörte zunächst zu den Vermissten des FR 73. Erst am 30. November 1918 meldete die Verlustliste dann aber seine Rückkehr aus der Gefangenschaft.

*(4) Der rätselhafte Fall des Amandus Dyroff*

Amandus Dyroff wird im Eisernen Buch für den Flecken Hoya als Bäcker und Conditor aufgeführt, der am 12. September 1914 in der 3./ Reserve-Jägerbataillon Nr. 10 bei Thillois gefallen sei. Dyroff wurde am 9. Januar 1884 in Wiedmar in Sachsen-Meiningen (Thüringen) geboren. Wie und wann er nach Hoya gelangte, ist unbekannt. Die Verlustliste meldete ihn zunächst als „schwer verwundet" und später dann als „verwundet und vermisst". Sein Bataillon hatte während des Rückzuges aus der Marneschlacht am 12. September eine Stellung südlich Reims auszuheben und solange zu verteidigen, bis andere Truppenteile auf dem Rückzug an den Nordrand der Stadt (wo der allgemeine Rückzug abgeschlossen werden sollte) vorbeimarschiert wären. Am Nachmittag erfolgte ein Angriff zahlenmäßig überlegener französischer Truppen, so dass sich das Bataillon über einen baum- und buschlosen Höhenzug hinweg zurückziehen musste. Bei dieser schwierigen Absetzbewegung wurde Dyroff offenbar angeschossen, blieb liegen und fiel den nachdrängenden Franzosen verwundet in die Hände. Dyroff war zwar verwundet, aber offenbar noch lange nicht tot: Auch für ihn stellte das Rote Kreuz eine Suchkarte aus. Den französischen Gefangenenlisten zufolge lag er noch bis 1915 im Lazarett in Reims und wurde nach seiner Genesung in ein reguläres Gefangenenlager in Montaunant überführt. Von dort dürfte er nach dem Krieg nach Deutschland zurückgekehrt sein, zumal die Bataillonsgeschichte ihn nicht unter den Gefallenen und Gestorbenen des Krieges aufführt. Dennoch ist sein Name, da er wohl vor Kriegsausbruch zeitweilig auch in Nienburg gewohnt hatte, auf dem dortigen Ehrenmal am Weserwall als Gefallener des 12. September 1914 verzeichnet.

### b) Die Stellung bei Reims

*(1) Die Kämpfe beim X. AK und X. RK*

Das RIR 74 marschierte, vom nur langsam folgenden Gegner weitgehend unbelästigt, zurück nach Norden. Am Südwestrand von Reims wurde am 12. September erstmals eine neue Stellung vorbereitet. Noch am selben Tag fühlten die französischen Spitzen vorsichtig gegen das Regiment vor und beschossen es erneut mit Artillerie. Nachmittags wurde das RIR 74 dann in eine endgültige Stellung, vier Kilometer östlich Reims, befohlen. Reims selbst wurde von deutschen Truppen geräumt. Am 13. September war der Rückzug abgeschlossen. Das X. AK und das X. RK gruben sich nördlich und östlich von Reims ein. Das RIR 74, das mit einer Stärke von 71 Offizieren und 2894 Mann ausgerückt war und nach dem Rückzug von der Marne nur noch eine halbierte Gefechtsstärke von 20/1446 aufwies (das Regiment hatte ja sein ganzes III. Bataillon in einer Stärke von knapp 1000 Mann verloren), bekam eine Stellung bei Cernay-Berru im Nordosten der Stadt zugewiesen. Hier wurde es von den verfolgenden Franzosen zunächst nicht angegriffen. Die deutschen Truppen hoben also

Schützengräben aus und warteten auf den Befehl zur Wiederaufnahme der Offensive. Nach vier Tagen war es dann soweit; am 17. September erging der ersehnte neue Angriffsbefehl (Bauer, a.a.O., S. 89):

*"Zum letzten Mal im ganzen Krieg rückten die Bataillone hinter den entrollten Fahnen in lichten Wellen vor. Die Zugführer mit Gewehr oder geschwungenem Degen voraus, die Züge in geducktem Lauf hinterher."*

Schon während des Vorgehens traten aber erste empfindliche Verluste ein. Der Feuerkampf führte dieses Mal nicht zu einem Nachlassen der Gegenwehr. Die Franzosen hatten sich an einem Bahndamm eine starke Stellung geschaffen, die mit der herkömmlichen Angriffstaktik nicht zu erschüttern war. Das RIR 74 ging schließlich - ebenso wie die Nachbareinheiten - nach mehreren Stunden vergeblichen Angriffs wieder auf die eigene Ausgangsstellung zurück. Bei diesem Angriff fielen Heinrich Dietrich Müller aus Uepsen (6./RIR 74), der aus Hassel stammende Steinsetzer und Wehrmann Wilhelm Bergstedt (8./RIR 74) und der bei dem Nachbarregiment desselben X. RK dienende Maler und Gefreite Johannes Herkens aus Hoya (MGK/RIR 91). Herkens Schicksal wurde in einer Traueranzeige seines Kegelklubs Harmonie im Hoyaer Wochenblatt vom 6. Oktober erhellt:

*"Wie seiner Familie in ihrem Schmerze, so wird auch uns in unserer Wehmut der Gedanke ein Trost sein, daß unser Freund, wie seine Kriegskameraden und*

*sein Kompaniechef es bestätigen, einen bewundernswerten Heldenmut an den Tag legte, als er, den sicheren Tod vor Augen, ein Maschinengewehr mit hochgehaltenen Armen aus dem Hagel feindlicher Granaten nach vorne trug. So fiel er als ein Held; wir sind stolz auf ihn und sein Andenken wird in unserem Klub stets in hohen Ehren bleiben."*

Beim aktiven X. AK stellte das IR 78 die Nachhut auf dem Rückzug nach Reims, wurde aber zunächst ebenfalls kaum angegriffen. Am 13. September stand das Regiment schon weit nördlich Reims, als es den Befehl erhielt, wieder umzudrehen und die von nachrückenden Franzosen bereits besetzte Ortschaft Aguilcourt (15 Kilometer nördlich Reims) einzunehmen. Das Dorf wurde dann auch befehlsgemäß, allerdings unter schweren eigenen Verlusten, erobert und zur Verteidigung hergerichtet. Tatsächlich wurde hier in den nächsten beiden Tagen noch heftig gekämpft, da die nachdrängenden Franzosen in einem größeren Angriff versuchten, die deutsche Front an dieser Stelle zu durchbrechen. Verwundet wurde hier der Offiziers-Stellvertreter Georg Meyer aus Bücken bei 5./IR 78 gelistet. Nach seiner Genesung wurde Meyer 1915 zum Leutnant d.R. befördert. Als Zugführer bei 10./IR 78 wurde er im Juni 1915 erneut als Verwundeter gemeldet. Im weiteren Kriegsverlauf wurde er dann weder in der Regimentsgeschichte noch in den Verlustlisten genannt. Am 18. und 19. September 1914 erreichten die Regimenter des X. AK dann die ersten Ersatztransporte an Offizieren und

Mannschaften. Das X. AK und das X. RK blieben nun zunächst an der Front nordöstlich Reims stehen (Cernay, Alger Auberge, Loivre). Die nächsten Tage verliefen, abgesehen von vereinzelten kleineren französischen Patrouillenangriffen, ruhig.

Am 14. September fiel, unweit Reims, bei Reserve-Fußartillerie-Regiment Nr. 2 der kaufmännische Direktor, Offiziersstellvertreter und Vizefeldwebel d.R. Heinrich Sohn aus Bruchhausen; am 15. September (laut Eisernem Buch beim IR 74, dort in der Regimentsgeschichte aber nicht verzeichnet) Heinrich Kappelmann aus Hassel und ebenfalls am 15. September der Tischlergeselle Julius Hahnfeld aus Hoyerhagen vom 3./FAR 26. Am 16. September wurde Georg Zech aus Hoya (geboren 23.11.1892) bei IR 16, das im Verband des VII. AK gleichfalls zur 2. Armee gehörte und nordwestlich Reims stand, bei einem französischen Vorstoß verwundet gefangen genommen. Zunächst galt er als leicht verwundet (1914), dann als vermisst (1916). Erst in der Verlustliste vom 19.8.1919 wurde er als Rückkehrer aus der Gefangenschaft („vermisst seit 16.9.1914, jetzt Kirchstraße Nr. 34 in Hoya") gemeldet. Bei RIR 73 gab es, nach dem Misserfolg des eigenen Angriffs vom 17. September, erstmals am 25. September einen französischen Angriff auf den vom III. Bataillon gehaltenen rechten Flügel des Regiments. Die Gegner kamen stellenweise bis an die Gräben heran, wurden aber letztlich in heftigem Kampfe abgewiesen. Dafür musste das

RIR 73 aber das unmittelbar vor seinen Stellungen liegende Gehöft Alger Auberge räumen. Bei diesen Kämpfen fielen der Gefreite Heinrich Wolf aus Hoya (10./RIR 73) und der Postbote Johann Hermann Bohlmann aus Asendorf (12./RIR 73). Am 30. September starb beim X. RK vor Reims, ohne dass es an diesem Tag noch Gefechte gegeben hatte, der Schuhmacher und Gefreite Fritz Wigger aus Nordholz (7./ RIR 74).

*(2) Hermann Löns, Ernst Jünger und Erich Maria Remarque*

Während das X. RK nach dem ergebnislosen eigenen Vorstoß vom 17. September nicht mehr zu weiteren Angriffen befohlen wurde, sollten nun aber das X. AK, das Gardekorps und weitere Einheiten die durch den Rückzug von der Marne unterbrochene Offensive wieder aufnehmen. Das Ziel des Angriffs vom 26. September sollte für FR 73 und IR 74 (die beide 5 km nördlich Reims bei dem Dorf Loivre standen) die Einnahme des südwestlich Loivre liegenden Ortes Villers-Franqueux und der Höhe nordwestlich Thil sein. Trotz einiger Anfangserfolge gelangten die Regimenter aber nicht ganz an ihre Ziele heran. Die letzten Reserven wurden erst um 23:30 Uhr eingesetzt. Der Ort Villers-Franqueux wurde zwar unter Durchbrechung der französischen Stellung erreicht, da aber kein Anschluss zu den Nachbarregimentern gefunden werden konnte, musste die Einheiten gegen Morgen wieder auf die Ausgangsstellung zurückgehen. Das IR 74 verlor bei diesem erfolglosen Angriff 67 Gefallene, 322

Verwundete und 162 Vermisste (Gabriel, a.a.O., S. 94). Von den Vermissten hat sich auch hier ein Großteil später wieder angefunden, andere waren gefallen oder verwundet in Gefangenschaft geraten. Der aus Essen/Asendorf stammende Füsilier Theodor Seevers vom 6./FR 73 etwa war zunächst vermisst (2.10.1914); erst später verlautbarte, dass er in Gefangenschaft geraten war (21.6.1915). Aus der Gefangenschaft wurde Seevers dann schon vor dem Waffenstillstand wieder entlassen (Verlustliste vom 1.11.1918).

Am diesem 26. September fielen auch Hermann Johann Blume aus Schwarme (2./IR 74) und Heinrich Rathkamp aus Süstedt (im Eisernen Buch ohne Regiment aber mit der Ortsangabe Reims genannt. In der Verlustliste ist Rathkamp allerdings nicht auffindbar). Ferner fielen im FR 73 der Musketier und Maurer Dietrich Denker aus Nordholz (6./FR 73) sowie der erst am Vortage mit einem ersten Ersatztransport eingetroffene kriegsfreiwillige „Heidedichter" Hermann Löns (4./FR 73). Löns war bereits 48 Jahre alt und hatte zuvor niemals gedient. Zudem war er in schlechter physischer Verfassung. Er war also (anders als es zumindest bei den Pionieren in Barme noch 1988 gesungen wurde) kein Unteroffizier, ja noch nicht einmal Reservist und für das FR 73 eigentlich untauglich. Dennoch hatte er es aufgrund seiner guten Beziehungen geschafft, dem „aktiven" FR 73 und nicht nur einer für ihn wohl geeigneteren Landsturmeinheit zugeteilt zu werden. Die Armee hatte dem berühmten Dichter Löns zunächst auch angeboten, ihn im Stab einer Armee seiner Wahl journalistisch als Kriegsberichterstatter tätig werden zu lassen. Löns wollte aber lieber unbedingt „an die Front", was ihm dann schließlich auch erlaubt wurde. Bereits sein erstes Gefecht vom 26. September sollte er aber nicht überleben. Unmittelbar nach seinem Tod entspann sich eine längere Kontroverse um sein Grab. Das Regiment hatte seinen Leichnam bergen können und ihn in einem Einzelgrab beigesetzt. 1920 wurde er dann, wie viele andere Gefallene auch, in ein Sammelgrab umgebettet. Im Jahre 1934 wurden Löns Gebeine dann auf Geheiß Hitlers geborgen und nach langem Hin und Her (die SA setzte ihn zunächst in Barrl bei, die Reichswehr grub ihn dort wieder aus) endgültig im Tiedlinger Wacholderhain bei Walsrode beigesetzt. Ebenfalls in diesem Angriff vom 26. September fiel, nur gut 20 km weiter westlich bei Perthes, mit dem Expressionisten August Macke, der als Feldwebel-Leutnant im IR 160 diente, ein weiterer berühmter Künstler.

Das FR 73 brachte übrigens noch einen weiteren berühmten Literaten hervor: Ernst Jünger, der mit seinem Buch „In Stahlgewittern" neben dem „Im Westen nichts Neues" von Erich Maria Remarque das wohl heute noch bekannteste Werk über den Ersten Weltkrieg verfasste. Er trat ebenfalls als Kriegsfreiwilliger im August 1914 diesem Regiment bei und kam im Januar 1915 an die Front. Jünger, ein gerade erst neunzehn Jahre alter Schüler, wohnte mit seiner Familie in Rehburg und versuchte bei Kriegsausbruch sofort bei einem der hannoverschen Regimenter angenommen zu werden. Zunächst hatte er Anfang August 1914 bei IR 74 angefragt, wurde dort aber, da es viel zu viele Kriegsfreiwillige gab, abgewiesen. Dann hatte er sich in der Kaserne des FR 73 schließlich verpflichten können. Er blieb bis zum Waffenstillstand beim FR 73, wurde fünfmal verwundet und beendete den Krieg als Leutnant und Kompanieführer der 7. Kompanie. Auch Erich Maria Remarque diente (noch als Erich Paul Remark) bei einem Regiment des X. AK. Remarque war im Sommer 1917, allerdings nur für wenige Wochen, bei IR 78 an der Front in Flandern, bevor er dort verwundet wurde. Damit waren also die beiden bekanntesten Soldaten-Schriftsteller des Ersten Weltkrieges im selben niedersächsischen Armeekorps im Einsatz.

Die anderen an dieser Operation beteiligten Einheiten des X. AK und des Gardekorps hatten bei ihrem Angriff am 26. September ebenfalls wenig Erfolg, so dass die gesamte Offensive der 2. Armee scheiterte. Die französische Armee hatte ihre Stellungen inzwischen soweit ausgebaut und so reichlich Reservetruppen hinter der Front bereitgestellt, dass sämtliche Angriffe des Tages entweder ganz abgeschlagen wurden oder nur zu örtlichen Raumgewinnen führten. Mit dem 26. September hörten die Bemühungen der deutschen Seite, bei Reims noch einmal einen Durchbruch zu erzielen, auf.

*(3) Die verlorene Gardefahne*
Unter dem 1. Oktober ist Heinrich Friedrich Möhlmann aus Haendorf als Gefallener der 5. Kompanie des 3. Garderegiments zu Fuß bei St. Leonard verzeichnet. Der Gefreite Möhlmann ist ausweislich der Verlustlisten bei dem am 26. September mit Teilen der 2. und 5. Armee ausgeführten Großangriff des Garderegiments verwundet in Gefangenschaft geraten und am 1. Oktober in einem französischen Lazarett verstorben. Das 3. Garderegiment sollte – während FR 73 und IR 74 gut 15 Kilometer entfernt im Norden von Reims bei Loivre angriffen - über einen Bahndamm hinweg die taktisch wichtige Brücke über den Aisne-Marnekanal in der südöstlich Reims liegenden Ortschaft Saint-Leonard erobern. Noch bei Dunkelheit konnte frühmorgens die erste französische Stellung von einem Vorkommando im Laufschritt überrannt werden. Im Morgengrauen entfaltete sich dann das ganze Regiment gegen die zweite Stellung des Gegners. Auch diese konnte, unter noch geringen Verlusten, eingenommen werden. Die Franzosen gingen auf eine dritte Stellung, einen Bahndamm, zurück. Die Garde folgte sofort und nun lagen sich die Gegner, nur durch den Bahndamm voneinander getrennt, gegenüber. Da Handgranaten zu dieser Zeit noch nicht bei der Truppe eingeführt waren, wurde mit selbst gebauten Ladungen und sogar mit Steinen über den Damm geworfen. Nach stundenlangem Gefecht gelang es dann den ersten Gruppen, den Damm überwinden, woraufhin der Gegner weiter

bis an die Brücke von St. Leonhard zurückging. Die Brücke selbst war verbarrikadiert und das flache Vorfeld vom Gegner komplett mit MG bestrichen. Da die eigene Artillerie nicht ausreichend unterstützte, war ein weiteres Vorgehen hier unmöglich.

Die vordersten Teile des Garderegiments konnten nun, solange es hell war, weder weiter vorwärts noch zurück und gruben sich daher an Ort und Stelle ein. Bei Einbruch der Dunkelheit erging schließlich der Befehl zum Rückzug auf die Ausgangsstellung. Das 3. Garderegiment erlitt an diesem 26. September nicht nur die höchsten Verluste des ganzen Krieges (so verfügte das II. Bataillon am nächsten Tag über keinen einzigen Offizier mehr) sondern sein II. Bataillon verlor darüber hinaus auch die Bataillonsfahne, was noch Jahre nach dem Krieg zu ernsthaften Verwicklungen führen sollte. Gleich zu Beginn des Kampfes - noch vor dem Bahndamm - wurde die Fahnenstange, die im Infanteriegefecht zu dieser Zeit allen Soldaten die Mitte und Richtung des Bataillons beim Vorwärtsstürmen anzeigte, durch ein Geschoss zerschmettert. Der Fahnenträger, Sergeant Kranig, nahm am weiteren Sturmangriff nur noch mit der Fahnenspitze und dem Fahnentuch teil. Der Begleitunteroffizier Schulz nahm den abgeschossenen Fahnenstock an sich. Die Fahnengruppe überquerte dann auch den Bahndamm, um am weiteren Angriff als Unterstützung teilzunehmen. Während Schulze zwischenzeitlich Verwundete versorgte, wurde

Kranigs weiterstürmende Gruppe vom feindlichen Feuer voll erfasst und fiel. Schulz, der mittlerweile den Anschluss verpasst hatte und seine Fahnengruppe nicht wiederfand, behielt den Fahnenstock bei sich und schloss sich einer anderen Kompanie an. Die gefallene Fahnengruppe wurde von einigen Soldaten der MG-Kompanie erkannt, welche die Fahne auch sogleich in ihre Obhut nahmen. Diese, in schwerem Gefecht stehend, übergaben die Fahne einem unbekannten Grenadier der 6. Kompanie, mit dem Befehl, die Fahne in Sicherheit zu behalten. Der Mann barg die Fahne an seinem Leib und blieb zunächst etwa 25 Meter von den MG entfernt in Stellung. Nachmittags wurde der unbekannte Grenadier dann leicht verwundet. Als abends endlich der Befehl zum Zurückgehen kam, riefen die MGK-Männer dem Grenadier noch zu, dass dieser die Fahne unter allen Umständen mit nach hinten zu nehmen habe, was dieser auch noch bejahte. Er sei dann auch befehlsgemäß zurückgekrochen. Die Männer des MG-Trupps verloren ihn beim sprungweisen Rückzug aber aus den Augen. Als am nächsten Tag das Fehlen der Fahne bemerkt wurde, war eine weitere Nachsuche unmöglich geworden, da sich der Ort des Geschehens nun im Niemandsland zwischen den Fronten befand (Ewald Fiebig, Unsterbliche Treue. Das Heldenlied der Fahnen und Standarten des deutschen Heeres, Berlin 1936, S. 461).

Danach blieb die Fahne für sechs Jahre verschollen. Erst nach dem Krieg, bei

Umbettungsarbeiten, fanden kriegsgefangene deutsche Soldaten am Skelett des unbekannten Grenadiers das Tuch der Gardefahne. Trotz aller Täuschungsversuche wurde die - schon teilweise vermoderte - Fahne von den französischen Aufsehern bei den Gefangenen entdeckt und von 1920 bis 1940 im Invalidendom in Paris ausgestellt, versehen mit der Notiz, dass sie im Jahre 1920 an der Leiche eines preußischen Grenadiers gefunden worden sei. Der Fahnenstock konnte dagegen von Unteroffizier Schulz am 26. September 1914 gerettet und zurückgebracht werden. Er befindet sich unter der Inventarnummer Fa. 2007/54 in der Sammlung des Deutschen Historischen Museums in Berlin. Der Fahnenstock erhielt nach dem Krieg auch traditionell noch einen Ring, der mit dem Namen des gefallenen Fahnenträgers Kranig versehen wurde. Heute ist dieser so denkwürdige Fahnenstock allerdings nur im Magazin des Museums untergebracht und nicht Teil der Ausstellung geworden.

Um die nun in Paris ausgestellte Fahne des Garderegiments entspann sich dann Anfang der 1930er Jahre zwischen dem Deutschen Reich und Frankreich ein diplomatischer Vorgang. Reichspräsident von Hindenburg hatte früher selbst als Leutnant im 3. Garderegiment zu Fuß gedient und war persönlich daran interessiert, die Garde-Fahne zurückzuerhalten. Frankreich lehnte eine Rückgabe aber kategorisch ab. Später teilte der Staatsminister und Chef der Präsidialkanzlei des Führers und Reichskanzler, Meissner, dem

Direktor des Zeughauses in Berlin, Admiral Lorey, in einem Schreiben vom 26. September 1940 mit, dass Hindenburg 1931 einen ihm privat geschenkten französischen Offiziersdegen, der im Weltkrieg in deutsche Hand gefallen sei, über den französischen Botschafter in Berlin, Francois-Poncet, an die französische Regierung zurückgegeben habe. In diesem Zusammenhang habe er angeregt, dafür die Fahne des 3. Garderegiments, die von der französischen Armee nicht erobert sondern lediglich nach dem Kriege gefunden worden sei, zurückzuerhalten. Diese Anregung sei vom französischen Botschafter und ebenso vom französischen Außenministerium entgegenkommend aufgenommen worden. General Weygand habe aber keinerlei Grund gesehen, die Fahne zurückzugeben. Die Angelegenheit sei trotz dieser Absage noch eine Zeitlang weiterverfolgt worden. Im Februar 1932 habe Hindenburg dann aber eine Einstellung der Bemühungen verfügt, was dem französischen Botschafter mit Schreiben des Auswärtigen Amtes vom 14. Februar 1932 mitgeteilt worden sei (Deutsches Historisches Museum, Hausarchiv, Rep.Z. 661). In diesen Zusammenhang gehört auch eine Rückgabe der Trommeln des Gordon Highlanders-Regiments. Der britische General Ian Hamilton habe 1933 bei einem Treffen mit Hindenburg von diesem die Zusage der Rückgabe der von deutschen Truppen bei Ostende 1914 eroberten Trommeln des II. Bataillons des britischen Garderegiments erhalten. Das deutsche Kriegsschiff Bremen hat die Trommeln im Februar

1934 anlässlich eines Flottenbesuchs in Southampton dann den Briten übergeben (The Sydney Morning Herald vom 5.2.1934 und Bundesarchiv R 601/153).

Trotz dieser Fehlschläge blieb die verlorene Fahne aber weiterhin im Gedächtnis. Sobald sich im Mai 1940 ein schneller Vorstoß der Wehrmacht auf Paris abzeichnete, wurde auf Befehl des Oberkommandos der Wehrmacht eine Spezialeinheit zusammengestellt, deren Aufgabe darin bestand, zeitgleich mit den ersten Aufklärungseinheiten der Wehrmacht den Invalidendom zu besetzten, um zu verhindern, dass die Franzosen die sechs von ihnen dort ausgestellten Beutefahnen aus dem Ersten Weltkrieg noch vernichten könnten, bevor sie wieder in deutsche Hände fielen. Das Unternehmen gelang und die Fahnen kamen wohlbehalten im Zeughaus in Berlin an. Eine Ausstellung der zurückgeholten Feldzeichen behielt sich der Führer aber bis zum „Endsieg" ausdrücklich vor. Die Zeughausverwaltung stellte dann bei genauerer Begutachtung der zurückgeholten Fahnen fest, dass an der Gardefahne sämtliche vier Ecken fehlten. Diese mit Granaten und Flammenbündeln bestickten Ecken der Fahne waren offensichtlich abgetrennt worden. Auf einen entsprechenden Bericht hin, ordnete das Oberkommando der Wehrmacht selbst eine sofortige Untersuchung der Angelegenheit an. Ein Feldwebel der Feldjägertruppe wurde daher Ende 1940 nach Saint Leonard entsandt, um durch

Zeugenvernehmungen des damaligen Bürgermeisters und aller noch greifbarer Beamten den Verbleib der Fahnenecken aufzuklären. Trotz umfangreicher Ermittlungen konnten aber auch die Feldjäger den Verbleib der Ecken des Fahnentuchs nicht klären. Sie blieben verschollen. Die Fahne selbst wurde – zusammen mit anderen Fahnen der Alten Armee - nach Zunahme der auf Berlin geführten Bombenangriffe 1942 im Zeughaus verpackt und in Ostpreußen in Sicherheit gebracht. Als die Rote Armee dann 1944 näher rückte, wurden die Fahnen erneut zum Versand verpackt und sind dann angeblich bei einem Tieffliegerangriff in einem Bahnwaggon in Posen verbrannt.

**c) Andere Fronten**

Die deutsche 1. Armee ging nach der Marneschlacht zeitgleich mit der 2. Armee zurück bis zu einer westlich Reims gelegenen Auffangstellung an der Aisne, wo sie vom 13. bis 15. September von nachdrängenden Franzosen und Engländern sogleich angegriffen wurde. Zur Verstärkung des rechten deutschen Flügels an der Aisne war jetzt die 7. deutsche Armee aus Lothringen nach Norden zwischen die 1. und 2. Armee geschoben worden, um die an der Marne entstandene Lücke zwischen den beiden Armeen zu schließen. Die 1. und die 7. Armee gingen daraufhin ihrerseits am 16. und nochmals am 20. September - aber letztlich erfolglos - angriffsweise vor. Hier fielen beim IR 75 aus Bremen (1. Armee) innerhalb von vier Tagen gleich sechs Soldaten aus dem Hoyaer Land. Das IR 75 stand dort auf dem äußersten rechten, sogleich schwer umkämpften Flügel der Armee bei Nampcel (70 km westnordwestlich Reims). Beim ersten Angriff am 16. September fielen der Musketier Wilhelm Sump aus Duddenhausen (2./IR 75) und der Reservist Heinrich Johann Wigger aus Schwarme (7./IR 75). Beim zweiten Angriff am 20. September starben der Musketier August Trute aus Hoya (8./IR 75), der Musketier Hermann Sievers aus Süstedt (4./IR 75), der Bäcker und Musketier Heinrich Hermann Bockhop aus Bruchhausen (3./IR 75) und der Postassistent und Reservist Dietrich Twietmeyer aus Wienbergen (7./IR 75).

Der Verlauf der Kämpfe zwischen dem 13. und 20. September hatten beiden Kriegsparteien gezeigt, dass die bisherige Art des Angriffs gegen einen zur unbedingten Abwehr in Feldstellungen eingegrabenen Gegner nicht mehr zu einem entscheidenden Erfolg führen konnte, besonders da der inzwischen eingetretene Mangel an Artilleriemunition und große Offiziersverluste den Angriffsschwung lähmten. Lediglich zwischen der Aisne und dem Meer – also westlich der 1. Armee - war noch keine durchgehende Front geschaffen, so dass hier noch die Möglichkeit zur Operation im freien Feld bestand. Daher nahm von hier aus jetzt der sogenannte „Wettlauf" zum Meer seinen Ausgangspunkt, als beide Kriegsparteien versuchten, den Gegner am Westflügel doch noch zu umfassen. Da zwischen Reims und der Schweizer Grenze die Kampfhandlungen zum

Stillstand gekommen waren, wurde nun auch die zunächst in Lothringen eingesetzte 6. Armee nach Norden gezogen, um am äußersten rechten Flügel doch noch einen Durchbruch zu erzielen. In diesem Zusammenhang fiel in Friese bei Peronne am 27. September der Anbauer und Pionier Friedrich Müller aus Hohenmoor bzw. Asendorf. Müller stand bei dem Pionierregiment Nr. 19 aus Straßburg und wird im Eisernen Buch sowohl auf der Seite der Gefallenen aus Hohenmoor wie derjenigen aus Asendorf aufgeführt. Gebürtig stammte er aus Hohenmoor, das in den Verlustlisten allerdings als „Hohenmoos" wiedergegeben wird. Nicht weit entfernt in Chavatte (bei Roye) wurde dann am 1. Oktober der Reservist Christoph Masemann aus Hoyerhagen im IR 166 bis heute vermisst. Das IR 166 war ebenso wie das Pionierregiment Nr. 19 der 6. Armee unterstellt.

Zwei weitere Kriegsopfer im September waren die Landsturmmänner Heinrich Rosskämmer aus Schweringen und der Zimmermann Albert Friedrich Meyer aus Schwarme. Beide waren Angehörige des Landsturm-Bataillons Nienburg und kamen in Belgien im September bei einem Eisenbahn-Unglück ums Leben. Die Verlustlisten melden beide tagleich am 5. November - ohne Ortsangabe und Datum des Unglücks - mit dem Betreff: „Infolge Unfall verstorben. Überfahren auf Bahnstrecke." Meyer wird im Eisernen Buch allerdings als „gefallen" am 8. September und Rosskämmer als „gestorben" (am 23. September in

Marnecelle) angegeben. Zu Rosskämmers Tod berichtete das Hoyaer Wochenblatt:

*„Von einem Landsturmmann des Kreises Hoya wird uns aus dem Felde geschrieben: Charleroi, den 18. Oktober 1914. Am 23. September wurde der Landsturmmann Heinrich Rosskämmer durch ein Unglück auf der Bahnstrecke nach Charleroi betroffen. Der Tod trat nach einer halben Stunde ein. Noch in dem letzten Augenblick gedachte er seiner armen Frau und seiner Kinder. Er wurde sofort nach der Bahnstation Couilette-Centre gebracht und von da aus am 25. September, Nachmittag 4 Uhr, auf den Friedhof zu Couilette begraben, wo schon 77 Kameraden, darunter 3 Leutnants, ihre Ruhestätte gefunden haben, die hier auf dem Schlachtfelde gefallen sind. Herr Oberleutnant Friedland hielt die Rede am Grabe, die jedem Kameraden tief ans Herz ging. Dem Toten zu Ehren und Andenken wurde ihm am 12. 10.1914 ein Kreuz aus Pitchpineholz aufs Grab gesetzt, auf dem die Inschrift steht: Hier ruht in Gott der Landsturmmann Heinrich Rosskämmer, geb. 12.3.1873 in Holtrup, Kreis Hoya, gest. 23.9.1914 in Marcinelle. Das Kreuz ist von dem Zimmermeister Hermann Seidemann aus Hassel, Kreis Hoya, gezimmert, der zur Zeit hier als Landsturmmann steht. Es wurde auch eine Sammlung von der Kompanie für die hinterbliebene Familie gemacht, welche den Betrag von 339,80 Mark ergab, wofür Herr Hauptmann Kayser herzlich dankte. Für Übersendung des Betrages wolle er sorgen. Dieser Brief ist ein rührender Beweis von der treuen Kameradschaft, welche die Kämpfer draußen im Felde miteinander verbindet. Wo Heldenmut und soldatische Pflichttreue*

*sich mit solchem Geist der Liebe eint, da ist es gut bestellt mit einem Heere."*

Ferner ist der Reservist Heinrich Böckmann aus Hoyerhagen am 25. November bei dem „Train-Bataillon Nr. 10" (laut Eisernem Buch ist er in Freiburg gestorben, in den Verlustlisten ist Böckmann aber nicht verzeichnet) ums Leben gekommen. Auch hier dürfte wohl ein Unfall die Todesursache gebildet haben.

## 3. Stellungskrieg im Oktober

### a) Entwicklung bei der 2. Armee

*(1) Reims*

Mit dem 14. Oktober hörten die Verluste vor Reims dann schlagartig auf. Beide Seiten hatten das Interesse an diesem Frontabschnitt, der auf deutscher Seite weiterhin vom X. AK und X. RK (die ab dem 9.10.14 beide nicht mehr der 2. Armee sondern jetzt der 7. Armee unterstellt waren) gehalten wurde, verloren. Der Schwerpunkt der Ereignisse wanderte weiter nordwestlich an den äußersten rechten Flügel der Front in die Picardie und nach Flandern. Bis dahin fielen am 2. Oktober vor Reims, wo die Front nun ganz erstarrt war, noch der Reservist Friedrich Stege aus Windhorst bei 7./RIR 74 und am 14. Oktober Wilhelm Grauerholz aus Gandesbergen bei 6./IR 74. Die Regimentsgeschichten verzeichnen an diesen Tagen allerdings keine besondere Kampftätigkeit.

Ausweislich des Eintrages im Eisernen Buch soll auch der Schneider Heinrich Hambrock aus Eystrup am 9. Oktober bei IR 74 gefallen sein. Die Verlustlisten melden ihn (aber nicht für das IR 74 sondern das RIR 74) zunächst als vermisst und später (Nachtrag 1916) als Gefangenen. Die Regimentsgeschichte des RIR 74 listet Hambrock dagegen als Gefallenen der 12. Kompanie vom 8. September. Demnach dürfte Hambrock also zu den vielen Opfern des III. Bataillons RIR 74 aus dessen Untergang in der Marneschlacht gehören. Andere Gefallene lassen sich nicht leicht zuordnen. So sei Friedrich Bernhard Schmidt aus Klein-Borstel am 10. Oktober (ausweislich des Eisernen Buches bei 11./IR 73) in Hirson, damals gut dreißig Kilometer hinter der Front, verstorben. Ein „IR 73" existierte in der Armee aber nicht, sondern unter dieser Nummer gab es nur das „FR" 73. Dessen Verlustliste verzeichnet Schmidt aber nicht. Nicht zuzuordnen ist auch Wilhelm Bode, der auf dem Wecholder Gedenkstein mit dem Todesdatum 10. Oktober angegeben wird. Er ist im Eisernen Buch nicht erwähnt und unter diesem Namen wird in den Verlustlisten niemand aus dem Kreis Hoya aufgeführt. Dafür findet sich im Eisernen Buch aber ein Johann Wilhelm Bade aus Wöpse, der am 10. Oktober bei der 3. Kompanie des 2. Garderegiments zu Fuß gefallen sein soll. Die Verlustliste dieser Einheit verzeichnet aber lediglich einen Wilhelm Bade, gebürtig aus Eitzendorf, der aber erst im Jahre 1916 ohne Angabe eines Datums aufgeführt wird. Ebenso wenig ist Johann Lakemann aus Hustedt zuzuordnen, der ausweislich des Eintrags im Eisernen Buch am 7. Oktober bei 1./RIR 86 „in Frankreich" vermisst sein soll. Die Verlustlisten des RIR 86 enthalten für 1914 aber keinen solchen Namen. Ferner ist ein Leutnant d.R. Erich Beermann aus Vilsen in einem Nachtrag der Verlustliste vom 11. September 1915 (für 1914), dort allerdings ohne nähere Angaben, als verwundet bei 1./IR 78 gemeldet.

*(2) Andere Fronten*
Bei Nampcel an der Aisne kämpfte auch im Oktober immer noch das bremische IR 75 im Rahmen der 1. Armee. Dort fiel am 20. Oktober der Knecht Christian Gump aus Wöpse bei 2./IR 75.

**b) Der Wettlauf zum Meer**
Unter dem 10. und 14. Oktober fielen gleich zwei Kreis Hoyaer vom Jägerbataillon 10, der Gefreite d.R. Johann Friedrich Müller aus Süstedt und der Kaufmann und Gefreite Adolf Köstermann aus Vilsen. Müller sei am 10. Oktober (ausweislich des Eisernen Buches bei Staden/Belgien) und Köstermann, der zur Ersatz-Radfahrerabteilung des Bataillons gehörte, am 14. Oktober bei Laomtie gefallen. Die Verlustlisten weisen Müller als Angehörigen der 2. Kompanie (mit dem Geburtsort „Systedt" aus). Die Gefechtshandlungen, bei denen beide ums Leben kamen, haben demnach bei Dompierre stattgefunden, so dass die Ortsangabe für Müller im Eisernen Buch falsch sein dürfte. Das Jägerbataillon 10 war bereits (s.o.) am 6. August bei

Lüttich im Einsatz. Danach verließ es die 2. Armee und trat am 12. August über zur 9. Kavalleriedivision im Rahmen des „Höheren Kavalleriekommandeurs 2". Dieser Großverband bestand aus Kavallerie, Jägerbataillonen und berittener Artillerie. Der Verband war damit beweglicher als die Infanterie und wurde für besondere Fernsicherungsaufgaben herangezogen. Bereits am 14. August wurde die Maas überschritten und vom 17. bis 20. August eine französische Kavalleriedivision, die ihrem Heer zur Sicherung von Schlüsselpositionen gleichfalls vorauseilte, bei Ramillies und Perwez in kleineren Gefechten geworfen. Die Jäger gingen dann auf den rechten Flügel der 1. Armee und besetzten am 24. August Tournay, das gegen schwache französische Landwehrtruppen erobert wurde. Am 26. August griff das Jägerbataillon erfolgreich englische Stellungen bei Bauvois an. Danach versuchte der Kavalleriegroßverband die Marneübergänge vor dem Eintreffen der eigenen Haupttruppen zu sichern. In nur vier Tagen wurde dabei eine Entfernung von über 150 Kilometern zurückgelegt. Morgens am 6. September stand das Jäger-Bataillon 10 bereits 20 km südlich der Marne, als es den Rückzugsbefehl auf die Marne erhielt. Die zwischen 1. und 2. Armee entstehende Frontlücke sollte durch den Kavallerieverband geschützt und die Marne um jeden Preis gehalten werden. Die Jäger wehrten sich an der Marne zwei Tage lang gegen den Angriff der englischen Armee, mussten sich aber am 8. August schließlich vor dem starken Druck zurückziehen. Der weitere Rückzug mit der 1. Armee endete dann in Noyon auf dem rechten Flügel der Front. Die Kavallerie und die Jäger wurden von dort weiter nordwärts geschickt, um den Aufmarsch der aus Lothringen herangeführten Einheiten zu sichern und zu verschleiern. In zahlreichen kleineren Gefechten wurde der ebenfalls nach Norden strebende Feind immer wieder aufgehalten. Die eroberten Stellungen wurden dann anschließend an die langsam nachrückende Infanterie übergeben, um selbst wiederum weiter nordwärts immer in Richtung auf die Küste vorzufühlen. Am 28. und 29. September wurde Dompierre in mehrstündigem Kampf eingenommen. In den nächsten Tagen verblieb das Jägerregiment dort und verzeichnete durch Gegenangriffe und Artilleriefeuer weitere Verluste.

Am 20. Oktober fielen bei Arras und Lille im Norden Frankreichs der Kriegsfreiwillige und Kanzlist Konrad Bolte aus Hoya im aus Münster stammenden IR 158 und der zweiundzwanzigjährige Hoyaer Maurer und Grenadier Carl Bürmann vom Königin Augusta Gardegrenadier-Regiment Nr. 4 (das von der 2. Armee bei Reims nun gleichfalls an die äußerste rechte Flanke des Heeres beordert worden war). Für Bürmann gab auch der Männer-Turn-Verein Hoya eine Traueranzeige auf:

*„Auf dem Feld der Ehre fiel für Kaiser und Reich am 29. Oktober in Nordfrankreich unser Mitglied der Grenadier Karl (!) Bürmann. Sein Andenken wird in*

*unserem Verein stets fortleben."*

## c) Die erste Flandernschlacht

Der Wettlauf zum Meer wandte sich rasch der Küste zu. Bereits Mitte Oktober trafen die ersten Truppen beider kriegführenden Parteien in Flandern ein, das nun für den Rest des Jahres zum Schauplatz heftiger Schlachten werden sollte. Die Deutschen hatten mit Kriegsausbruch mit der Neuaufstellung von 30 Regimentern, sämtliche als „Reserveregimenter" bezeichnet und ab der Nr. 200 durchnummeriert, begonnen. Die Regimenter speisten sich überwiegend aus Kriegsfreiwilligen, die bislang aus unterschiedlichsten Gründen nicht gedient hatten und in keinen Mobilmachungsplänen erfasst waren. Nach kurzzeitiger Ausbildung folgte bereits am 10. und 11. Oktober der Transport von vier neuen Korps nach Belgien, wo ein letzter Durchbruchsversuch im vom Feind noch nicht vollständig besetzten Küstenabschnitt in Flandern, mit dem Schwerpunkt bei Ypern, unternommen werden sollte. Die Hoyaer Soldaten dienten vor allem in den RIR 213 bis 216, die zum XXIII. Reservekorps gehörten, das sich bei Hooglede sammelte, um von dort gegen die Linie Bixschote–Nieucapelle vorzugehen.

Das RIR 215 wurde am 13. und 14. Oktober in Brüssel ausgeladen und marschierte von dort aus zu Fuß in Richtung Front. Die Truppe selbst glaubte, dass sie lediglich als Besatzungstruppe für Belgien vorgesehen sei. Die Gefechtsstärke betrug 64/2481. Am 18. Oktober kam es bei Roulers (heute Roeselare) zu ersten Gefechten mit englischer Kavallerie, die sich langsam vor den deutschen Regimentern zurückzog. Hinter den englischen Reitern war die britische Armee mit ihrem I. Korps und die Reste der belgischen Armee aufmarschiert, um selbst entlang der Küste offensiv zu werden. Der Wecholder Wehrmann Karl Holze wurde nach einem Bericht des Hoyaer Wochenblatts vom 20. Juni 1916 im 9./RIR 215 als Radfahrer auf einer schwierigen Patrouillenfahrt durch ein französisches Dum-Dum-Geschoss im Unterleib schwer verwundet und blieb dann zwei Tage lang auf freiem Feld liegen. Seine Patrouille wurde weitgehend abgeschossen, einige Überlebende konnten flüchten. Während dieser zwei Tage schoss Holze noch eine französische Offizierspatrouille und zwei Leichenfledderer, die seine verwundeten und gefallenen Kameraden ausrauben wollten, ab. Am zweiten Tag geriet er dann in französische Gefangenschaft. Nach weiteren zwei Wochen wurde er dann von stürmenden deutschen Truppen aus der Haft befreit. Erst im Jahre 1916 erhielt er, inzwischen dienstuntauglich geschrieben, in Hoya nachträglich noch das Eiserne Kreuz 2. Klasse.

In der Nacht vom 19. zum 20. Oktober marschierte das RIR 215 vorsichtig in die Stadt Staden hinein. Die Stadt war scheinbar leer. Erst als bereits mehrere Kompanien die Straßen durchkämmten, wurde sie aus Häusern beschossen. Das Regiment zog sich zunächst zurück, da aufreibende Straßenkämpfe in der Dunkelheit vermieden werden sollten. Am nächsten Morgen erfolgte dann der Angriff. Staden wurde von ca. 2000 Mann nebst Artillerie einige Zeit lang verteidigt, dann aber den angreifenden Deutschen überlassen. Mittags war Staden durchschritten, wenige Kilometer weiter mussten sich RIR 214, 215 und 216 aber erneut zum Gefecht entwickeln, bis der Gegner auch hier gegen Abend zurückging. Bei diesen Kampfhandlungen starb am 20. Oktober Friedrich Strohmann aus Weseloh vom 9./RIR 215. Ebenfalls am 20. Oktober wurde der Hoyaer Lehrer Wilhelm Holtz, Unteroffizier der Reserve im RIR 215, verwundet. Er starb am 28. Oktober im Lazarett in Roulers. Am 5. November erschienen für Holtz zwei Traueranzeigen im Hoyaer Wochenblatt, die eine vom Lehrerkollegium, die andere von den Schülerinnen und Schülern der III. Klasse der Mittelschule. Zudem berichtete das Hoyaer Wochenblatt am 5. November:

*„Den Heldentod fürs Vaterland ist am 31. Oktober der hiesige Mittelschullehrer und Kandidat der Theologie, Wilh. Holtz, gestorben. Am 20. Oktober hatte ihm eine Granate das rechte Bein zerschmettert. Er wurde in ein Lazarett gebracht, das aber von den Engländern, die das rote Kreuz nicht achten, verbrecherischer Weise mit Bomben beschossen und zerstört wurde. Hierdurch erlitt der Verwundete einen Nervenschock, dem er erlag, ebenso wie 7 andere Verwundete, die mit ihm in dem Lazarett untergebracht waren. W. Holtz kam von Stolzenau an die hiesige Schule, in der er seit Weihnachten wirkte. Sein freundliches, liebenswürdiges Wesen und seine guten*

*Herzens- und Charaktereigenschaften hatten ihm rasch viele Freunde erworben, die nun erschüttert sind über den frühen Heimgang des hoffnungsvollen Mannes, der mit so heller Begeisterung in den Kampf fürs Vaterland hinauszog. Sein Andenken wird hier in Ehren bleiben bei seinen Kollegen und seinen Schülern und bei allen, die ihn kannten."*

Am 21. Oktober gingen die „neuen" Regimenter nördlich um den ausgedehnten Houthulster Wald herum weiter Richtung Westen gegen zunächst nur geringen Widerstand vorwärts. Am nächsten Morgen wurde das Dorf Bixschote, das von Briten stark besetzt sein sollte, erreicht. Gegen Mittag stellten sich die Reserveregimenter zum Angriff bereit (Hans Willers, Königlich Preußisches Reserve-Infanterie-Regiment Nr. 215, Teil 1, Oldenburg 1926, S. 34):

*„Die Hornisten bliesen das Angriffssignal und die Trommeln wurden geschlagen. Die Hauptleute traten mit gezogenem Säbel vor die Front. Sprungweise ging es vorwärts, aber den Angreifern schlug sofort heftiges Gewehr- und MG-feuer entgegen."*

Stundenlang wurde Bixschote bestürmt, aber die Angreifer wurden unter erheblichen Verlusten immer wieder zurückgeworfen. Erst mit Unterstützung der Korpsreserve, dem Reserve-Infanterie-Regiment 211, gelang es um 17:30 Uhr die ersten englischen Gräben zu stürmen und in Bixschote einzudringen. Abends kamen Teile sogar noch ein Stück darüber hinaus in Richtung Steenstraate vorwärts. Durch Missverständnisse und unklare Befehlsführung zogen sich die deutschen Truppen aber bei Anbruch der Dunkelheit aus Bixschote wieder zurück. Noch in der Nacht wurde das Dorf von den Engländern wieder besetzt. Hier zeigte sich, dass die neuen Regimenter noch nicht allen Anforderungen gerecht wurden. Bei der Aufstellung der neuen Truppenteile kam es zu Engpässen. Es fehlte an Schuhzeug, Uniformen, Gewehren, Sätteln und Pferdegeschirren für die Artillerie. Sogar Verpflegung und Futter für die Pferde war knapp. Dazu kam die überhastete Ausbildung von nur acht Wochen für die Infanteristen. Eine angemessene artilleristische Ausbildung war noch weniger gewährleistet. Die Reserve-Feldartillerie-Regimenter erhielten Richtmittel, die den Reservisten nicht bekannt waren. Im Ergebnis waren die Artilleristen zum Schuss aus verdeckter Stellung nicht fähig und mussten grob über das Rohr zielen. Schwächen zeigten sich auch beim Offizierskorps. Der aktive Dienst der eingesetzten Landwehroffiziere lag bereits viele Jahre zurück; diese Truppenführer waren meistens den modernen Erfordernissen zum großen Teil nicht mehr gewachsen. Es gab sogar Offiziere, die noch im Krieg von 1870/71 gedient hatten und nur die alte Kolonnentaktik kannten.

Am gleichen Abend teilte das Korpskommando mit, dass am nächsten Tag schwere Kämpfe zu erwarten seien und das Korps die Linie Noordschoote–Bixschote unter allen Umständen zu durchbrechen habe. Doch trotz aller Bemühungen gelang es nicht, noch irgendwelche

Erfolge zu erreichen. Die Verluste mehrten sich, ohne dass irgendwo eine schwache Stelle des Gegners zu erkennen gewesen wäre. Nach drei Tagen erfolgloser Angriffe wurde dann am Abend des 24. Oktober befohlen, die erreichten Stellungen zu sichern und unter allen Umständen zu halten. Gefallen waren bei diesem Durchbruchsversuch am 22. Oktober Hermann Morische aus Asendorf bei 10./RIR 215, am 23. und 25. Oktober Johann Grieme aus Uenzen (9./RIR 215) und der Musketier Karl Wehrhan (2./RIR 216) aus Bücken. Bei Bixschote sollte die Front für die nächsten vier Jahre stehenbleiben.

In der etwa 30 Kilometer breiten Lücke zwischen dem linken Flügel der 4. Armee und dem rechten Flügel der um Arras, La Bassée und Armentieres stehenden 6. Armee befand sich bis zum 30. Oktober immer noch nur ein Schleier aus Kavallerie und einigen Jäger-Bataillonen unter dem Kommando des Generals der Kavallerie von der Marwitz. Die Aufgabe dieser Verbände war nicht der Angriff, sondern lediglich die Deckung der Frontlücke und die Aufrechterhaltung der Verbindung zwischen der 4. und 6. Armee. Nach den immer stärker werdenden englisch-französischen Angriffen in diesem Bereich sah sich das deutsche Oberkommando aber gezwungen zu reagieren und setzte am 25. Oktober die bayerische sowie die 3. und 7. Kavallerie-Division, verstärkt durch die Jägerbataillone 4, 9 und 10, zum Angriff auf die Linie Kruiseik–Zandvoorde an. Am 26. Oktober konnte der Weiler Kruiseik genommen werden. Bei dem Jäger-Bataillon 10 wurde der Nenndorfer Oberjäger (Unteroffizier) Werner Behrends in diesen Gefechten schwer verwundet. Am 26. Oktober fiel der Musketier und Kaufmann Karl Georg Stubbe bei dem 3. Badischen IR 113 bei Festuber in Nordfrankreich. Auch dieses badische Regiment war bereits Anfang Oktober aus dem Elsaß nach Norden verlegt worden. In Flandern fielen Ende Oktober noch drei weitere Kreis-Hoyaer bei dem gleichfalls neu gebildeten „Reserve-Ersatz-Regiment" Nr. 4. Die insgesamt vier Reserve-Ersatz-Regimenter wurden aus den überschüssigen „Ersatz-Kompanien" der aktiven Regimenter und der Reserveregimenter aufgestellt. Sie waren bereits vor Kriegsausbruch insgeheim als zusätzliche Reservetruppen geplant worden, wurden aber (sowohl vor dem Reichstag wie auch den ausländischen Nachrichtendiensten) geheim gehalten. Am 27. Oktober starb bei dieser Einheit Johann Engelke aus Brebber (Im Eisernen Buch wird er als Angehöriger des RIR 4 genannt. Das RIR 4 war aber eine Einheit der bayerischen Armee. Tatsächlich hat er im „Reserve-Ersatz-Regiment" Nr. 4 gedient, so auch die Verlustliste vom 8. Dezember 1914). Am nächsten Tag wurde Heinrich Detering aus Brebber bei der gleichen Einheit (1./ResErsReg 4) als vermisst gemeldet. Schließlich fiel am 30. Oktober Adolf Striepe aus Asendorf bei 5./ResErsReg 4. Alle drei kämpften einige Kilometer südlich Langemark bei Paeschendaele/Ypern. Der letzte im Oktober 1914 gefallene Hoyaer war der Reservist Heinrich Beneke aus Hoyerhagen bei RIR 215, das immer noch vor Langemark und Bixschote festlag.

## 4. Der Ausgang des Jahres

### a) Im Westen nichts Neues

Auch bei Arras gingen die Kämpfe zunächst mit unverminderter Heftigkeit weiter. Am 1. November fiel hier der Garde-Kanonier Ernst Blanke aus Doenhausen (6./2. Garde-FAR). Nachdem die 4. Armee ihre Verbände umgruppiert hatte erfolgten neue Angriffe des XXIII. Reserve-Korps im Bereich Bixschote. Am 4. November starben hier der Reservist und Postbote Johann Bruns aus Gandesbergen (10./RIR 212) und am nächsten Tag vom selben Regiment (10. Kompanie) Johann Mühlenstedt aus Schwarme. Bei den Landwehrtruppen, die den von den Belgiern durch Öffnung der Seeschleusen überfluteten Küstenbereich zwischen Ypern und dem Meer hielten, starben am 4. November Heinrich Sack aus Weseloh und am 11. November der Dienstknecht und Wehrmann Hermann Freese im Lazarett von Roulers, nachdem er bei Poelkapelle/Ypern verwundet worden war. Am 18. Dezember fiel der Steinsetzer Friedrich Hambrock aus Hassel (bei Lombartzyde/Nieuwpoort). Alle drei gehörten dem Landwehr-Infanterieregiment Nr. 78 an, das nunmehr unmittelbar an der flandrischen Küstenlinie Sicherungsaufgaben wahrzunehmen hatte.

An 10. November fand auch der sogenannte

Angriff „junger Regimenter westlich Langemarck" statt, der, vom Heeresbericht am 11. November aufgegriffen und groß herausgestellt, den Ursprung des Langemarck-Mythos bilden sollte: Das XXIII. Reserve-Korps konnte gut einen Kilometer weit vordringen, mit Teilen den Yser-Kanal erreichen und Gefangene einbringen. Am 11. November starb dabei der zwanzigjährige Kriegsfreiwillige Karl Theodor Brüggemann aus Hoya, der wahrscheinlich bereits am Vortag bei den großen Angriffen der neuen Regimenter bei Langemark und Bixschote (2./RIR 215) verwundet worden war. Bei RIR 215 fiel auch Friedrich Meyer aus Bruchhausen (7./RIR 215). Am 12. November starb der Wehrmann Johann Rabbe aus Hoya bei Ypern im 2./Reserve-Ersatz-Regiment Nr. 4. Rabbe war Beschäftigter des Fleckens Hoya. Der Magistrat und das „Bürgervorsteherkollegium" gedachten seiner im Hoyaer Wochenblatt am 2. Dezember:

*„Auf dem Felde der Ehre starb am 12. November den Heldentod der Parkwächter und Weidehirt Johann Rabbe. Wir verlieren in dem Gefallenen einen tüchtigen fleißigen und verständigen Arbeiter, der sich durch seine tadellose Führung unsere volle Zufriedenheit und unser ganzes Vertrauen erworben hatte. Ein ehrendes Andenken werden wir ihm stets bewahren."*

Am 11. November griffen auch die Garderegimenter, unter ihnen das 1. Garderegiment zu Fuß, bei Ypern ein. Seit diesem Tag wird bei dieser Einheit Dietrich Beckefeld aus Eystrup (laut Verlustliste ab dem 11. November vor Ypern) vermisst. Im Eisernen Buch ist allerdings Arras als Todesort eingetragen, wo das Regiment aber nur bis zum 30. Oktober gekämpft hatte. Ebenfalls bei diesem Angriff vom 11. November fiel bei 6./1. Garderegiment zu Fuß der Grenadier Fritz Schierholz aus Vilsen (in der Verlustliste zunächst als „Schürholz" geführt). Die Garde konnte zwar die erste englische Stellung, die mit Cameroon-Highlandern - also ebenfalls Gardetruppen - am Polygon-Wald besetzt war, überrennen. Danach fuhr sich der Angriff aber fest. Das 1. Garderegiment verzeichnete an diesem Tag 112 Gefallene. Die Einnahme Yperns gelang wiederum nicht. Ab dem 15. November wurden auch Teile des X. AK und X. RK - die beide immer noch an dem mittlerweile ruhigen Frontabschnitt vor Reims lagen - in die Kämpfe bei Klein Zillebecke vor Ypern geworfen. Am 17. und 18. November sollten diese Einheiten nochmals einen Durchbruch erzielen. Auch das III. Bataillon des RIR 73 sowie das I. des RIR 74 waren in dieser Operation beteiligt. Bei dem folgenden zweitägigen Sturmangriff auf die englischen Stellungen vor Ypern fielen am 17. November – aus derselben Einheit – der Wehrmann Hermann Thalmann aus Wechold und Johann Brüns aus Mehringen (beide 9./RIR 73) und der Eggekötner Heinrich Friedrich Meyer aus Kampsheide (RIR 74). Das RIR 74 hatte hier Verluste von 26 Toten und 50 Verwundeten, ohne dass irgendein Erfolg zu verzeichnen gewesen wäre. Ferner fiel bei diesem Angriff der kriegsfreiwillige Student Hans Hartje, gebürtig aus Hoya (2./IR 77). Am 15.

November wurde Christian Huth (in der Verlustliste als Heinrich Huth geführt) aus Bruchhausen bei dem Reserve-Jägerbataillon Nr. 18 (Ratzeburg), das den neuen Regimentern in Flandern angegliedert worden war, schwer verwundet. Er starb am 4. Dezember im Lazarett in Bottrop.

Letztlich waren hier alle weiteren Bemühungen vergeblich. Der „Wettlauf zum Meer" war mit dem gescheiterten Versuch, Ypern doch noch einzunehmen, beendet. Dem Weltkriegswerk des Reichsarchivs ist zu entnehmen, dass für die etwa einen Monat dauernde Erste Flandernschlacht nur unvollständige Verlustangaben vorliegen. Danach haben die beiden beteiligten deutschen Armeen, die 4. und 6. Armee, in diesem Zeitraum mindestens 100.000 Mann verloren. Der Krieg verlief nun auch an dieser Front als starrer Grabenkrieg.

Auch im Dezember erfolgten die Verluste der Hoyaer dennoch, von einer Ausnahme abgesehen, ausschließlich an der Flandernfront. So fiel am 12. Dezember im 4./Reserve-Jäger-Bataillon 23 der Gefreite und Kaufmann Johann Eberhard Leemhuis aus Hoya (gebürtig aus Wehner/Aurich) bei Poelkapelle/Ypern. Das Reserve-Jäger-Bataillon 23 war ebenfalls erst nach Kriegsausbruch neu aufgestellt worden. Am 14. Dezember fiel der Hoyaer Richard Fraedrich (gebürtig aus Soldin/Neumark) bei 2./FAR 26 vor Ostnieuwerk/Flandern. Nicht in Flandern sondern an der Front vor Reims verstarb am 16. Dezember der Wehrmann Hermann Wicke aus Berxen vom 8./RIR 74 im Lazarett Marle. Die Regimentsgeschichte berichtet im Dezember von keinen Kämpfen. Er wird wohl im Zweifel einer Granate, die damals zwar noch spärlich aber doch bereits mehrmals täglich verschossen wurden, zum Opfer gefallen sein.

Ebenfalls in Flandern wurde auch der Berufsoffizier Robert Blumenbach verwundet. Blumenbach wurde am 6. August 1882 in Hoya geboren und diente bereits seit 1910 als aktiver Offizier bei FAR 10 in Hannover. Bei Kriegsausbruch war Blumenbach Leutnant und Batterieoffizier. Ein Splitter verwundete ihn im Oktober 1914. Nach seiner Genesung im Frühjahr 1915 beantragte er seine Versetzung zur Fliegertruppe. Dort brachte er es 1917 als Hauptmann zum Chef der Jagdstaffel 31. Bis Kriegsende wurden ihm als Jagdflieger acht Abschüsse anerkannt. Nach dem Krieg war Blumenbach als Rechtsanwalt und Notar in Hannover tätig. Er verstarb dort 1972. Neben Blumenbach ist ein zweiter hiesiger Kampfflieger bekannt. Das Hoyaer Wochenblatt berichtete am 10. November 1916:

*„Bücken. Heute hatten wir das schöne Schauspiel, ein Kampfflugzeug in Bücken landen und wieder aufsteigen zu sehen. Der Flieger Wilhelm Wesseloh hatte kürzlich seine beiden Fliegerexamen sehr gut bestanden und ist nun selbstständiger Kampfflieger. Er hatte, da er sofort an die Front kommt, die Erlaubnis erhalten, mit seinem nagelneuen Doppeldecker, in dem*

*auch ein Maschinengewehr mit eingebaut ist, seine Eltern noch mals zu besuchen. Er kam vom Hannoverschen Flugplatze, umflog unsern Ort wohl zehnmal in größeren und kleineren Kreisen und landete dann in der Nähe seines Vaterhauses auf einer Wiese. Dort hatte sich im Nu eine ungeheure, nach Tausenden zählende Menschenmenge eingefunden, die den jungen Flieger begeistert und herzlich grüßte und die sich mit großem Interesse das bis in alle Einzelheiten elegante und sauber gearbeitete Flugzeug ganz in der Nähe ansah. Zwei Stunden hielt er sich bei seine Eltern auf und stieg dann, wieder seine Heimat mit schönen Bogen- und Schleifenfahrten grüßend, zum Fluge nach Hannover auf. Auch über Hoya, wo der junge Flieger bis zu seinem Eintritt zum Heeresdienst bei der Fahrrad- und Automobilfirma Herm. Hartje tätig war, machte er eine elegante Rundfahrt in mäßiger Höhe. Man mußte die große Sicherheit bewundern, mit der Wilh. Wesseloh sein Flugzeug ohne fremde Hilfe lenkte. Möge dem jungen, mutigen Flieger nach erfolgreicher Tätigkeit für seine geliebte Heimat eine gesunde Rückkehr beschieden sein."*

Leider haben sich die guten Wünsche der Zeitung nicht erfüllt. Wesseloh verunglückte bereits am 15. Februar 1917 tödlich vor Dünaburg/Lettland in der Feldflugabteilung 223.

## b) Die Ostfront

### (1) *Ostpreußen*

Auch wenn die Hauptkampfhandlungen 1914 im Westen stattfanden, so fielen doch auch auf dem östlichen Kriegsschauplatz in diesem ersten Kriegsjahr sieben Hoyaer Soldaten. Bei Kriegsausbruch stand in Ostpreußen allein die 8. deutsche Armee, die noch im August unter Hindenburg bei Tannenberg einen entscheidenden Sieg gegen eine der beiden angreifenden russischen Armeen, die Narew-Armee, erringen konnte. Die zweite auf Ostpreußen angesetzte russische Armee, die Njemen-Armee, zog sich anschließend etwas zurück, bildete aber weiterhin eine latente Gefahr an der Reichsgrenze. Der erste Gefallene des Kreises Hoya an der Ostfront war der Gefreite Willi Uhlhorn aus Kampsheide (in der Verlustliste wird Uhlhorn als aus „Campschelde, Kreis Hoya" stammend verzeichnet). Er diente bei der 1. Kompanie des 2. Garde-Reserve-Regiments. Diese Einheit gehörte dem Garde-Reservekorps an und war zunächst mit der 2. Armee an der Westfront aufmarschiert. Das Korps wurde aber nach der siegreichen Schlacht von Charleroi/Namur Ende August per Bahn nach Ostpreußen abtransportiert, um das dort bestehende erhebliche Kräfteungleichgewicht etwas auszugleichen. Nach dem Abschluss der Schlacht bei Tannenberg wandte sich Generaloberst von Hindenburg mit seiner — von der Westfront um zwei Armeekorps und eine Kavallerie-Division verstärkten — 8. Armee nun gegen die russische Njemen-Armee, die der russische General von Rennenkampf auf eine stark ausgebaute Stellung zurückgenommen hatte. Diese erstreckt sich vom Kurischen Haff bis zum Mauersee und folgte etwa dem Laufe der Flüsse Deime, Alle und Ohmet; vor der Festung

Lötzen und südlich der Seen standen Flankensicherungen. Der deutsche Heerführer setzte zwei Drittel seiner Streitkräfte frontal ein, während zwei Korps sich den Weg durch die Seenkette öffneten, den hier liegenden schwachen russischen linken Flügel schlugen und im Verein mit der Kavallerie sodann in den Rücken der Armee Rennenkampfs gelangen sollten. Die Kampfhandlungen, die vom 6. bis zum 14. September dauerten, werden als Schlacht an den Masurischen Seen bezeichnet. Uhlhorn fiel am 9. September in der Ortschaft Schallen, einem Vorort von Allenburg. Die deutschen Truppen hatten Allenburg am 23. August vor der überlegenen russischen Armee zunächst räumen müssen. Nun wurde die Stadt in raschen Anlauf zurückerobert. Uhlhorn, der an diesem Tage fiel, ist auf dem Kriegsgräberfriedhof in Schallen beigesetzt worden. Die Schlacht an den Masurischen Seen endete mit einem rechtzeitigen Rückzug der Russen, die aber über 30.000 Mann an Gefangenen verloren.

*(2) Angriff auf Lodz*

Währenddessen wurden die verbündeten Truppen Österreich-Ungarns bei Lemberg von weiteren russischen Armeen geschlagen und baten dringlich um deutsche Waffenhilfe. So entsandte die 8. Armee - nach Abschluss der Schlacht an den Masurischen Seen - mehrere ihrer Korps in Richtung auf die mittlere Weichsel, um dort als neu aufgestellte 9. Armee gegen die russische Front südwestlich von Warschau offensiv zu werden. Zwischen dem 19. und 27. Oktober wurde diese 9. Armee, die sich vor der gegnerischen Übermacht zunächst langsam von Warschau auf die Schlesische Grenze zurückzog, aus Schlesien komplett abgezogen, um sie bei Thorn überraschend zum Angriff zu formieren. Von hier aus sollte dem gegen Schlesien gerichteten russischen Aufmarsch in die Flanke gefallen werden. Bekannt war der deutschen Aufklärung, dass sich vier russische Armeen (und damit also eine vierfache Übermacht) im Vordringen auf Schlesien befanden. Eine erfolgreiche Abwehr konnte die einzige verfügbare deutsche 9. Armee hier nur durch überraschenden Angriff erzielen. Am 9. November war der den Russen verborgen gebliebene deutsche Aufmarsch bei Thorn beendet. Ziel des Vorstoßes sollte die Nahtstelle zwischen der 1. und 2. russischen Armee sein, um der nordwestlich Lodz stehenden 2. Armee sodann in die Flanke und den Rücken zu fallen, bevor diese sich auf die neue Situation einstellen oder Hilfe der anderen russischen Armeen erhalten konnte.

Bei dieser Operation kam der aus Ratibor gebürtige Diener Wilhelm Eisenberg (aus Berxen) vom Dragonerregiment Nr. 13 ums Leben. Er fiel am 12. November bei Borzymie an der Weichsel, halbwegs zwischen Thorn und Warschau. Sein Regiment begann am 10. November mit der Nahaufklärung und gelangte am nächsten Tag bis zu dem Dorf Szczytno, kurz vor der wichtigen Verbindungsstraße Chodek-Chozen-Kowal (Chodeczek-Chocen-Kowal). Diese Straße musste eilig genommen werden, um dem Feind, in dessen Rücken man hier gelangen konnte, einen Rückzug nach Osten abzuschneiden. Bei dem Dorf Borzymie hätte die Verbindungsstraße erreicht werden können, aber das Dorf war von feindlicher Infanterie mit Maschinengewehren besetzt. Gegen Mittag konnten die Spitzen der deutschen Truppe auf der Straße starke russische Kolonnen beobachten, die sich bereits im Rückmarsch nach Osten befanden. Der Divisionskommandeur, dessen Truppe dicht hinter der eigenen Kavallerie vormarschierte, drängt nun zur Eile. Er stellte den Kavalleristen vor, wie wichtig es sei, dass die Stadt Kowal noch an diesem Tage erreicht und dem Feind jegliche Rückzugsstraßen abgeschnitten werde. Am Ausgang von Szczytno nach Borzymie hatte die Kavallerie bereits zwei Eskadrons zu Fuß gegen von Borzymie vorgehende russische Schützenlinien entwickelt. Das dauerte dem Divisionskommandeur, General von Selchow, aber alles viel zu lange: (Friedrich Schmoller, Das Königlich-Preußische Schleswig-Holsteinische Dragoner-Regiment Nr. 13 von seiner Gründung bis zum Ende des Weltkrieges, Zeulenroda 1935, S. 158-160)

*„Feuerüberfall kennen die Russen nicht. Bei einer Attacke machen sie sofort kehrt. Bei immer nur zehn Minuten Reiten und eine Stunde aufklären kommt man nicht weiter. Nun man drauf!"*

Der Brigadekommandeur der Kavallerie, dem nach den bereits an der Westfront gemachten Erfahrungen (mit erfolglosen Angriffen gegen

Maschinengewehre) ein Angriff zu Pferd nicht geeignet erschien, wurde so genötigt, die Attacke zu befehlen. Das Attackengelände war ein ansteigender Bergrücken, auf dessen Höhe eine Fabrik mit festen Steinmauern vom Feinde besetzt war. Der Führer der 4. Eskadron, Oberleutnant Schulte-Herkendorf, berichtete in der Regimentsgeschichte des 13. Dragonerregiments darüber wie folgt:

*"Durch das Dorf Szczytno durch auf Borzymie vor. Regiment in Marschkolonne, voran 1. Esk, dann 2., 3. u 4. Major Mumm von Schwarzenstein ritt mit seinem Stab an der Spitze des Regiments. Das Regiment trabt rechts heraus, runter vom Wege; in Deckung hinter der Höhe werden im Trabe Eskadronkolonnen formiert. Meine 4. Eskadron wird rechte Flügelschwadron. Voran die 1., dahinter nebeneinander 3,2,4. Schon während des Aufmarschs kommt Flankenfeuer von rechts, dazu von links und vorne. Wir reiten ruhig im Trab weiter. Als wir etwa 300 Meter herangekommen, erkenne ich als Ziel große Gestalten mit hohen Pelzmützen, die stehend auf uns schießen. Ich gebe der Eskadron die Attackerichtung – etwas halb links und gerade aus – und das Ziel an und vorwärts geht es nun im schärfsten Galopp, ran an die Kerls. Das Feuer prasselt von allen Seiten auf uns nieder. Ein Höllenlärm rauscht auf. Zwei breite Gräben gähnen vor uns auf. Sie werden ohne Zaudern genommen. Neben mir stürzt in ein Knäuel mit anderen Dragonern und Pferden mein einziger Leutnant, Donle, zusammengeschossen, schwer verwundet. Ich bekomme einen Streifschuß über das linke Auge, doch all das kümmert uns nicht. Weiter*

*braust die Masse in rasender Fahrt. Die anderen Eskadrons attackieren links neben uns, ausgerichtet wie auf dem Paradefeld. Der Regimentsstab, Major Mumm von Schwarzenstein, Major von Loßberg, der Adjutant, vor dem linken Flügel des 2. Treffens. Im Vorwärtsreiten hatte ich, da das Ziel nur Infanterie zu sein schien und die Schwadronen links von uns nach rechts Platz begehrten, meine Schwadron nach rechts 3 Schritte Zwischenraum nehmen lassen. Alles klappte ausgezeichnet. Ich sah mich noch schnell danach um. Als wir auf 100 Schritt ran waren an die Kerls, war das Ziel auf einmal verschwunden. Ich traute meinen Augen kaum. Jetzt erkennen wir's: sie sind in einen deckenden Graben gesprungen, aus dem heraus sie nun wie wild auf uns feuern. Doch wir jagen in wilder Fahrt weiter in derselben Richtung, überwinden sogar den über 4 m breiten, besetzten Graben. Stich rechts zur Erde und weiter. Die Stiche saßen. Der bei mir reitende kleine Uffz.d.R. Möller stürzt von 3 Kugeln getroffen zur Erde. Da sehe ich halblinks an einem Strohhaufen einen russischen Stab stehen, halbrechts etwa 100 Kosaken zu Pferde. „Linker Flügelzug die Offiziere an dem Strohhaufen da!" Ich zeige mit dem Säbel hin, zwei, dreimal schreie ich es den Leuten zu. Umsonst! Bei dem starken Sturm und dem Gepfeife der Kugeln mögen sie mich nicht verstehen. Oder ist der Grund der, daß sich auch halbrechts Kosaken zeigen? Ich weiß es nicht. Auf sie drehe ich die drei anderen Züge jetzt ein und jedenfalls reitet mir die ganze Schwadron nach: „Halbrechts, auf die Kosakenhunde!" „Hurrah" brüllen wir mit wahnsinniger Stimme. Für jede Lanzenspitze ist schon so ein Kerl bestimmt. Da – auf einmal machen sie kehrt und reißen aus. Wir hinterher in schärfstem*

*Galopp. Da sehe ich einige Kosaken stürzen, unsere Lanzen sorgen dafür, daß die Kerls nicht wieder auf ihre Pferde hinaufkommen. Immer weiter prasseln die Kugeln auf uns hernieder, von allen Seiten zirpen und surren und pfeifen sie an. Auch von hinten schießt man auf uns aus dem Graben heraus. Doch immer weiter geht die wilde Jagd hinter den Kosaken her. Aber unsere Pferde sind schon zu toll ausgepumpt in dem tiefen Boden. Der Abstand von den Kosaken wird immer größer. Auf 10 Schritt waren wir schon an sie herangekommen. Und das Feuer auf uns wird noch immer toller. Ich sehe mich nach allen Seiten um. Die Pferde von meinen Kerls sind ausgepumpt, die anderen Schwadronen vom Attackefeld schon verschwunden. So fasse ich den Entschluß, da weiterer Durchstoß mit meinen wenigen überlebenden Reitern zwecklos ist, den Rest der Schwadron im Bogen rechts herum zurückzuführen. Kein anderer Weg bleibt mir wegen des angrenzenden Sumpfes. Noch einmal geht es durch die feindliche Infanterielinie hindurch und wieder über den Graben zurück. Stich rechts zur Erde. Als einziges Ziel auf dem Attackefelde haben wir nun allein den ganzen Kugelregen auszuhalten. Traurigen Herzens blicke ich auf den Rest meiner Schwadron hin, den ich aus dem Feuerhagel mit zurückbringe.*

Das Dragonerregiment Nr. 13 verlor an diesem Tag gut die Hälfte seiner Mannschaft. Allein an Toten waren 7 Offiziere und 108 Dragoner zu verzeichnen, darunter auch Wilhelm Eisenberg aus Berxen. Im Zusammenwirken mit der nachrückenden Infanterie wurde die Ortschaft aber dennoch eingenommen und der nachrückenden Division der weitere Weg nach Lodz geöffnet.

Am 15. November kam die nächste Verlustmeldung aus dem Osten: Der Maler und Unteroffizier der Reserve Dietrich Eiskamp aus Bücken wurde bei der Mobilmachung zum RIR 61 in Danzig eingezogen. Das RIR 61 nahm im Rahmen der 8. Armee zunächst an der Schlacht von Tannenberg teil, um hernach der 9. Armee unterstellt zu werden. Eiskamps Name findet sich sowohl auf dem Bücker Denkmal wie im Eisernen Buch. Er fiel bei Patrowek an der Weichsel. Seine Einheit gehörte zum I. Reservekorps, dass, nachdem am 12. November bei Borzymie die Dragoner den Weg gebahnt hatten, jetzt in Gewaltmärschen in den Rücken der 2. russischen Armee gelangt war.

Zehn Tage später, am 22. November, fiel Ernst Nordhausen aus Eitzendorf im RIR 231, ebenfalls in der Schlacht um Lodz. Nordhausens Regiment gehörte zu den neu aufgestellten Einheiten (RIR 201 ff, die im Oktober weitgehend an die Front in Flandern geschickt worden waren), von denen die RIR 225 bis 232 das XXV. Reservekorps bildeten. Dieses Korps kam von Anfang an im Osten zum Einsatz. Das XXV. Reservekorps gelangte ebenfalls in den Rücken der 2. russischen Armee, wurde aber nun selbst von mehreren Seiten (da die 1. und 5. russische Armee zur Unterstützung ihrer bedrängten 2. Armee anrückten) angegriffen und wäre beinahe umzingelt worden. Das Korps konnte sich im letzten Augenblick der Umfassung entziehen und zu den eigenen Einheiten durchschlagen, hatte dabei aber schwere Verluste zu verzeichnen. Nordhausen ist mit den obigen Daten zwar im Eisernen Buch, nicht aber in den Verlustlisten verzeichnet.

In dieser Offensive gegen Lodz und Warschau fielen am 23. November auch der Füsilier Konrad Welling aus Vilsen vom 11./Garde-Füsilier-Regiment (bei Boronow/Weichsel), das auch an dem Einschließungsversuch gegen die 2. russische Armee östlich von Lodz beteiligt war. Ebenfalls im Zusammenhang mit dieser Schlacht fielen am 27. November 1914 der Reservist Hermann Harms aus Schweringen (bei Gutschewo/Oberschlesien) im Königsberger Grenadier-Regiment Nr. 1 und am 28. November Hermann Friedrichs aus Martfeld vom 11./IR 59. Gebürtig war Friedrichs ausweislich der Verlustlisten aus Büngelshausen, Kreis Hoya. Die Schlacht um Lodz endete letztlich unentschieden, da eine Umfassung und Vernichtung der 2. russischen Armee nicht gelungen war. Das eigentliche Ziel, die Russen von einem Angriff auf Schlesien abzuhalten, wurde aber erreicht. Die russische Heeresleitung zog ihre mitgenommenen und durcheinander geratenen Armeen zur Neugruppierung an die Wechsel zurück und räumte die Stadt Lodz, die im Dezember 1914 dann kampflos von den Deutschen besetzt werden konnte.

In Ostpreußen fiel - bei der Abwehr begrenzter russischer Vorstöße auf die Winterstellung der 8. Armee - am 25. Dezember schließlich noch der

Arbeiter und Kriegsfreiwillige Friedrich Biermann aus Hoya (am Poprodtker Berg in Ostpreußen bei IR 45). Der letzte Kriegstote aus dem Kreis Hoya des Jahres 1914 war Heinrich Deike aus Holtrup. Deike verstarb am 30. Dezember im Lazarett in Hoya, nachdem er – wahrscheinlich ebenfalls in den Oktoberkämpfen – bei 12./RIR 260 in Flandern verwundet und zurück in die Heimat transportiert worden war. Offen bleibt damit noch das Schicksal des Unteroffiziers Ludwig Schoof aus Schweringen. Im Eisernen Buch wird er ohne nähere Angaben als „seit 1914 vermisst" gelistet. In den Verlustlisten ist sein Name dagegen nicht zu finden.

### c) Hoyaer in Übersee

*(1) Afrika*

Kurz nach Ausbruch des Ersten Weltkriegs wurde die etwa fünftausend Mann starke Schutztruppe der deutschen Kolonie Südwestafrika von überlegenen britischen Einheiten im Süden des Landes - an der Grenze zu Südafrika - angegriffen. Im Norden des Landes, an der Grenze von Portugiesisch-Angola, wurden währenddessen am 19. Oktober 1914 zwei deutsche Soldaten sowie der Bezirkshauptmann von Outjo, Hans Schultze-Jena, am portugiesischen Grenzfort Naulila bei Verhandlungen bezüglich eines Nichtangriffspaktes von einer portugiesischen Einheit ermordet (Obwohl Deutschland und Portugal sich bis 1916 nicht miteinander im Kriegszustand befanden). Als

Reaktion darauf wurde ein 500 Mann starkes Bataillon der Schutztruppe nach Naulila geschickt. Trotz der zahlenmäßigen Überlegenheit der Portugiesen wurde das Fort am 18. Dezember 1914 von den Deutschen erobert. Es fielen etwa 160 Portugiesen und 31 Schutztruppler, darunter der Hoyaer Henry Isenbeck, der zu einer der Geschützbedienungen der begleitenden Feldartillerie gehörte. Fort Naulila wurde im Zuge des Gefechts vollkommen zerstört. Im Juli 1915 musste die Schutztruppe gegenüber den Briten kapitulieren, womit die Kolonie verloren war.

*(2) Asien*

Heinrich Thies, geboren am 11. Januar 1881 in Uenzen (gestorben 1955 in Hoya) war im zunächst ganz friedlichen Sommer 1914 als Postsekretär beim kaiserlichen deutschen Postamt in Shanghai tätig. Mit der Mobilmachung wurde er als Gefreiter der Landwehr zum 3. Seebataillon in die deutsche Kolonie nach Tsingtau eingezogen. Stadt und Hafen Tsingtau waren seit 1898 für 99 Jahre an das Deutsche Reich verpachtet. Der Hafen wurde zu einem Hauptstützpunkt des Ostasiengeschwaders der Marine. Thies wird also irgendwie einen Zug nach Tsingtau genommen und sich dann in die Reihen des dort stationierten Bataillons der Marineinfanterie eingegliedert haben. Ab dem 13. September wurde Tsingtau von angelandeten japanischen und englischen Truppen belagert. Das deutsche Ostasiengeschwader unter Vizeadmiral Graf Spee, das die Kolonie bislang bewacht hatte, war vor überlegenen feindlichen

Streitkräften ausgelaufen, so dass Truppenanlandungen nicht verhindert werden konnten. Die deutsche Truppenstärke belief sich auf etwa 4700 Soldaten. Allein die japanische Armee landete aber kurzfristig etwa 56.000 Mann an, die nach mehreren vergeblichen Sturmangriffen schließlich am 7. November die Stadt zur Kapitulation zwangen. Die deutschen Verluste beliefen sich auf 194 Tote und 400 Verwundete. Thies geriet in japanische Kriegsgefangenschaft, aus der er erst im Dezember 1919 entlassen wurde.

# IV. Ordensverleihungen

## 1. Die ersten Orden

Im Oktober 1914 wurde auch erstmals ein Hoyaer mit dem begehrten Eisernen Kreuz (zunächst allein der II. Klasse) ausgezeichnet. Das Hoyaer Wochenblatt berichtete unter dem 16. Oktober, dass der achtundzwanzigjährige Leutnant d.R. Karl Stockmann, Regierungsbauführer beim Hoyaer Wasserbauamt, für vorbildliche Tapferkeit im RIR 74 das erste EK II. im Flecken Hoya erhalten habe. Allerdings hatte das Wochenblatt bereits am 25. September über einen Bücker berichtet:

*„Das Eiserne Kreuz. – Die Kriegsbegeisterung. Eine große Freude wurde dieser Tage dem Schneidermeister Siemers in Bücken bereitet, als er die Nachricht erhielt, daß seinem jüngsten Sohne, dem Sergeanten Heinrich Siemers im Oldenburger Dragoner-Regiment das Eiserne Kreuz verliehen worden sei. Der tapfere Reitersmann hat es sich auf einem Patrouillenritt in Frankreich verdient. Außer dem erwähnten hat Vater Siemers noch 2 Söhne und 3 Schwiegersöhne als Kämpfer im Feindesland stehen."*

Ein Heinrich Siemers aus Bücken ist in den Verlustlisten nicht zu finden, so dass er den Krieg unversehrt überstanden haben dürfte. Am 26. Oktober berichtete die Zeitung auch über den ersten in Hoya von einem Soldaten vor Ort getragenen Orden:

„Am Sonnabend sahen die Hoyaer zum erstenmale einen mit dem „Eisernen Kreuz" dekorierten Krieger in den Straßen von Hoya. Es war der Sohn der hiesigen Witwe Beckmann, der nach inzwischen erfolgter Heilung seiner Verwundungen in den nächsten Tagen wieder zur Truppe abgeht."

Danach ging die Ordensverleihung rascher. Anfang November berichtete das Hoyaer Wochenblatt:

„Das Eiserne Kreuz erhielt ferner aus unserer engeren Heimat: Der Lehrer Plaggemeyer aus Schweringen, Feldwebel im Res-Inf-Reg Nr. 74. Er ist aus der kleinen Gemeinde Schweringen bereits der vierte, der mit diesem ehrenvollen Tapferkeitsorden ausgezeichnet wurde."

Plaggemeyer scheint den Krieg überlebt zu haben. In den Verlustlisten findet sich zumindest kein Eintrag zu diesem Namen mit diesem oder einem höheren Dienstgrad.

Am 13. November berichtete die Hoyaer Zeitung:

„Das Eiserne Kreuz haben jetzt – soweit wir unterrichtet sind – schon 10 Hoyaer erhalten, und zwar Reg-Bauführer Lt. Stockmann (am Wasserbauamt Hoya), Gefreiter Fr. Gumprecht (Tel-Kommando), Sohn des hiesigen Bürgers Gumprecht, Heinr. Beckmann (Infant.), Sohn der hiesigen Witwe Beckmann, Kraftwagenführer Robert Gulitz, Sohn des hiesigen Bürgers Gulitz, Oberwachtmeister Gerboth-Hoya (Armee-Gendarmerie), Assistenzarzt Dr. med. Richard Petzold aus Hoya, Sohn der Frau Buchdruckereibesitzer

*Agnes Petzold, Lehrer Thies, Sohn des hiesigen Ziegelmeisters Thies; zu diesen 7 schon früher erwähnten sind noch neuerdings hinzugekommen: Amtsrichter Lt.d.R. Rudolph Mühlenfeld, Sohn des hiesigen Apothekenbesitzers Mühlenfeld, Lt.d.R. Ulrich von Behr, Rittergutsbes. in Stellichte, Sohn des verstorbenen Rittergutsbesitzers W.v.Behr-Hoya, Oberlehrer Leutnant d.R. und Adjutant Alfred Rahtge, Sohn des hiesigen Uhrmachers Rahtge."*

Der Diplom-Ingenieur und Regierungsbauführer Karl Stockmann, geboren am 26. Juli 1886 in Brandenburg/Havel, war Kompanieführer im 8./RIR 74 und fiel im August 1915 in den Vogesen. Sein Nachruf im Hoyaer Wochenblatt vom 14. August 1915 lautete:

*„Einen schweren Verlust hat das hiesige Wasserbauamt erlitten. Aus den Vogesen kommt die traurige Nachricht, daß dort in den ersten Augusttagen der Regierungsbauführer, Leutnant der Reserve Stockmann gefallen ist. Der Gefallene, der beim hiesigen Königlichen Wasserbauamt beschäftigt war, erfreute sich hier wegen seines liebenswürdigen Wesens allgemeiner Beliebtheit. Er zog gleich zu Beginn des Krieges ins Feld und war der erste Hoyaer, der mit dem Eisernen Kreuz ausgezeichnet wurde. Nachdem er nun über ein Jahr lang alle Fährlichkeiten des Krieges glücklich überstanden hat, mußte auch er als Opfer auf dem Altar des Vaterlandes dargebracht werden."*

Der ebenfalls ausgezeichnete Gefreite Friedrich Gumprecht, geboren am 15. Februar 1891, überlebte den Krieg, leitete bei der Stadt Hoya später die Kämmerei und verfasste eine im

Heimatmuseum Grafschaft Hoya erhalten gebliebene Orts-Chronik. Er verstarb 1971 in Hoya. Heinrich Beckmann, Robert Gulitz und genannter Oberwachtmeister Gerboth lassen sich nicht weiter fassen. In der Familie Petzold gab es bis zum Mai 1915 jedenfalls bereits vier Eiserne Kreuze:

*"Daß alle 4 Söhne einer Familie das Eiserne Kreuz erhielten, ist gewiß ein bemerkenswerter Fall. Frau Agnes Petzold, Inhaberin des Hoyaer Wochenblattverlages, hat drei Söhne und einen Schwiegersohn im Felde stehen. Zwei Söhne – Artillerie-Leutnant d. Res. Gustav Petzold und der Assistenzarzt d. Res. bei einem Dragonerregiment, Dr. Richard Petzold, sowie der Schwiegersohn, Stabsarzt in einem Artillerie-Reg., Dr. Schmidt, erhielten das Kreuz schon vor längerer Zeit; nunmehr wurde auch der vierte Sohn, Leutnant d.R. und Kompanieführer Karl Petzold nach den letzten Sturmangriffen bei Ypern mit dieser Auszeichnung bedacht."*

Karl Petzold, geboren am 31. Juli 1880, wurde noch des Öfteren in der Zeitung erwähnt. Am 29. März 1915 erhielt er demnach „durch allerhöchste Kabinettsorder" die Beförderung vom Vize-Feldwebel zum Leutnant. Am 17. Januar 1916 wurde darüber berichtet, dass er für sein tapferes Vorgehen an der Spitze seiner Kompanie gegen einen englischen Schützengraben in Flandern das oldenburgische Friedrich-August-Kreuz erhalten habe. Für hervorragende Tapferkeit in den letzten schweren Kämpfen an der Somme sei ihm, so ein Artikel vom 14. November 1916, dann auch das EK I. verliehen worden:

*"Herr Petzold hat zwischen Biaches und La Maisonette mit seiner Kompanie zwei französische Gräben mit Erfolg gestürmt."*

Die Verlustlisten meldeten am 16. Juni 1917 eine leichte Verwundung. Am 6. Oktober 1917 wurde Petzold dann aber als vermisst gemeldet. Ausweislich der Regimentsgeschichte des ResErsReg Nr. 4 ist er bei Verdun, westlich der Höhe 304 im Wald von Malancourt, nachdem seine Kompanie bei einem französischen Angriff abgeschnitten und aufgerollt worden war, vermisst und 1919 gesetzlich für tot erklärt worden.

Der Petzoldsche Schwiegersohn, Stabsarzt Dr. Dietrich Schmidt, diente bei der Feldartillerie im RFAR 48. Er wurde nach einem Zeitungsbericht vom 14. September 1916 für seinen Einsatz mit dem hessischen Militärsanitätskreuz ausgezeichnet und war zu dieser Zeit bei der „Südarmee" in Ostgalizien im Einsatz:

*„Der neue Orden wurde Herrn Dr. Schmidt mit dem Bande der Tapferkeitsmedaille verliehen."*

Im Februar 1918 starb Dr. Meyer an der Front in Obermorschweiler im Elsass an einem Herzschlag. Gustav und Richard Petzold dürften den Krieg dagegen überlebt haben. Am 6. Juli 1918 berichtete das Wochenblatt:

*„Das EK 1. Klasse ist dem Oberleutnant d.R. Gustav Petzold, ältestem Sohn der Frau Buchdruckereibesitzer Petzold, bei einem Lichtmesstrupp an der Westfront verliehen worden."*

Der jüngste Bruder, Dr. med. Richard Petzold, erhielt laut Meldung vom 22. Dezember 1917 das EK. I. bei einer Sanitäts-Kompanie. Zu den ferner Genannten (Lehrer Thies, Amtsrichter Lt.d.R. Rudolph Mühlenfeld und Lt.d.R. Ulrich von Behr, Stellichte, Sohn des verstorbenen Rittergutsbesitzers W.v.Behr-Hoya), lassen sich keine weiteren Daten in den Verlustlisten finden.

Der aus Hoya gebürtige Oberlehrer Alfred Rahtge, der an einer Schule in Eutin unterrichtete und sich dort ausweislich einer Zeitungsanzeige noch am 1. August 1914 „beehrte, seine Verlobung mit Fräulein Gretel Petersen bekannt zu geben", wurde unmittelbar nach der ihn betreffenden Meldung der Ordensverleihung im RIR 213 bei Langemark in Flandern – noch als Offizier-Stellvertreter - schwer verwundet. Am 1. August 1916 vermeldete das Hoyer Wochenblatt, dass er – offenbar vollständig genesen - als Leutnant und Führer einer MG-Abteilung nun auch mit dem hamburgischen Hanseatenkreuz ausgezeichnet worden sei. Die nächste greifbare Meldung datiert erst vom April 1918, wonach er, nunmehr bereits als Oberleutnant und Adjutant im türkischen Hauptquartier, vom Osmanischen Reich den Orden „Eiserner Halbmond", der dem deutschen Eisernen Kreuz entsprach, verliehen bekommen habe. Endlich erhielt er im Sommer 1918 auch noch das Österreichische Militär-Verdienstkreuz.

Bereits am 23. November 1914 berichtete das Wochenblatt weiter:

*„Der zwölfte Hoyaer, der sich das Eiserne Kreuz*

*erwarb, ist der Wehrmann Johann Thies aus Hoya (Teilhaber der Firma Johann Thies & Co.). Er steht im Inf-Reg. Nr. 215, daß in den heißen Kämpfen in Nordfrankreich schwer gelitten hat."*

Thies diente beim RIR 215 und wurde hernach zum Unteroffizier befördert. Er fiel 1916 in Flandern. Die von ihm 1908 in Hoya gegründete Firma Thies & Co. floriert bis heute. Sie wurde ab 1919 von seinem 1914 in Tsingtau in japanische Kriegsgefangenschaft geratenen Bruder Heinrich Thies (s.o.) nach dessen Rückkehr fortgeführt. Ein anderer Kaufmannssohn erhielt nach Angaben des Wochenblattes vom 17. Oktober 1917 späterer ebenfalls das Eiserne Kreuz:

*„Das EK erwarb sich im Osten der Musketier Fritz Lühmann, Sohn des Kaufmanns Chr. Lühmann hierselbst."*

## 2. Das Eiserne Kreuz 1. Klasse

Die ersten EK I. erhielten dann im Sommer 1915 Leutnant d.R. Erich Hesse (gebürtig aus Verden, in Hoya als Postsekretär am Kaiserlichen Postamt bedienstet) und der aus Hoya gebürtige Oberleutnant d.R. Wilhelm Trefurt sowie der damalige Landrat des Kreises Hoya, Major d.R. Dr. Iker, der seit 1914 als Reserveoffizier bei der Artillerie diente.

Hesse hatte sich bereits im Oktober 1914 das EK II verdient. Das Hoyaer Wochenblatt berichtete am

16. Oktober dazu:

*"Das Eiserne Kreuz erhielt der zuletzt am Postamt Hoya angestellt gewesene Postassistent Hesse, Offizierssstellvertreter und Kompanieführer im Inf-Regiment 73. Er erwarb sich die Auszeichnung in einem Nachtgefecht, als die Offiziere seiner Kompanie sämtlich gefallen waren und er die Führung übernahm."*

Hesse diente tatsächlich allerdings nicht beim „IR 73" sondern beim RIR 73. Er avancierte rasch zum Leutnant, da er ausweislich der Verlustlisten zwischen dem 19. Dezember 1914 und 10. Januar 1915 als Leutnant beim Stab des I. Bataillons leicht verwundet wurde. In der Verlustliste vom 23. Juni 1915 wurde er, jetzt schon als Oberleutnant und Kompanieführer der 2. Kompanie, erneut als leicht verwundet gemeldet. Eine weitere Verwundung wurde am 7. August 1916 gemeldet. Über die Verleihung des EK I. berichtete das Hoyaer Wochenblatt am 15. Juli 1915 ausführlich:

*"Wie ein Hoyaer das Kreuz I. Klasse erhielt. Es war eine stürmische Nacht. Ein orkanischer Wind fegte über die Schützengräben dahin, plötzlich einsetzender Platzregen fuhr den im Graben wachehaltenden Mannschaften wie mit Peitschen durchs Gesicht. Ab und zu durchbrach der Mond die am Himmel sich türmenden Wolkenwände, um das Gelände kurze Zeit zu erhellen. Leuchtraketen stiegen hüben und drüben auf, aber der rasende Sturm entführte sie sehr bald. Plötzlich ein dumpfer Knall. Das von einer Kompanie des Hann. Res-Reg. Nr. 73 besetzte Grabenstück ist durch Minen in die Luft gesprengt. Zu gleicher Zeit*

*schleudert feindliche Artillerie große Massen Eisenhagel auf die noch besetzten deutschen Gräben. Die Deutschen wissen genug, ein Angriff steht bevor. Und in der Tat, nachdem das Artilleriefeuer eine zeitlang gewirkt hatte, stürmte die feindliche Infanterie auf die Sprengstelle los und besetzte den Graben. Die Kunde von dem Eindringen des Gegners erreicht den Abschnittskommandeur. Dieser gibt zwei Kompagnien den Befehl, sofort einen Gegenstoß zu unternehmen. Lautlos erklimmen die Mannschaften den Rand der hinteren Gräben und eilen mit aufgepflanztem Seitengewehr dem Feinde entgegen. Von der rechten Anschlußkompagnie erreichte der Leutnant der Reserve Hesse, Postassistent am hiesigen Postamt, mit seinem Zuge den hinteren Graben zuerst, und seine Leute werfen mit brausendem Hurrarufen den Feind aus seiner Stellung wieder hinaus. Leider wird der Anschluß mit den links von ihm stürmenden Zügen nicht erreicht, so daß dazwischen eine Lücke klafft, in der sich noch zahlreiche Feinde befinden. Der aus dem Graben zurückgeworfene Gegner macht gegen Hesse Front und der Zug läuft Gefahr, von einer erdrückenden Übermacht angegriffen, in Gefangenschaft zu geraten. In diesem Augenblick höchster Not erklingt das Schutz- und Trutzlied: „Deutschland, Deutschland über alles." Hesse hat es angestimmt und sogleich fallen seine Leute mit ein. Mächtig brausen die Verse durch die Luft. Das deutsche Lied verfehlte seine Wirkung nicht. Durch den Gesang eingeschüchtert, verläßt der Feind fliehend den Graben, verfolgt vom wohlgezielten Feuer der kleinen Truppe des Leutnants Hesse. Hesse wurde für seine Geistesgegenwart und sein tapferes Verhalten mit dem*

*Eisernen Kreuz I. Klasse belohnt."*

Am 5. Januar 1916 meldete dieselbe Zeitung, allerdings ohne nähere Begründung, dass Hesse auch mit dem herzoglich braunschweigischen Kriegsverdienstkreuz ausgezeichnet worden sei. Hesse wurde ausweislich der Verlustlisten in 1915 und 1916 verwundet und war bis Sommer 1916 noch Kompanieführer im RIR 73. Danach wurde er offenbar zu einer anderen Einheit versetzt, da sich sein Name in den Stellenbesetzungslisten des Regiments nun nicht mehr finden. Jedenfalls dürfte er den Krieg überlebt haben.

Trefurt, dessen Familiennamen heute noch das von seinem Vater betriebene Geschäftshaus in der Deichstraße in Hoya ziert, war offenbar gleich zu Kriegsbeginn zum Oberleutnant befördert worden und zunächst Zugführer im „Brigade-Ersatz-Bataillon" Nr. 32. Aus drei solcher Bataillone wurde Ende 1914 das Reserve-Ersatz-Regiment Nr. 4 gebildet. Am 21. Juli 1915 wurde er dort schwer verwundet. Dazu hieß es im Wochenblatt:

*„Das Eiserne Kreuz erster Klasse wurde dem Sohn des Kaufmanns Trefurt, dem Oberleutnant W. Trefurt verliehen. Dieser wurde kürzlich an Hand und Fuß verwundet und liegt augenblicklich im Lazarett in Landau in der Pfalz. Die Franzosen schossen mit Granaten nach deutschen Fliegern. Zwar verfehlten die Granaten ihr Ziel, aber beim Herunterfallen wurde Trefurt von einem Splitter so unglücklich getroffen, daß er in seiner kriegerischen Laufbahn eine unfreiwillige, längere Pause eintreten lassen musste. Die Wunde ist nicht leicht, doch hofft er im September wieder*

*dienstfähig zu sein. Als er kaum im Lazarett angekommen war, erhielt er von seinem Major folgenden Brief: „Mein lieber Trefurt! Ich bin ganz erschrocken und tief betrübt über Ihre Verwundung und hoffe zu Gott, daß sie nicht zu ernster Natur ist. Wie sehr ich gerade Sie, mein lieber Trefurt, geschätzt habe und wie schwer der Verlust für das Bataillon ist, der es mit Ihrer Verwundung trifft, brauche ich nicht erst zu erörtern. Lassen Sie mich, bitte, bald durch den Arzt wissen, wie es Ihnen geht. Herzlichste Grüße, Ihr sehr ergebener Filner". Einige Tage darauf erhielt er von demselben Major folgenden Brief: „Mein lieber Trefurt! Es ist mir eine Herzensfreude, Ihnen heute das Eiserne Kreuz erster Klasse übersenden zu können. Ich bedaure nur, daß ich es Ihnen nicht persönlich übergeben kann und daß Sie von uns scheiden mußten. Die hohe Auszeichnung war Ihnen längst zugedacht, schon seit der ersten Zeit im Priesterwald, dann im Mort Mare. Tragen Sie es mit gerechtem Stolz."*

Trefurt wurde nach seiner Genesung zum im Juli 1915 neu aufgestellten IR 364 versetzt. Sein weiteres Schicksal ist unklar. In den Verlustlisten taucht sein Name jedenfalls nicht mehr auf.

Der Landrat des Kreises Hoya, Hauptmann d.R. Dr. Paul Iker, stammte aus der Provinz Posen und hatte in Lausanne und Berlin Jura studiert. 1903 wurde er, mit 35 Jahren, zum Landrat des Kreises Hoya ernannt. Er diente 1914 als Reserveoffizier bei der Artillerie im 1. Garde-Feldartillerie-Regiment und ab 1915 im RFAR 46. Im Sommer 1915 wurde er zum Major und Abteilungskommandeur befördert. Das EK I.

erhielt er nach einer Zeitungsmeldung vom 5. Januar 1916 zum Jahresende 1915. Wahrscheinlich schied er im Jahre 1917 aus der Armee aus. Jedenfalls wurde er noch 1917 zum Landrat des Landkreises Sagan in Niederschlesien ernannt (https://de.wikipedia.org/wiki/Paul_Ikier).

## 3. Die ranghöchsten Orden

Die „allerhöchste" denkbare Auszeichnung – nämlich das EK II unmittelbar aus den Händen seiner Majestät Kaiser Wilhelm II. – erhielt mindestens zwei Hoyaer. Das Hoyaer Wochenblatt teilte am 26. Juni 1916 mit, dass dem Musketier Diedrich Wendt aus Duddenhausen, Sohn des gleichnamigen Brinksitzers, für sein tapferes Verhalten bei einem Sturmangriff auf russische Stellungen, das Eiserne Kreuz von „Seiner Majestät dem Kaiser" anlässlich eines Frontbesuchs persönlich überreicht worden sei. In der Verlustliste vom 22. Juni 1918 wird Wendt später als schwer verwundet gemeldet. Im Mai 1918 erhielt auch noch der bei einer Luftschifferabteilung schwer verwundete Unteroffizier Heinrich Bischoff, Sohn des Hoyaer Seilermeisters Heinrich Bischoff, in einem Lazarett in Flandern anlässlich eines Truppenbesuchs des Kaisers das Eiserne Kreuz unmittelbar aus dessen Händen.

Den vom Rang her höchsten Orden verdiente sich (nachdem er das EK II. und EK I. bereits erhalten hatte) der gebürtige Duddenhäuser und spätere Bürgermeister von Hoyerhagen, Dietrich Asendorf. Asendorf diente seit Anfang 1915 beim niedersächsischen IR 77 und erhielt für besondere Tapferkeit in der Frühjahrsoffensive von 1918 das Goldene Preußische Militärverdienstkreuz, das als erneuerter Orden erst ab Oktober 1916 an die Truppe ausgegeben wurde. Dieser Orden, auch als „Pour le Merite" der Mannschaften und Unteroffiziere bezeichnet (da das Pour le Merite selbst nur an Offiziere verliehen wurde) wurde im Ersten Weltkrieg überaus selten verliehen: Lediglich 1807 von ca. 8 Millionen gedienten Soldaten erhielten diese höchste Auszeichnung. Asendorf, Jahrgang 1894, wurde im Januar 1915 zum Ersatzbataillon des IR 77 nach Celle einberufen, von wo er zum damals an der Front in der Champagne stehenden Regiment gelangte. Das EK II erhielt er bereits 1915, das EK I dann im Jahre 1917. Ausweislich einer Würdigung seiner Verdienste berichtete die Kreiszeitung 1975 über den Werdegang des damals Achtzigjährigen: Bei einem Meldegang stieß er 1917 auf einen mit englischen Soldaten besetzten Stollen und brachte ganz alleine acht Engländer als Gefangene ein. Dafür erhielt er das EK I. Das Goldene Militär-Verdienstkreuz erhielt er 1918, als sein ganzes Bataillon bei einem französischen Vorstoß eingeschlossen wurde. Im schwersten Sperrfeuer überbrachte er diese Meldung zusammen mit einem Kameraden – durch den Umschließungsring - dem rückwärtigen Regimentsgefechtsstand. Sein Begleiter verlor durch Geschosssplitter ein Bein und blieb auf halbem Wege liegen. Asendorf brachte die Meldung an ihr Ziel und nahm auf seinem Rückweg vom Regimentsstab zum Bataillon seinen liegengebliebenen verwundeten Kameraden mit durch das Trichtergelände zurück. Ein bayerisches Regiment konnte dann auf Asendorfs überbrachte Nachricht hin das abgeschnittene Bataillon im Gegenangriff befreien. Dafür erhielt Asendorf das Militärverdienstkreuz und eine Beförderung zum Unteroffizier. Nach dem Krieg (und auch noch nach dem Zweiten Weltkrieg) erhielten sämtliche Ordensträger einen monatlichen Ehrensold und schließlich auch ein militärisches Ehrenbegräbnis. Als Asendorf 1940 erneut zum Wehrdienst eingezogen wurde, wurde er als Ordensträger anlässlich der 25jährigen Wiederkehr des Sieges bei Tannenberg zum Leutnant befördert.

# V. Hoyaer im Krieg zur See

## 1. Das Seegefecht vor Texel

Im August und September 1914 fanden Seegefechte vor allem in Übersee statt. Das aus Tsingtau ausgelaufene Ostasiengeschwader unter Vizeadmiral Graf Spee führte Kreuzerkrieg und die U-Boote errangen in der Nordsee erste Erfolge. Ein erstes Seegefecht der Überwasserstreitkräfte vor Helgoland am 28. August hatte mit einem Verlust dreier Kleiner Kreuzer geendet, woraufhin weitere Unternehmungen zunächst ausgesetzt wurden. Die nächste größere Aktion der kaiserlichen Marine fand erst am 17. Oktober 1914 statt. Um 9 Uhr morgens liefen die vier Torpedoboote S 115, S 117, S 118 und S 119 von Emden aus, um vor der Themsemündung Minen zu legen. Die Boote waren älteren Baujahrs (1903), ausgelegt für eine Geschwindigkeit von maximal 26 Knoten, und mit ihren drei kleinen 5-cm Geschützen den neueren Torpedobootszerstörern der Royal Navy in allen Belangen unterlegen. Der Marineleitung war bewusst, dass die in den britischen Gewässern geplante Aktion – ohne jegliche Unterstützung durch Großkampfeinheiten – ein wahres Himmelfahrtskommando darstellte. Aus diesem Grunde war es den Besatzungen freigestellt, ob sie an der Unternehmung freiwillig teilnehmen wollten oder nicht. Einer dieser Freiwilligen war der aus Hoya gebürtige Louis Soltau.

Tatsächlich wurde die kleine deutsche Flottille gegen Mittag vor der Insel Texel vom englischen Leichten Kreuzer HMS Undaunted und vier Torpedobootszerstörern gesichtet und nach kurzer Verfolgung gestellt. Obwohl die deutschen Boote sofort umdrehten, war es ihnen nicht möglich, den schnelleren englischen Schiffen zu entkommen. Die Briten teilten ihren Verband und griffen zuerst S 118 an, das um 15:17 Uhr im vernichtenden Feuer der Schiffsgeschütze sank. Dann wurde S 115 so schwer getroffen, dass es nicht mehr steuerbar war. Die beiden verbliebenen deutschen Torpedoboote unternahmen noch einen verzweifelten Angriff auf die Undaunted, die aber ausweichen konnte und ihr Feuer auf die angreifenden Boote konzentrierte. Um 15:30 Uhr sank dann S 117 und nur fünf Minuten später auch das Führerboot S 119, nachdem es noch einen letzten Torpedoangriff durchgeführt hatte. Ein Torpedo der S 119 traf sogar eine der britischen Einheiten, explodierte aber nicht. Das letzte noch schwimmende, aber längst manövrierunfähige Boot S 115 wurde von den Briten geentert, die an Bord des vollkommen zerschossenen Bootes nur noch einen einzigen überlebenden Deutschen gefangen nehmen konnten. Danach versenkte die Undaunted um 16:30 Uhr auch dieses Boot. 218 deutsche Seeleute fanden den Tod, nur 30 wurden von den Briten gefangen genommen. Zwei weitere deutsche Seeleute wurden noch am nächsten Tag von einem niederländischen Fischerboot gerettet (https://de.wikipedia.org/w/index.php?title=Seegefecht_vor_Texel).

Der Torpedo-Matrose Louis Soltau, der zur Mannschaft der S 119 gehörte, war einer der wenigen Überlebenden des Gefechts. Im November konnte er seinen Eltern in Hoya eine Postkarte mit einem Lebenszeichen aus der britischen Gefangenschaft zusenden, worüber auch das Hoyaer Wochenblatt am 26. Oktober berichtete:

*„Die hiesigen Eheleute Soltau empfingen diese Tage von ihrem Sohn Louis Soltau eine in Harwich in England aufgegebene Postkarte, in welcher er mitteilt, daß er bei dem am 17. Oktober erfolgten Untergang des Torpedoboots S. 119 gerettet und in Gefangenschaft geraten sei. Bekanntlich waren am 17. Oktober die 4 älteren Torpedoboote S. 115, 117, 118 und 119 bei der holländischen Küste von dem großen englischen Panzerkreuzer „Undaunted" und von einer größeren Anzahl englischer Torpedoboote angegriffen worden. Nach heldenmütiger Gegenwehr, die nachweisbar den Engländern schweren Schaden zufügte, wurden die 4 kleinen deutschen Torpedoboote von der vielfach überlegenen Übermacht zum Sinken gebracht, wobei der allergrößte Teil der Besatzung, etwa 190 Mann, den Heldentod fand. Nur 31 Mann wurden gerettet, und zu diesen gehört unser Landsmann Louis Soltau. Wie er schreibt, geht es ihm trotz seiner Verwundung gut. Die Eltern hatten keine Hoffnung mehr gehabt, je von ihm ein Lebenszeichen zu erhalten. Ein zweiter Sohn der Soltauschen Eheleute gehört auch der Marine an und befindet sich auf Helgoland."*

Weniger Glück als Louis Soltau hatte sein Kamerad Heinrich Witte, gebürtig aus Süstedt, der als Torpedo-Maschinisten-Maat auf S 118 diente. Witte wurde in derselben Marine-Verlustliste Nr. 10 vom 5. November 1914 zunächst als vermisst und dann nachträglich am 2. Januar 1916 als gefallen gemeldet. Im Eisernen Buch und auf dem Asendorfer Denkmal ist sein Name allerdings nicht aufgeführt.

## 2. Marineinfanterie

Einige Hoyaer dienten auch bei der Marineinfanterie. Diese bestand bis zum Kriegsausbruch aus nur drei Seebataillonen, die in Kiel, Wilhelmshaven und Tsingtau/China stationiert waren. Die beiden Seebataillone in Kiel und Wilhelmshaven wurden mit Kriegsbeginn erheblich aufgestockt und bereits am 15. November 1914 ein eigenes Marinekorps, bestehend aus zunächst vier Marineinfanterie-Regimentern aufgestellt, das weitgehend an der belgischen Kanalküste zum Einsatz kam. Der aus Hoya stammende Leutnant der Reserve Richard Carl wurde in Gefechten bei Lombartzyde („Lombardsijde") zwischen dem 7. November und 1. Dezember 1914 von einem Geschoss am rechten Arm verwundet (Geheime Marineverlustliste, Seite 014_23). Richard Carl, geboren am 25. Juli 1876, bei Kriegsbeginn Landesbaumeister in Leer, trat 1897 in die Kaiserliche Marine ein. 1914 wurde er als Leutnant d.R. zum 1. Marine-Infanterie-Regiment eingezogen, das die Sicherung der Strand- und Dünenabschnitte am Meer übernommen hatte.

Nach seiner Verwundung war er in Lazaretten und Genesenden-Einheiten in Lüneburg, Leer, Hannover und Oldenburg stationiert, wo er im Januar 1915 noch die Beförderung zum Oberleutnant erhielt. Offenbar war die anfangs erlittene Verletzung aber so schwerwiegend gewesen, dass man ihn am 19. April 1916 außer Dienst stellte.

Im 2. Marine-Infanterie-Regiment diente der (nicht im Eisernen Buch aufgeführte) achtundzwanzigjährige Wecholder Lehrer und Leutnant d.R. Friedrich Thalmann, der, nach schwerer Kopfverwundung durch Granatsplitter vom 11. Juli 1917, am 21. Juli im Lazarett in Ostende verstarb. Ebenfalls in Flandern fiel am 16. Dezember 1914 der Ober-Matrosen-Artillerist Hermann Humrich aus Eystrup bei der 1. Kompanie des 2. Matrosen-Artillerieregiments, das ebenfalls im Landkrieg an der Küste bei Lombartzyde zum Einsatz kam.

Aus den „Geheimen Listen" ergibt sich auch das Schicksal zweier Marineflieger aus dem Kreis Hoya. So ist der Flugmaat Detlef von Nolting, gebürtig aus Eystrup (aber nicht im Eisernen Buch vermerkt), unter dem 3. Dezember 1916 als vermisst gemeldet. Er gehörte der 2. Seefliegerabteilung in Libau an und gilt seit einem Flug über die östliche Ostsee (neben seinem Flugzeugführer, Leutnant zur See Eberhard Teuchert), als vermisst. Auch der Hoyaer Leutnant d.R. der Matrosenartillerie, Otto Napp, geboren am 17. Februar 1888 in Hoya, war Marineflieger und kam bei einem Absturz anlässlich eines Werkstattfluges am 30. November 1917 in Flandern bei einer Marine-Feldfliegerabteilung ums Leben. Napp ist aber weder im Eisernen Buch noch auf dem Hoyaer Denkmal verewigt. Endlich findet sich im Hoyaer Wochenblatt am 16. November 1917 noch ein Hinweis auf einen weiteren Flieger: Der Matrose Alfred Brandes aus Hoya habe sich bei der Wasserflieger-Abteilung im „Sonderkommando Türkei" das EK II. und den Osmanischen Orden „Eiserner Halbmond" verdient.

## 3. Der Untergang von U 58

Von den Schiffsbesatzungen ist neben Louis Soltau noch das Schicksal einiger weiterer Marineangehöriger aus dem Kreis Hoya bekannt: Alfred Gerberding, gebürtig aus Hoya (dort aber weder im Eisernen Buch noch auf dem Denkmal genannt), war Torpedo-Heizer auf dem Torpedoboot S 34, das am 3. Oktober 1918 in der Nordsee auf eine Seemine lief und mit siebzig Mann an Bord sank. Seither gilt Gerberding als vermisst.

Hermann Rippe aus Magelsen diente bei der U-Bootflotte. Er war Maschinenmaat auf dem 1916 fertiggestellten Boot U 58. Am 17. November 1917 operierte das zu dieser Zeit unter dem Kommando des Kapitänleutnants Gustav Amberg aus Ingolstadt stehende Boot, das bereits 21 Schiffe seit Indienststellung versenkt hatte, vor der Südküste

Irlands gegen einen aus Queenstown, Irland, auslaufenden Geleitzug. U 58 war sieben Meilen vor Queenstown getaucht und begann gerade mit der Beobachtung des auf das Boot zulaufenden Geleitzug durch das Periskop, als die Brückenwache des Zerstörers USS Fanning, trotz schlechter Sicht, das Periskop des U-Bootes um 16:10 Uhr in etwa 500 Metern Distanz bemerkte. Die Fanning drehte sofort auf U 58 zu und warf über ihrer vermuteten Position mehrere Wasserbomben ab, die das Heck des Bootes schwer beschädigten. Nach wenigen Minuten fiel an Bord die gesamte Elektrizität aus und das Boot war schließlich nicht mehr manövrierfähig. Der Kommandant ließ auftauchen und die Flutventile zwecks Selbstversenkung öffnen. Die Besatzung wurde von der Fanning, die damit den ersten Erfolg in der Geschichte der US-Navy gegen ein U-Boot verzeichnen konnte, aufgenommen. Lediglich ein deutscher Seemann sei bei dem Gefecht ums Leben gekommen. Rippe und seine Kameraden kamen als Kriegsgefangene nach Fort McPherson in Georgia (youtube.com/USS Fanning and the U-58).

Weniger glücklich endete die Besatzung des U-Boots UC 79, das ab dem 20. März 1918 zu einer Unternehmung gegen England ausgelaufen und spätestens am 18. April wieder zurückerwartet worden war. Die Marineleitung und die Angehörigen der Besatzung warteten aber vergeblich auf eine Rückkehr. 1919 wurde das Boot von Tauchern vor der französischen Küste bei Gris

Nez gefunden. Es war wahrscheinlich auf der Rückfahrt mit einer Seemine in Kontakt gekommen und sofort gesunken. Überlebende gab es nicht. Eines der Besatzungsmitglieder war der Eystruper Konrad Herwig, gebürtig aus Hannover, der auf dem Boot als Bootsmanns-Maat d.R. diente.

Endlich diente auch der Maschinen-Maat Werfelmann aus Bücken bei der U-Bootwaffe. Die Zeitung meldete am 9. Juli 1918, dass Werfelmann für seine anerkannten Leistungen auf einem U-Boot im Mittelmeer das EK I. erhalten habe.

## 4. Sonstige Marineangehörige

Die einzelnen Marineangehörigen lassen sich, so sie den Krieg überlebt haben, schwerlich feststellen. Ein Beispiel ist jedenfalls Christian Maas aus Hoya. Maas, geboren am 22. April 1897 war bei Kriegsausbruch gerade erst siebzehn Jahre alt. Dennoch trat er im August 1914 der Kaiserlichen Marine bei. Im April 1915 diente er auf dem Panzerkreuzer SMS Fürst Bismark, das als Schulschiff fungierte. Im November 1916 kam er auf die SMS Markgraf, ein modernes Großlinienschiff, dass auf der AG Weser in Bremen gebaut und erst im Oktober 1914 in Dienst gestellt worden war. Am 25. August 1917 berichtete das Hoyaer Wochenblatt dann über Maas:

*„An der Seefahrtsschule in Bremen fand dieser Tage eine Abschlußprüfung zum Steuermann auf großer*

*Fahrt statt. An derselben nahm auch ein Sohn unseres Mitbürgers Herrn Gerbereibesitzer H. Maas teil; der Bootsmannsmaat d. R. Christian Maas hat die Prüfung „mit Auszeichnung" bestanden. Möchte es dem jungen, erst 20jährigen Seemann, welcher den Krieg vom ersten Tag an mitgemacht hat, beschieden sein, sein Schiff stets glücklich durch die Meere zu führen."*

Weitere Beförderungen folgten und im April berichtete die Zeitung, dass der Vizesteuermann Maas nunmehr zum Leutnant zur See befördert worden sei.

# VI. 1915: Das Jahr der vielen Fronten

## 1. Winterschlacht in der Champagne

Im Januar 1915 ergab sich bei den Regimentern des X. RK kaum Kampftätigkeit. Allein das RIR 73 wurde am 7. Januar überraschend von einer starken französischen Patrouille angegriffen, die den vordersten Graben eroberte und erst nach zwei deutschen Gegenangriffen wieder den Rückzug antrat. Die Franzosen hatten Verluste von 120 Toten und 69 Gefangenen, die Deutschen Verluste lagen bei 48 Toten und 61 Verwundeten. Schwer verwundet wurde dabei der Vilsener Lehrer Heinrich Hustedt (12./RIR 73), der am 17. Januar im Lazarett verstarb. Ansonsten blieben die Verluste durch Artilleriefeuer noch relativ gering. Am 8. Januar fiel hier der Gastwirtssohn Andreas Straßburg aus Hassel Nr. 28. Zwei Tage später vereinbarte das RIR 73 mit den gegenüberliegenden Franzosen einen temporären Waffenstillstand, damit diese ihre Gefallenen vom 7. Januar, die noch vor der Stellung des RIR 73 lagen, bergen konnten. Beide Seiten gingen bis ins Niemandsland vor und sowohl Mannschaften wie Offiziere unterhielten sich dabei einige Zeit friedlich miteinander, bis eine entfernter liegende französische Einheit, wohl versehentlich, das Feuer eröffnete und den oben bereits genannten Hoyaer Postsekretär Leutnant Hesse leicht am Kopf verwundete.

Anfang Februar wurde das X. RK etwa zwanzig

Kilometer weiter nach Osten in die Champagne verlegt, um dort die Garderegimenter, die jetzt auf den östlichen Kriegsschauplatz verlegt werden sollten, abzulösen. Auch hier fand das RIR 74 zunächst eine scheinbar ruhige Stellung zwischen Somme-Py und Perthes vor. Allerdings wurde man durch immer häufiger auftretende Bohrgeräusche und Artillerieüberfälle beunruhigt. Offenbar versuchten die Franzosen die deutsche Stellung zu unterminieren. Herbeigerufene Pioniere legten zwar Gegenstollen an, um die französischen Stollen durch Sprengungen abzuquetschen, offen blieb aber, ob auch sämtliche Stollen vernichtet wurden. In den Tagen nach der Ankunft des Regiments fielen hier der Kötner Heinrich Georg Koithan aus Anderten (2.2.1915, 8./RIR 74), der Pächter Friedrich Wilhelm Thies aus Brebber (8.2.1915, 2./RIR 74) und schließlich der Maurer Karl Schütte aus Haßbergen (12.2.1915, 8./RIR 74) dem immer heftiger werdenden Artilleriefeuer zum Opfer.

Am 16. Februar erfolgte überraschend eine französische Großoffensive. Erstmals im Krieg setzte morgens ein Trommelfeuer auf die deutschen Stellungen ein. Gleichzeitig sprengte eine Minenexplosion den gesamten dritten Zug der 10. Kompanie sowie Teile der 11. und 12. in die Luft. Es handelte sich um die erste große französische Offensive seit September 1914, die unter Zusammenfassung mehrerer Divisionen einen tiefen Durchbruch durch die deutschen Stellungen erzwingen sollte. Das alliierte

Oberkommando war sich recht sicher, hier unter Zusammenfassung aller irgendwo zu erübrigenden Artillerie einen kriegsentscheidenden Vorstoß in die Tiefe des Raumes erreichen zu können. Dem folgenden Großangriff der französischen Infanterie gelang dann auch tatsächlich ein Einbruch in die deutschen Stellungen. Die in Reserve liegenden Kompanien des II. Bataillons RIR 74 wurden sofort zum Gegenangriff angesetzt. Ihnen gelang es (ebenso wie Hesses Kompanie beim RIR 73, s.o.), die eigene Stellung bis zum Abend wieder zurückerobern. Der erste Angriff war damit abgeschlagen. Die Nacht verlief relativ ruhig, aber am nächsten Morgen setzte erneut starkes Artilleriefeuer ein, bevor ein neuer Infanterieangriff folgte. In dichten Schützenlinien, eine Welle hinter der anderen, voraus die Offiziere, griffen erneut mehrere französische Regimenter an. Doch die deutsche Stellung war inzwischen wieder ausreichend besetzt und v.a. das MG-Feuer schlug nun vernichtend in die Reihen der Angreifer. Nur einigen wenigen Franzosen gelang es überhaupt noch, bis in den ersten deutschen Graben zu gelangen. Sie wurden aber sämtlich im Nahkampf überwältigt. Damit war die Großoffensive an diesem Frontabschnitt, auch wenn weiterhin ungewöhnlich heftiges Artilleriefeuer auf den deutschen Stellungen lag, weitgehend beendet. Am 18. Februar ging das I. Bataillon des RIR 74 sogar selbst zum Angriff gegen einen vorgeschobenen Graben, den die Franzosen zwischenzeitlich unmittelbar vor der deutschen

Stellung ausgehoben hatten, vor. Unter Führung des sich kriegsfreiwillig gemeldeten 55jährigen Hauptmanns a.D. der Landwehr, Karl Domizlaff aus Hannover (dessen Sohn als Leutnant d. R. bei dem Regiment diente und der 1917 fiel), wurde der Graben erobert. Domizlaff Senior, der eigentlich für eine Frontverwendung viel zu alt war, hatte sich erst im Januar mit einem Ersatztransport bis zum RIR 74 durchgeschlagen und – nicht zuletzt aufgrund des eingetretenen Mangels an Offizieren – dann auch tatsächlich eine Stellung als Chef der 4. Kompanie erhalten. Dieser von ihm geleitete Angriff war dann allerdings zugleich auch seine letzte Kriegstat, da er selbst den Vorstoß nicht überlebte.

Am Nachmittag des 18. und erneut am 19. Februar griffen die Franzosen dann noch einmal mit frischen Kräften an, wurden aber wiederum abgewiesen. Endlich stellte der Feind seine Bemühungen am Abend dieses Tages gänzlich ein. Die „Winterschlacht in der Champagne" war beendet. Einen Durchbruch konnten die Franzosen, trotz eines bis dahin ungesehenen Material- und Menscheneinsatzes, nicht verzeichnen. Dieser dreitägige Großangriff kostete das RIR 74 aber ebenfalls erhebliche Verluste. Zehn Offiziere und 178 Mann waren gefallen. Hinzu kamen über 300 Vermisste (vor allem der Minensprengungen), die gleichfalls, soweit nicht verwundet in Gefangenschaft geraten, zu den Gefallenen zu rechnen waren. Aus dem Kreis Hoya gehörten der Hoyaer Wehrmann und

Schuhmachermeister Johann Schlake (7. Kompanie), der Reservist und Pächter Johann Wichmann aus Hohenmoor (10.), der Bücker Ersatzreservist und Handlungsgehilfe Johann Heinrich Marks (3.), der Häusling Dietrich Gräpel aus Wöpse (8.), der Vollmeiersohn Friedrich Hillmann und der Pächter Johann Schröder aus Oerdinghausen sowie Rudolf Bargmann aus Hoyerhagen (7./RIR 74, insoweit ist der Eintrag im Eisernen Buch – „IR 74 in den Argonnen" – falsch) zu den Gefallenen der Winterschlacht bei RIR 74.

Beim benachbarten RIR 73, das gleichfalls von der Wucht der französischen Offensive betroffen war, fiel in der Stellung in der Champagne Theodor Meyer aus Asendorf. Im gleichfalls hier eingesetzten RIR 78 fiel Heinrich Klinker aus Eitzendorf und im RIR 92 Friedrich Friedrichs aus Hilgermissen. Der Drechsler Wilhelm Kastens aus Hoya kam bei dem hinter der Infanterie in Stellung stehenden FAR 26, wahrscheinlich durch Granatsplitter, ums Leben.

Die aktiven Regimenter FR 73 und IR 74, die mit dem X. AK in der bereits im September 1914 eingenommenen Stellung bei Reims verblieben waren, verzeichneten im Januar 1915 nur geringe Verluste durch wiederholte Artillerieüberfälle. Einem solchen fiel am 6. Februar der Eystruper Fabrikantensohn und Jurastudent Philipp Karl Leman (IR 74) zum Opfer. Leman, dreiundzwanzig Jahre alt, hatte sich freiwillig zum Kriegsdienst gemeldet und war mit einem der ersten Ersatztransporte zum Regiment gelangt. Er fiel ausweislich der von seinen Eltern, Alexander und Marie, geborener Heuer, am zehnten Februar aufgegebenen Traueranzeige, in der Nacht vom 6. zum 7. Januar einer Artilleriegranate zum Opfer. Seine Familie ließ ihm auf dem Eystruper Friedhof ein imposantes Denkmal errichten.

Mit Beginn der Winterschlacht in der Champagne steigerten sich die Verluste des IR 74 an der bis dahin ruhigen Front bei Reims erheblich. Auch hier erfolgte der französische Großangriff am 16. Februar 1915. Die Stellung des IR 74 wurde mittags plötzlich von etwa 40 Batterien mit einem bis dahin ungekannten „Trommelfeuer" unter Beschuss genommen. Eine Stunde später setzte ein Großangriff gegen den Bartelswald, wo das III./IR 74 in Stellung lag, ein. Vor allem bei der 11. Kompanie gab es erhebliche Verluste, doch die Stellung wurde gehalten. Weitere dreimal griffen die Franzosen am selben Tag noch an, wurden aber immer wieder unter großen Verlusten abgewiesen (Kurt Gabriel, a.a.O., S. 124). Das IR 74 verlor in dieser Schlacht 73 Gefallene und 108 Verwundete. Die Franzosen erlitten nach den deutschen Zählungen Verluste von 210 Gefangenen und etwa 400 Toten. Die eigenen und die französischen Gefallenen wurden, soweit sie bei kurzen Waffenruhen in den nächsten Tagen geborgen werden konnten, vom IR 74 im Park des Schlosses Orainville an der Suippes beigesetzt. Gefallen waren bei IR 74 aus dem Kreis Hoya Fritz Heuer, Häusling aus Calle, Johann Jonashoff, Anbauer aus Scholen, Johann Soller,

Anbauersohn aus Tuschendorf und der Pächter Friedrich Wendt aus Ochtmannien.

## 2. Der Feldzug im Osten

Am 29. März 1915 gab es innerhalb des X. AK zunächst eine durchgreifende Umstrukturierung. Die 19. und 20. ID wurden von jeweils vier auf nur noch drei Regimenter verkleinert. So wurden FR 73 und IR 164 aus ihren Divisionen (und damit auch aus dem X. AK) entlassen, um gemeinsam mit neu aufgestellten Regimentern zusätzliche Divisionen aufzustellen. Das IR 74 und die anderen fünf aktiven Regimenter des verkleinerten X. AK (IR 77, 78, 79, 91, 92) waren zuvor aus der Front bei Reims abgelöst worden. Sodann wurden sie am 26. April 1915 auf die Eisenbahn verladen. Zunächst war das Ziel des nächsten Einsatzes geheim. Als dann den Mannschaften nach Durchfahrung Lüttichs klar wurde, dass die Reise nach Osten ging, brandete bei der Truppe geradezu Jubel auf. Ganz anders als im Zweiten Weltkrieg freuten sich die Soldaten darauf, von der ihnen inzwischen verhassten West- an die Ostfront verlegt zu werden, da die Kriegsführung gegen die Russen – auch weil dort noch keinerlei durchgehende Front bestand - als wesentlich einfacher galt. Der Begriff „Ostfront", wie er aus dem Zweiten Weltkrieg geläufig ist, findet sich in den Regimentsgeschichten übrigens an keiner Stelle. Stattdessen ist stets nur vom „östlichen Kriegsschauplatz" oder schlicht vom „Osten" die

Rede.

Die Fahrt des X. AK ging über Hannover, Berlin und Breslau nach Krakau. Die Heeresleitung hatte insgesamt 8 Divisionen (darunter das Gardekorps und das X. AK), von der inzwischen ruhigen Westfront abgezogen, um einen befürchteten russischen Durchbruch durch die österreichische Front in Südpolen (wo ein russischer Vorstoß über die Karpathen bis in die ungarische Tiefebene drohte) zu verhindern. Am 30. April erfolgte in Krakau die Ausladung und anschließend ein mehrtägiger Fußmarsch Richtung Osten. Die hier inzwischen neu aufgestellte deutsche 11. Armee sollte - zwischen zwei österreichischen Armeen hindurch - bei Gorlice-Tarnow die russische Front durchbrechen und diese dadurch zum großräumigen Rückzug nötigen. Am Fluss Wisloka wurde das IR 74 am 7. Mai zum ersten Einsatz gebracht, um die dort vermuteten feindlichen Stellungen sogleich anzugreifen. Nach kurzem Gefecht räumten die Russen tatsächlich rasch ihre Schützengräben und zogen sich zurück. Die deutschen Truppen gingen sogleich zur Verfolgung des Gegners über, wobei es in der Folge zu mehreren kleineren Gefechten kam. Dabei fiel am übernächsten Tag der Homfelder Lehrer und Leutnant d.R. (1./IR 74) Wilhelm Gerland an der Spitze seines Zuges. Innerhalb der nächsten zehn Tage kamen die deutschen Truppen 40 km vorwärts und hielten erst wieder am Fluss San, wo der zahlenmäßig immer noch überlegene Gegner sich erneut verschanzt hatte. Am 27. Mai stand das

IR 74 in der Stadt Jaroslau (Jaroslaw) am San. Nachmittags musste es acht Kilometer nach Nordosten rücken, wo österreichische Truppenteile vor einer russischen Gegenoffensive über den San zurückgegangen waren. Das IR 74 bezog an einem östlich des San fließenden Nebenfluss, der Lubaczowka, hinter der Ortschaft Monasterg eine weit ausgedehnte Auffangstellung. Bereits in der folgenden Nacht wurde es hier mit einem russischen Massenangriff konfrontiert. Den zahlreichen russischen Sturmkolonnen gelang es, den flachen Fluss zu durchwaten und – trotz erheblicher Verluste - in die nur dünn besetzte deutsche Stellung einzudringen. Vor allem die 4. und 12. Kompanie wurden davon betroffen und wehrten sich in wildem Handgemenge und Bajonettkampf. Erst im Morgengrauen trafen Verstärkungen ein. Große Teile der 4. Kompanie waren in der Nacht aber ganz umzingelt und im Nahkampf aufgerieben worden. Bei der 12. Kompanie war der Handelsmann und Musketier August Dahle aus Bruchhausen und bei der 9. der Kaufmann Wilhelm Kronerding aus Hoya gefallen. Am Nachmittag hatte sich der russische Angriff dann erschöpft. In schnellen Gegenstoß konnten die über die Lubaczowka herübergesetzten russischen Einheiten (1500 Mann), eingekreist und gefangen genommen werden. Zudem hatte der Gegner mindestens 1500 Gefallene zurückgelassen. Das IR 74 beklagte aber gleichfalls erhebliche Verluste von 105 Toten und 161 Verwundeten. Drei Tage später griffen die Russen erneut an. Wieder gelang es einigen Teilen über den Fluss zu setzen und bis zu den deutschen Stellungen vorzudringen. Erneut wurden sie aber im Gegenangriff vertrieben oder gefangen genommen. Am 3. Juni konnten die Österreicher schließlich die etwas weiter südlich gelegene Stadt Przemysl am San erobern, woraufhin sich die russischen Armeen erneut in die Verteidigung zurückgeworfen sahen und ihre Angriffe einstellten. Damit war die eigentliche Aufgabe der hier eingesetzten deutschen Truppen, den Österreichern dabei zu helfen, diesen russischen Vorstoß gegen Ungarn abzuwehren, erfüllt. Aufgrund der überaus günstigen strategischen Lage entschloss sich die Oberste Heeresleitung nun aber doch, den bislang so erfolgreichen Angriff im Osten noch weiter fortzusetzen, jetzt mit dem Ziel, auch die im August 1914 von den Russen eroberte Stadt Lemberg (Lwiw/Ukraine) zu entsetzen.

Folglich sollte die an der Lubaczowka noch unverändert bestehende russische Front frontal durchbrochen und sodann in die Tiefe des Raumes vorgestoßen werden. Am 14. Juni 1915 bekamen die deutschen Truppen den Angriffsbefehl. Die Überraschung des Gegners glückte und der Durchbruch gelang. Allein das IR 74 konnte über tausend Gefangene machen. Die gesamte russische Front schien sich angesichts des anschließenden schnellen deutschen Vorrückens mehr und mehr aufzulösen. Bereits am 22. Juni konnte das gut einhundert Kilometer vom Ausgangspunkt der Offensive entfernt liegende Lemberg erobert werden. Die deutschen Truppen sollten nun durch eine Schwenkung nach Norden zwischen Weichsel und Bug vorgehen und die russische Heeresmitte entweder durch eine Zangenbewegung von Norden und Süden einkesseln oder aber mindestens zum weiträumigen Rückzug zwingen. Vier Tage später griff das Regiment eine starke russische Stellung südlich Tomaszow an. Bei diesen Kämpfen kam Heinrich Hillmann aus Holtrup ums Leben (6./IR 74). Auch hier gelang binnen zwei Tagen der Durchbruch, so dass sich das IR 74 anschließend in Richtung Norden auf die weitere Verfolgung begab. Nach mehreren kleineren Gefechten wurde am 1. Juli der Fluss Por erreicht, auf dessen Nordufer neu angelegte russische Stellungen lagen. Wiederum gelang, wenn auch unter Verlusten, der Durchbruch und wiederum konnten viele Gefangene eingebracht werden. Bei diesen Kämpfen fielen der Tischler Friedrich Hünecke (12./IR 74) aus Nordholz (in den Verlustlisten und der Regimentsgeschichte als „Hüneke", im Eisernen Buch aber als „Hünecke" geschrieben) und der Tischler Heinrich Meyer aus Magelsen (4.7.1915 bei 6./IR 74). Leicht verwundet wurde der Unteroffizier Heinrich Clüver aus Heesen (6./IR 74). Nach weiterem Vormarsch kam es am 16. Juli zur nächsten Schlacht, als sich das X. AK der strategisch wichtigen Bahnlinie Warschau-Lublin-Chelm-Kowel von Süden her näherte. Etwa 15 Kilometer vor der Bahnlinie hatten die russischen Truppen nochmals eine starke Stellung ausgehoben. Im Verlauf der Kämpfe gelang es dem Gegner bei einem erneuten Massenangriff die

Linien des IR 92 zu durchbrechen und bis in die Feuerstellungen der deutschen Artillerie zu gelangen. Auch das III. Bataillon des IR 74 wurde von diesem Angriff stark getroffen. Hier fiel Friedrich Thalmann aus Wechold (12./IR 74). Verwundet wurden bei 11./IR 74 Konrad Dreyer aus Eystrup und bei 12./IR 74 der Großonkel des Verfassers, Heinrich Witte aus Schinna (Gabriel, a.a.O., S. 187):

*„Aus dem Raum zwischen Czestorowice und Pilaszkowice entwickelten sich in den ersten Nachmittagsstunden auf verhältnismäßig schmalem Raum Truppenmassen gegen die Höhe 280, die wir in vorderer Linie auf mindestens 3 Regimenter schätzten. Wiederum stand ein Bataillon (III.) IR 74 mehr als einer russischen Division gegenüber. Aus dem äußersten Hintergrunde des Taleinschnitts löste sich zu unserem Erstaunen zunächst die erste Schützenlinie los. Mit 100 Meter Abstand folgte die zweite Linie, dann die dritte und immerfort neue Wellen, so daß es schließlich 20 bis 30 hintereinander waren. Als alle Wellen im unaufhaltsamen Vorgehen waren, waren im Hintergrund noch entfaltete Bataillone zu sehen. Es war der glänzendste Tagesangriff russischer Art, den wir im Osten gesehen haben. Die Offiziere gingen friedensmäßig 20 bis 30 Schritte vor der Front, den gezogenen Degen in der rechten Hand und in der linken Hand die Pistole. Das Feuer unserer gelichteten Linien gegen diese Massen war fast wirkungslos; infolge der starken Verluste (die 10. Kompanie allein hatte bis zu diesem Angriff schon 50 Mann verloren) lagen unsere Leute etwa fünf bis zehn Schritte auseinander. Es war*

*nicht das geringste Stocken zu bemerken. Da keine schweren MG in vorderer Linie waren, wir damals auch noch keine leichten MG besaßen, war sofort klar, daß wir erdrückt werden würden, wenn es nicht gelang, die Artillerie zur Abwehr dieses tief gestaffelten Angriffs heranzuziehen."*

Durch zusammengefasstes Feuer der gesamten Korpsartillerie konnte der Angriff, nach dem ein Teil der deutschen Stellung bereits verloren gegangen war, noch rechtzeitig zerschlagen werden.

Das X. AK ging nach Abwehr dieses Angriffs selbst wieder offensiv vor. Bereits am 31. Juli gelang der Durchbruch durch die russischen Stellungen. In den nächsten zehn Tagen wurde bis zum Bug, der heutigen Grenze zwischen Polen und Weißrussland, vorgerückt. Am 1. August fiel bei diesen Kämpfen der Vollkötner Heinrich Fricke aus Haendorf (6./IR 74).

Weiter im Norden hatten deutsche Truppen inzwischen Wilna (Vilnius) erobert. Dort wurde, vermeldet mit Verlustliste vom 4. August 1915, der aus Eimke/Uelzen gebürtige Leutnant d.R. Theodor Soetebeer bei 2./RIR 259 verwundet. Soetebeer hatte ausweislich eines Berichts des Hoyaer Wochenblatts vom 6. März 1915 noch kurz zuvor das EK erhalten und war vor dem Krieg Gerichtssekretär am Königlich Preußischen Amtsgericht in Hoya gewesen. Eingerückt war er dann ausweislich der Stellenbesetzung des RIR 259 zunächst als Feldwebel-Leutnant, bevor er 1915 zum Leutnant befördert wurde.

Das IR 74 blieb nun bis zum 22. August am Bug liegen, da sich die noch im Raum Warschau befindlichen russischen Armeen rechtzeitig zurückzogen hatten, so dass eine großräumige Einkesselung nicht mehr erfolgen konnte. Damit war der Einsatz des X. AK im Osten beendet. Die niedersächsischen Regimenter verlegten Ende September 1915 wieder in den Westen, wo ein neuer französischer Großangriff in der Champagne drohte.

Im September 1915 fiel im Osten noch ein weiterer aus dem Kreis Hoya gebürtiger Offizier. Der Leutnant der Landwehr Gustav Schulz, geboren in Bruchhausen, ist ausweislich der Verlustliste vom 21. September 1915 bei 2./Landwehr-IR 11, das seinerzeit am Oberlauf der Flüsse Schtschara und Serwetsch (Weißrussland) kämpfte, ums Leben gekommen. Im Eisernen Buch wird er nicht erwähnt. Ebenfalls im Osten verwundet wurde zudem Leutnant d.R. Franz Bergstedt aus Ubbendorf (in der Verlustliste vom 17. September 1915 als „Obbendorf" genannt) bei 10./RIR 49. Das RIR 49 gehörte der 3. ResDiv an, die im September 1915 in der Schlacht bei Wilna (Vilnius) in Litauen stand. Der weitere Werdegang Bergstedts bleibt unklar. In den Verlustlisten wurde er später nicht mehr gemeldet und das RIR 49 hat offenbar auch keine Regimentsgeschichte veröffentlicht.

## 3. Das Alpenkorps in Italien und Serbien

Ganz anders als den Infanterie-Regimentern erging es den beiden Jägerbataillonen des X. AK und X. RK. Das Jägerbataillon 10 und das Reserve-Jägerbataillon 10, die im November und Dezember 1914 noch in Flandern eingesetzt waren, wurden hier zur Jahreswende abgelöst und nach kurzer Ausbildung zum neu aufgestellten deutschen Alpenkorps überstellt: Das deutsche Kaiserreich verfügte bis zum Ersten Weltkrieg über keine Gebirgstruppe. Dennoch wurde bereits 1892 bei den Goslarer Jägern eine Skiausbildung durchgeführt. Erst nachdem man zu Beginn des Winters 1914/15 in den Vogesen auf die gut ausgebildeten und skibeweglichen französischen „Chasseurs alpins" getroffen war, ging man zielgerichtet an die Aufstellung eigener Gebirgstruppen, die sich mit der Kriegserklärung Italiens am 23. Mai 1915 noch beschleunigte. Durch den Kriegseintritt Italiens entstand für Österreich-Ungarn erneut eine bedrohliche Lage: Die aktiven Truppen der k.u.k.-Monarchie befanden sich an der Ostfront in Galizien. Die neue Verteidigungslinie gegen Italien musste daher zunächst aus improvisierten Formationen organisiert werden. Der deutschen Heeresleitung war bewusst, dass bei den geringen Kräften, die Österreich-Ungarn zur Verteidigung dieser Grenze jetzt stellen konnte, auch eine Gefahr für Süddeutschland bestand. Wenige Tage vor der italienischen Kriegserklärung hatte das preußische Kriegsministerium daher verfügt, aus

Eliteregimentern um einen bayerischen Kern das Alpenkorps – eine verstärkte Infanteriedivision – aufzustellen. Entsprechend seiner künftigen Verwendung im Hochgebirge sollte das Alpenkorps Gebirgsausrüstung erhalten. Da dem Alpenkorps auch Korpstruppen (schwere Artillerie, Kolonnen und Trains Pioniere, Fernsprecheinheiten und eine Fliegerabteilung) zugeteilt waren, wurde dieser militärische Verband - trotz der geringen Mannschaftsstärke - als Korps bezeichnet. Das Alpenkorps wurde in zwei Jäger-Brigaden untergliedert: Die 1. Jäger-Brigade der Bayerischen Armee mit dem Infanterie-Leib-Regiment und dem 1. Jäger-Regiment sowie die preußische 2. Jäger-Brigade mit dem Jäger-Regiment Nr. 2 (Jäger-Bataillon Nr. 10, Reserve-Jäger-Bataillone Nr. 10 und 14) sowie dem Jäger-Regiment Nr. 3, bestehend aus den früheren vier Schneeschuh-Bataillonen.

Der Einsatz des Alpenkorps beschränkte sich vorerst auf Abwehr- und Patrouillengefechte sowie auf die Artillerieunterstützung. Da Italien zunächst nur Österreich-Ungarn, nicht aber dem Deutschen Reich den Krieg erklärt hatte, war es dem Alpenkorps untersagt, italienisches Gebiet zu betreten oder für Angriffsunternehmen über die Grenze hinweg eingesetzt zu werden. Erst ab August 1916, nach dem Eintritt Rumäniens in den Krieg, erfolgte die offizielle Kriegserklärung Italiens auch an Deutschland.

Die 1. Kompanie des Reserve-Jäger-Btl 10 (das Bataillon, bei dem der Hoyaer Bäcker und

Konditor Amandus Dyroff am 12. September 1914 verwundet in Gefangenschaft geraten war), dessen Angehörige im Zweifel noch niemals Alpengipfel gesehen hatten, wurde im Juni 1915 dann sogleich auf den Gipfel der Col di Lana an der österreichischen Grenze in Norditalien verlegt. Italienische Infanterie- und Alpinikompanien hatten unmittelbar nach dem 23. Mai 1915 versucht, den zunächst von österreichischen Standschützen und einigen bayerischen Jägern besetzten Gipfel zu stürmen, was ihnen aber trotz mehrerer Angriffe nicht gelang. Hier, auf dem Gipfel der Col di Lana, fiel am 19. Juli 1915 der Eystruper Schuhmacher Georg Koopmann vom Reserve-Jäerg-Btl 10, der wahrscheinlich zugleich der erste Hoyaer gewesen sein dürfte, der diesen Berg jemals erklommen hat (Fritz Jung, Goslarer Jäger im Weltkriege, II. Band, Hildesheim 1935, S. 106 ff):

*„Gegen 6 Uhr früh des 12.7. kam die Kompagnie nach einem letzten steilen, ungeheuer anstrengendem Marsch auf einem endlosen Zickzackweg oben in der Reservestellung am Col di Rode an, wo sie zunächst in Reserve bleiben sollte (...) Dicht vor dem Col di Rode stieg der Monte Sief auf, und von ihm nach Norden zog sich auf langgestrecktem Sattel die Sief-Stellung hin. Vor dem 2.426 m hohen Monte Sief zog sich südöstlich ein fast gleich hoher Höhenrücken vor, der in den 2.464 m hohen Col di Lana auslief. Der Col di Lana fiel nach 3 Seiten steil ab, und auf seiner schmalen nach Südosten abfallenden Bergnase befand sich der wichtigste Punkt der Verteidigungsstellung, die Col die Lana*

*Infanteriestellung, etwa 200 m unterhalb des Gipfels. Eine kleine Mulde rechts hinter der Stellung bot etwas Schutz und Deckung gegen feindliches Feuer, sonst aber bestand diese sogenannte Stellung meist nur aus notdürftigen, kaum knietiefen Grabenstücken, denn der Felsboden machte die Anlage eines tiefen Schützengrabens unmöglich. Die Stellung war nur aus der schmalen Front den steilen Berg hinauf anzugreifen, da die beiden Bergflanken beiderseits als Felsabstürze abfielen, daher ziemlich unangreifbar waren (…) Die Tage vom 13. bis 16. Juli waren ausgefüllt von Orientierungsgängen. Die feindliche Artillerie war sehr tätig und belegte Sief- und Col die Lana-Stellung fast täglich mit starkem Feuer (…)*

Am 17. Juli löste die 1. Kompanie Reserve-Jäger-Btl 10 dann bayerische Jäger in der Stellung auf der Col die Lana ab:

*Jetzt, am 19. Juli, begann die feindliche Artillerie die Stellung wieder mit starkem Feuer zu überschütten und zwar von 4,30 bis 6 Uhr vormittags, und dann erfolgte bei fortdauerndem Artilleriefeuer der Infanterieangriff von etwa 4 italienischen Kompagnien. Der Hauptstoß richtete sich wieder gegen die linke ungeschützte Flanke des Grabens, wo Oberj. König mit seinen Leuten eine feindliche Abteilung von etwa 60 Mann zurückwarf, die sich in einer Schlucht gewandt nahe heran geschlichen hatte. Lt. Wundram ließ zwei gefährliche feindliche Gebirgsgeschütze durch die Minenwerfer von der Col di Lana-Spitze beschießen, die auch einige Volltreffer erzielten. Immer wieder stürmten die Italiener tapfer vor, mit lauten „Avanti"-Rufen angefeuert, jede Deckung hinter Felsen und in Mulden geschickt ausnützend. Um 9,30 Uhr vorm. ließ der Angriff nach. Sein Stoß war hauptsächlich durch das kaltblütige, sichere Schießen der Jäger gebrochen worden. Vor dem Graben wurden über 100 tote Italiener gezählt. Einzelne Jäger ließen aber die Vorsicht außer Acht und schossen im Eifer stehend freihändig auf die zurückgehenden Italiener, wobei sie aus der Flanke beschossen und zum Teil getroffen wurden. Auf der eigenen Seite waren gefallen: 14 Angehörige der 1. Kompagnie, 2 Bayern der MGK, 1 österreichischer Standschütze."*

Einer der 14 Gefallenen war der Eystruper Koopmann. Die Gefallenen wurden zunächst am Berghang bestattet, ehe sie nach dem Krieg auf die zentrale Kriegsgräberstätte Pordoi (Sacrario Militare Germanico al Pordoi), wenige Kilometer von der Col die Lana entfernt, umgebettet wurden.

Im Oktober 1915 wurde das Alpenkorps, nachdem österreichische Truppen die Verteidigung des Gebirges übernommen hatten, abgelöst. Der Col di Lana – der „Blutberg" - konnte von den Italienern nach einer Sprengung des Gipfels im Jahre 1916 schließlich eingenommen werden. Das Alpenkorps wurde jetzt auf den serbischen Kriegsschauplatz weitergeschickt. Ein Jahr zuvor war der erste Serbienfeldzug der österreichisch-ungarischen Armee noch gescheitert, jetzt sollte die dort bestehende Pattsituation durch Angriff geklärt werden. Am 6. Oktober 1915 begann mit massiver deutscher Hilfe (da nicht nur das Alpenkorps sondern auch zwei weitere Reservekorps nach Serbien verlegt wurden) der neue Feldzug. Am 14. Oktober griff dann auch

Bulgarien in den Krieg gegen Serbien ein und bedrohte den Gegner von Osten her. Das strategische Kriegsziel der Angreifer war es, die direkte Landverbindung zum verbündeten Osmanischen Reich zu öffnen, Serbien zu besetzen und als Kriegsgegner auszuschalten. Den Serben stand also eine erhebliche Übermacht gegenüber, die auch durch die zur Hilfeleistung erfolgte Landung von Entente-Truppen bei Saloniki nicht ausgeglichen werden konnte. Nach dem schnellen Fall von Belgrad (9. Oktober) und Niš (5. November) zogen sich die Reste der serbischen Armee in die albanischen und montenegrinischen Berge zurück. Die Fortsetzung des Feldzuges über die Grenze Makedoniens hinweg wurde von der deutschen Heeresleitung (wegen der griechischen Neutralität) Anfang Dezember 1915 untersagt. Die Reste der serbischen Armee konnten sich daher retten und nach Neuformierung im weiteren Kriegsverlauf an der später neu entstandenen Front in Makedonien wieder zum Einsatz kommen.

Auch bei diesem Feldzug fanden Soldaten aus dem Kreis Hoya den Tod. So fiel am 12. Oktober Johann Winkelmann aus Berxen vom RIR 203 in Serbien. Am 7. November starb dort Heinrich Bruns aus Heesen und am 14. November der Unteroffizier Johann Neddermann, beide vom RIR 232.

## 4. Das X. RK an der Vogesenfront

Im Westen bildete sich im späten Frühjahr 1915 ein neuer Schwerpunkt der Kämpfe in den Bergen der Vogesen heraus. Die Einheiten des X. RK – die im Februar 1915 in der Winterschlacht in der Champagne gefochten hatten – wurden dort abgelöst und auf die Mittelgebirgshöhen Hartmannsweilerkopf und Schratzmännle im Elsass angesetzt. Der erste hier aus dem Kreis Hoya zu ermittelnde Gefallene war der am 22. Juni 1885 geborene Leutnant der Reserve und Postsekretär Dietrich Laue aus Homfeld. Er war Zugführer im 12./RIR 78 und fiel in den ersten Angriffen bei Metzeral/Vogesen. Das RIR 78 war nach der Marneschlacht zunächst ebenfalls bei Reims und dann in der Champagne im Einsatz gewesen. Am 16. Mai 1915 wurde es dort (mit dem gesamten X. RK) abgelöst, verladen und mit der Bahn nach Colmar abtransportiert, von wo es im Fußmarsch Münster im Elsass erreichte. Ende des Monats rückte das Regiment in seine neue Stellung am Braunkopf und Sillacker ein. Das Regiment sah sich hier einer ganz anderen Art des Stellungskrieges gegenüber, da die Front Berg und Tal überquerte und viel Wald das Gelände unübersichtlich machte. Die Eigenart des Geländes brachte es mit sich, dass zwischen den einzelnen Stellungen auch kein Zusammenhang bestand. Durchgehende Schützengräben waren hier die Ausnahme. Durch häufige Patrouillen mussten die Flanken gesichert und Überraschungen abgewendet werden. Am 27. Mai herrschte schon früh lebhafte Fliegertätigkeit und bald auch konzentrisches französisches Artilleriefeuer auf den benachbarten Abschnitt des RIR 73. Anschließend drangen die Franzosen mit einem massiven Infanterieangriff in 200 Metern Breite in die Stellung ein. Da das angegriffene RIR 73 binnen kurzer Zeit keine Reserven mehr hatte, befahl die Brigade dem RIR 78 sofort deren 1., 8. und 12. Kompanie zu entsenden, um den Einbruch zu beseitigen. Dennoch gelang es nicht, die verlorene Stellung zurückzuerobern. Bei der 12. Kompanie fielen bei diesem Gegenangriff Leutnant d.R. Laue und sechs Mann, weitere 24 wurden verwundet.

Auch das RIR 74 war im Mai 1915 in das Elsass verlegt worden und verzeichnete hier am 1. und 2. August 1915 erhebliche Verluste. Nach Kämpfen bei Metzeral im Mai und Juni war die Einheit zunächst für zwei Wochen in ein Ruhelager gegangen. Am 31. Juli erfolgte ein Vormarsch in den Wallfahrts- und Luftkurort „Drei Ähren" (Trois Epis). Von dort ging es zur deutschen Stellung am Schratzmännle (10 km nordöstlich Metzeral), wo das RIR 74 andere Einheiten ablöste. Bereits in der ersten Nacht erhielt das Regiment starkes Artilleriefeuer und erlitt schwere Verluste, darunter Friedrich Grütter aus Süstedt. Gegen Abend bestürmte dann französische Infanterie die deutsche Stellung. Immer wieder griffen die Franzosen unter hohen Verlusten die recht dünn besetzten Linien an. Erste Grabenabschnitte gingen verloren und konnten -

trotz mehrfacher deutscher Gegenstöße - von den französischen Alpenjägern gehalten werden. Deshalb unternahmen die 5., 6. und 8. Kompanie RIR 74 gegen Abend des 2. August nochmals einen Gegenangriff, der aber schließlich nach heftigem Kampf ebenfalls scheiterte. Dabei fiel auch der Führer der 8. Kompanie, Regierungsbauführer und Leutnant d.R. Karl Stockmann aus Hoya, der im Oktober 1914 das erste EK II. in unserer Region erhalten hatte. Am selben Tage fiel hier auch der Tischler Friedrich Lüdeke aus Kampsheide. Zwei Tage später ging das RIR 74 dann nochmals zum Angriff über und erobert wenigstens den dem Schratzmännle unmittelbar benachbarten Lingenkopf. Dabei kam Friedrich Voigts aus Schwarme ums Leben.

Ende August verlegte das RIR 74 dann weitere zehn Kilometer nordwärts zum Ban de Sapt und von dort Ende September in einen ruhigen Frontabschnitt unmittelbar an der Grenze zur Schweiz. Am zweiten Weihnachtstag rückte das Regiment erneut in die Vogesen vor zum Hartmannsweilerkopf, der von den Franzosen am 23. Dezember 1915 erobert worden war. In heftigen Kämpfen konnten deutsche Jäger den Berg noch am selben Tag wieder zurückerobern. Das RIR 74 rückte am 26. Dezember zur Unterstützung an und wurde sogleich in schwere Gefechte verwickelt. Hier fielen Wilhelm Nordmann aus Bücken und Fritz Oehlschläger aus Calle.

Als einer der ersten deutschen Soldaten überhaupt hatte der aus Schweringen stammende

Leutnant d.R. Friedrich Specketer „Erfahrungen" mit dem Hartmannsweilerkopf gemacht. Dieser knapp tausend Meter hohe Mittelgebirgsberg, der in den südlichen Vogesen hart an der damaligen deutsch-französischen Grenze liegt, war im Jahr 1914 – auch aus Mangel an Truppen - noch von keiner der beiden Konfliktparteien besetzt worden. Erst zur Jahreswende 1914/1915 richteten sich dort französische Gebirgsjäger ein. Specketer erhielt Anfang Januar 1915 den Auftrag, den Berg, der einen militärisch wertvollen weiten Blick in die Rheinebene bot, zurückzuerobern. Specketer diente im schwäbischen Landwehr-Infanterie-Regiment (LwIR) Nr. 123, das mit Kriegsbeginn in den südlichen Vogesen zunächst nur Grenzschutzaufgaben betreiben sollte. Die Regimentsgeschichte erwähnt den Leutnant Specketer erstmals bereits im Oktober 1914 (A. Mack, Württembergisches Landw.-Inf.-Regiment Nr. 123 im Weltkrieg 1914-1918, Stuttgart 1922, S. 23-32):

*„Am 21.10. greifen 20 Alpenjäger den Posten im Forsthaus Thierenbach an. Mit Hilfe der Patrouille von Leutnant Specketer wird der Feind mühelos vertrieben. Eine besonders erfolgreiche Einrichtung traf das Regiment in den ersten Tagen des Oktober. Nachersatz war vom Ravensburger Ersatzbataillon eingetroffen, darunter über 100 Kriegsfreiwillige; junge, frische, unternehmende Leute, aus denen in den nächsten Jahren viele Offiziere hervorgingen. Sie wurden zunächst nicht auf die Kompagnien verteilt, sondern zu einem ganz besonderen Patrouillenkommando*

*zusammengestellt. Zum Führer wurde Oberleutnant Leuze (11. Komp.) berufen. Als Zugführer traten drei im Aufklärungsdienst besonders bewährte Leutnants des I./LwIR 123 hinzu: Leutnant Specketer, Sanders und Dietterlein. Die frisch-frohe Begeisterung, die mutige Unternehmungslust und die jugendliche Beweglichkeit, die sie für die Erkundungstätigkeit mitbrachten, hat große Früchte getragen (...) S. 28 Die Offensive der Franzosen an der Vogesenfront kam; sie setzte im Anfang Dezember 1914 ein. Sie war nur ein Teil des Durchbruchsversuchs an der Westfront, der zur Entlastung der verbündeten Russen dienen sollte. Aber ihr Ziel war hochgesteckt: das oberelsässische Industriezentrum Mülhausen und das reiche Kalifeld westlich davon sollten erobert werden (...) Die Offensive traf die schwachen, auf riesigen Abschnitten verteilten schwäbischen Landwehr-Regimenter schwer (...) S. 30 Weihnachten 1914 mußte deshalb vom halben Regiment im schneegefüllten Graben auf scharfer Wacht auf Bergeshöh (700 bis 1000 m durchschnittlich) verbracht werden. Doch die Lage sollte sich verschlechtern: bei Wattweiler wurde auf beiden Seiten erbittert gerungen, der Hirzstein am 26.12. von den Franzosen besetzt. Dann auch der Hartmannsweilerkopf, dessen Kuppe bis zu 956 m ansteigt. Am 4.1.1915 rückte die 8. Kompagnie auf den Hartmannsweilerkopf. Es gelang ihr in schneidigem Vorstoß, die Alpenjäger zurückzudrängen. Da erhielt der Feind Verstärkung, warf die erschöpfte 8. Kompanie zurück. Daraufhin wurde das ganze I. Bataillon auf den Berg angesetzt (...) Der Angriff wurde am 9. Januar, 12.40 Uhr nachmittags, von den deutschen Geschützen eröffnet. Leider war die*

*Beschießung viel zu schwach und viel zu kurz. Die Artillerie war an Gebirgsschießen nicht gewöhnt; die Witterungseinflüsse waren so stark, daß fast alle Schüsse entweder zu kurz oder zu weit gingen. Punkt 1.20 Uhr nachmittags stürmten die Kompagnien los, die 1. von Süden, die 4. von Osten, die 2. von Westen. Die 3. blieb zunächst Reserve. Das Sturmgepäck auf dem Rücken, das Gewehr in der Hand, bahnte sich die Infanterie durch Schnee und Eis den steilen Waldeshang hinauf den Weg. Der Feind war ausgezeichnet im Wald versteckt. Auf hohen Tannen saßen, von Zweigen eingehüllt und unsichtbar, auserlesene Scharfschützen, die mit wohlgezieltem Einzelfeuer die nichts ahnenden Angreifer empfingen. Trotzdem gelang es der 1. und der 4. Kompagnie, die Kuppe zu erreichen und bis auf 20 m vor den starken Drahtverhau der festungsartigen Stellung heranzukommen. Die 2. Kompagnie geriet zu weit nach Osten und schob sich hinter die 1. Komp., so daß die Umfassung nicht zur Durchführung kam. Nun eröffnete der gut verschanzte Feind das Feuer, das aus der Flanke verheerend wirkte. Schwere Verluste traten ein. Der tapfere Major Sprandel, der, den Degen in der Hand, hinan gestürmt war, wurde von den scharfen Augen eines Baumschützen sofort erkannt und schwer verwundet. Nach 20 Minuten hauchte er seine Seele aus. Die Führung des Bataillons fiel Hauptmann Graf zu, der sich bei den Leuten seiner 1. Kompagnie in der vordersten Linie befand. Er wollte nun, den Plan der Umfassung wieder aufnehmen, die 2. Komp. nach Westen schieben und dann mit dem Bajonett die Stellung stürmen. Es war nicht auszuführen. Zu stark und tief war das Drahtverhau, zu wohl versteckt der*

*Gegner; zu rasend das Feuer, das er den Stürmenden, die sich in den hart gefrorenen Grund nicht einzugraben vermochten, entgegenschleuderte. So geriet der Sturm ins Stocken. Die Stellung und die Stärke der feindlichen Besatzung war viel stärker, als die Führung geglaubt hatte. Die ganze Nacht blieb das Bataillon vor dem Feinde, in bitterster Kälte – 10 Grad des Nachts und in 60 cm hohem Schnee liegen."*

Schwer verwundet wurde bei dieser Unternehmung auch der Leutnant Specketer. In der Stellenbesetzungsliste vom 23. April 1915 erscheint der inzwischen wohl wieder genesene Specketer nochmals als Zugführer der 8. Kompanie. Danach ist in der Regimentsgeschichte aber keine Rede mehr von ihm. In der nächsten Stellenbesetzungsliste vom 2. Januar 1917 (und allen späteren) taucht sein Name nicht mehr auf. Wahrscheinlich wurde Specketer, da sein Name auch in den Verlustlisten nicht mehr erscheint, in eine der vielen neue aufgestellten Einheiten versetzt. Der Hartmannsweilerkopf wurde schließlich erst am 19. Januar 1915 durch deutsche Jägertruppen erobert, die ihn bis Weihnachten 1915 halten konnten, ehe er wieder verloren ging und am 26. Dezember 1915 erneut gestürmt werden musste.

## 5. Herbstschlacht in der Champagne

Währenddessen tobte im Herbst 1915 die zweite Schlacht in der Champagne, die sogenannte Herbstschlacht. Das alliierte Oberkommando hatte nach dem enttäuschenden Ausgang der ersten Champagne-Schlacht seine Sturmtruppen neu ausgebildet, um an derselben Stelle wie zuvor, nur mit noch mehr Artillerieunterstützung, erneut einen groß angelegten Durchbruch durch die deutsche Front zu erzwingen. Insgesamt 27 französische Divisionen sollten einen Frontabschnitt der lediglich von 7 deutschen Divisionen gehalten wurde, frontal durchbrechen. Gleichzeitig wurden einige Ablenkungsangriffe bei Arras unternommen. Für den 25. September 1915 war der Beginn der Offensive festgesetzt. Das X. AK, das den Sommer über im Osten im Einsatz gewesen war, gelangte gerade rechtzeitig wieder in der Champagne an, um diese Offensive abzuwehren. Dem X. AK wurde eine Stellung bei Tahure, nur wenige Kilometer von Perthes entfernt, wo das X. RK im Februar die erste Champagne-Schlacht mitgemacht hatte, zugewiesen. Vom 1. bis 6. Oktober lagen diese Stellungen unter schwerstem Feuer, als die französische Infanterie, die am 25. September einige Kilometer Raum hatte gewinnen können, am 6. Oktober morgens um 5 Uhr erneut angriff. Getroffen wurde davon auch das IR 79 (Heinz Brandes, Geschichte des Königlich Preußischen Infanterie-Regiments von Voigts-Rhetz Nr. 79, Hildesheim 1931, S. 151):

*„Überall in der vielgezackten Stellung empfing die Angreifer ein mörderisches Gewehr- und Handgranatenfeuer. Der Angriff kam ins Stocken. Die 6. Kompanie verlor in den heißen Kampfstunden ihre*

*beiden letzten Degenträger. Der Kompagnieführer, Ltn. d.R. Pape fiel an der Spitze seiner Getreuen im Handgranatenkampf, und kurze Zeit darauf wurde Ltn.d.R. Brehme verwundet."*

Der hier genannte Kompanieführer Otto Pape war im Zivilberuf zunächst Schuldirektor in Hoya und dann Schulrat des Kreises Hoya gewesen. Er stammt aus Graste/Alfeld und war, als er in den Krieg zog, bereits 43 Jahre alt. Das Hoyaer Wochenblatt berichtete zunächst am 18. Oktober über seinen Tod:

*"Am 13. d. M. starb der Königl. Kreisschulinspektor Otto Pape, Ritter des Eisernen Kreuzes, Leutnant der Landwehr und Kompagnieführer im 3. Hannov. Inf-Regt. Nr. 79, den Heldentod für König und Vaterland. Zu den vielen Opfern, die der Krieg bereits gefordert hat, ist also ein neues hinzugekommen, das in weiten Kreisen unserer Fleckensgemeinde innige, wehmütige Teilnahme erwecken wird. Denn eine Reihe von Jahren hindurch hat der nun Heimgegangene die Rektorstelle in unserer Volksschule inne gehabt, und wer ihm in diesen Jahren näher treten durfte, der lernte in ihm nicht nur einen in seinen Ansprüchen bescheidenen, liebenswürdigen und wahrhaft frommen Erdenpilger kennen, sondern er lernte ihn auch als einen begabten und stets pflichtgetreuen Pädagogen, dem nichts näher als die Förderung unserer Schule am Herzen lag, werten und schätzen. Diese Schule war ihm die Heimstätte, an der er am liebsten weilte und an der er am liebsten sich betätigte. Den Lehrern war er ein treuer Kollege, stets darnach trachtend, in Einigkeit des Geistes mit ihnen zu wirken; seine Schüler und*

*Schülerinnen aber umfing er ohne Ausnahme mit gleicher Liebe, mit der Liebe eines treuen Lehrers und Erziehers, der nur ihr zeitliches und ewiges Heil sucht. Auch der Schwächste war ihm nicht zu schwach und der Trägste nicht zu träge, um nicht in geduldiger, nachgehender Liebe stets zu versuchen, ihn in Erkenntnis und frommem Wandel zu fördern. Behörde wie Schulgemeinde haben darum seinem segensreichen Wirken unter uns nie die Anerkennung versagt. Jetzt ruht, was sterblich an ihm war, in fremder Erde. Wir aber wollen, sein Gedächtnis treu bewahrend, ihm nachschauen, wo er nun seine ewige Heimstätte gefunden hat, und unter Gottes gewaltiger Hand uns demütigend, aber zugleich durch ihn in seinem Wort getröstet, sprechen Ave, pia anima. Gott gebe uns dereinst ein seliges Wiedersehen und hinnieden bald, wofür du kämpfest, einen dauernden, ehrenvollen Frieden."*

Ein halbes Jahr, am 8. April 1916, später berichtete dieselbe Zeitung über eine Papes Andenken gewidmete Trauerfeier:

*„Kürzlich fand in der hiesigen Schule eine eindrucksvolle Trauerfeier für den auf dem Feld der Ehre gebliebenen Kreisschulinspektor Pape statt, der lange Jahre Rektor in Hoya war. Ehemalige Schülerinnen haben der Schule sein lebensgroßes Bildnis gestiftet, und dieses hat nun seinen Platz gefunden in dem Klassenzimmer, in dem der Verstorbene früher wirkte. Herr Rektor Mund feierte in bewegten Worten den edlen Menschen und vorbildlichen Erzieher und rief durch seine warmherzigen Ausführungen das Andenken an den von*

*allen hochgeschätzten Lehrer von neuem wach. Das prächtige Bild, das einen Schmuck der Schule bildet, wird das Gedächtnis an Rektor Pape nachhalten bis in ferne Zeiten. Über den Heldentod des Verblichenen schreibt die Hildesheimer Allgemeine Zeitung: Jetzt war der Franzose da, jetzt galt es also noch ein letztes Zusammenraffen der müden, ausgehungerten und ausgedörrten Knochen, getreu der vieltägigen Parole: In Treue fest! Bei der 6. Kompagnie warf sich der allverehrte Führer selbst, Leutnant d. L. Pape aus Graste, Kr. Alfeld, als erster dem andringenden Feinde entgegen. Mitten im Handgranatenkampf stand er, bis er als erster fiel, ein Opfer seiner treuen Pflichterfüllung und seiner vorbildlichen Führertugend! Aber nicht vergeblich ist er gefallen: der Feind wagte nicht wieder über die Mauer zu kommen, vor der der todwunde deutsche Held mit zwei Gefährten lag. Möge die Erinnerung an den seltenen Mann nicht so bald erlöschen!"*

Papes Bildnis hängt inzwischen nicht mehr in der Hoyaer Schule und mit dem „Gedächtnis bis in ferne Zeiten" ist es nichts geworden. Nach dem Krieg entstand sogar eine Diskussion darüber, ob Otto Pape denn wenigstens auf dem am 7. September 1924 eingeweihten Denkmal der gefallenen Hoyaer Soldaten im Bürgerpark verewigt werden sollte. Der Stadtrat stimmte zuvor über einen entsprechenden Antrag ab und sprach sich, da Pape ja nicht in Hoya gewohnt habe, schließlich einstimmig dagegen aus. Auch eine große gerahmte Schmucktafel mit den Namen sämtlicher gefallener Lehrer (Otto Pape, Wilhelm

Holtz, Heinrich Weber und Friedrich Niemeyer) und Schüler der Hoyaer Mittelschule fristet ihr Dasein inzwischen nur noch in einer Nische des Speichers im Hoyaer Heimatmuseum.

Auch diese zweite Champagne-Schlacht - trotz erhöhtem Materialaufwandes und gesteigerter Opferzahl – führte zu keinem greifbaren Ergebnis. Nach sechs Wochen stellten die Franzosen ihre für sie und die Verteidiger verlustreichen Angriffe ein. Das neben dem IR 79 eingesetzte IR 74 verzeichnete bei der Abwehr dieser Offensive über 120 Gefallene, darunter den Dienstknecht Wilhelm David Niebuhr aus Uepsen (10.10.1915), den Landwirtssohn Heinrich Schneckner aus Bücken (10.10.1915) und den Schuhmacher Karl Griese aus Eystrup (20.10.1915). Im Oktober verlegte das X. AK erneut, diesmal an den Chemin des Dames auf den Caronner Höhen. Hier verblieb es bis Ende Mai 1916 in einer ruhigen Stellung.

Wahrscheinlich auch in der Herbstschlacht in der Champagne wurde im Herbst 1915 der Gefreite Johann zum Mallen aus Schierholz (geboren am 10.12.1894) gefangen genommen. Er diente bei dem neu aufgestellten FAR 99, das leider keine Regimentsgeschichte hinterlassen hat. Die Verlustliste vom 18. Oktober 1915 meldete ihn zunächst als Vermissten der 5. Batterie des FAR 99. Am 14. März 1916 hieß es dann, dass er (und 49 weitere Vermisste seines Regiments aus allen sechs Batterien) laut amtlicher Nachricht bereits im Oktober 1915 in Gefangenschaft geraten seien. In der Liste vom 8. Januar 1917 taucht zum Mallen mit einer überraschenden Neuigkeit auf: *"zum Mallen, Johann, Gefr. – 10.12.94 Schierholz Hoya – bisher als gefangen gemeldet, war in Gefangenschaft Etampes; ausgetauscht."* Weshalb ein Großteil seiner Einheit im Oktober 1915 offenbar gänzlich überrannt und in Gefangenschaft geraten war, lässt sich ebenso wenig erhellen, wie der Grund für den späteren Kriegsgefangenenaustausch.

Leutnant d.R. Hans Eicker, gebürtig aus Hoya, diente im westfälischen IR 57, das im Sommer 1915 bei La Bassee (halbwegs zwischen Arras und Ypern) in Stellung lag. Während in der Champagne die Herbstschlacht tobte, sollte sein davon nicht betroffenes IR 57 am 8. Oktober 1915 einen kleineren Vorstoß unternehmen, um Verbindung zur rechten Anschlusstruppe herzustellen, nachdem in den vorangegangenen Tagen einige Stellungsveränderungen erfolgt waren. Um 13:30 Uhr begann die Artillerievorbereitung. Drei Stunden später griffen die 6. und 8. Kompanie an (Hermann Castendyk, Das Kgl. Preuß. Infanterie-Regiment Herzog Ferdinand von Braunschweig 8. Westfälisches Nr. 57, Oldenburg 1926, S. 91):

*"In jeder Kompanie standen zunächst mehrere Handgranantentrupps hintereinander. Es folgten Träger mit gefüllten Sandsäcken, diesen wieder Trupps mit Gewehren und Handgranaten, dann Trupps, welche Unterstände absuchen und die Brustwehr verkleiden sollten, endlich Ersatzmannschaften der 6. und 8. Kompanie. Die einzelnen Punkte und Gräben, die jede Kompanie zu nehmen und aufzuräumen hatte, waren*

*genau festgelegt. Nachdem pünktlich um 4.30 Uhr nachmittags die Barrikade in Sappe a) durch Sprengung beseitigt war, rückten die ersten Trupps flott vor, ohne zunächst auf erheblichen Widerstand zu stoßen. Als die Spitze 8./57 ungefähr 100 m vorgedrungen war, erfolgte zwischen dem deutschen und dem englischen Graben eine starke Detonation. Die Wirkung der Sprengung war erheblich. Die ersten Handgranatentrupps waren zum größten Teil getötet. Unter den Gefallenen befanden sich Lt. Eicker und Lt. d.R. Mirow."*

Eicker ist weder im Eisernen Buch noch auf dem Hoyaer Denkmal genannt.

## 6. Die übrige Westfront 1915

In dem im Herbst 1914 noch so umkämpften Areal in Flandern (Ypern und Yserkanal) gab es jetzt nur noch geringe Gefechtstätigkeit. Dennoch fielen auch hier im ersten Quartal noch einige Hoyaer, so Johann Becker aus Süstedt am 10. Januar; Heinrich Falldorf aus Schwarme am 19. Januar und Dietrich Schumacher aus Helzendorf am 23. März 1915. Am 22. April fiel im RIR 203 vor Ypern der Bücker Fritz Wübbeling, den das Hoyaer Wochenblatt gesondert würdigte:

*„Den Heldentod fürs Vaterland starb am 22. April bei einem Sturmangriff auf dem westlichen Kriegsschauplatze der Kriegsfreiwillige Fritz Wübbeling. In einer ununterbrochenen Reihe heftiger Kämpfe hatte der noch nicht 20jährige junge Held seit*

*vorigem Herbst sich hervorragend tapfer gezeigt. Bei Ypern, Perthes usw. hat er in Nahkämpfen und Sturmangriffen oft den Tod vor Augen gehabt. Vor kurzem war ihm für seine außergewöhnliche Pflichttreue, Umsicht und Tapferkeit das Eiserne Kreuz verliehen worden. Seine Kameraden und Freunde haben an ihm einen stets fröhlichen, hilfsbereiten Freund verloren. Auch der Vater dieses jungen Helden wurde im Jahre 1870 in Frankreich schwer verwundet. Ein Granatsplitter verletzte ihm den Hals, so daß er seitdem fast seine Sprache verloren hat und nur leise sprechen kann."*

Im Eisernen Buch taucht jetzt als Ort der Gefechtshandlungen aber auch der Argonnerwald auf. In diesem Waldgebirge der Champagne zwischen Reims und Verdun fielen am 5. März 1915 der Schmied Heinrich Holthus aus Hassel (Pionier-Bataillon Nr. 16) und am 15. März 1915 Dietrich Maschendorf (IR 77).

# VII. 1916: Verdun, Somme, Rumänien

## 1. Verdun

Die deutschen Armeen hatten im Jahre 1915 auf Angriffe an der Westfront weitgehend verzichtet, da ihnen für größere Operationen – die im Osten geführt wurden - schlicht die Kräfte fehlten. Das sollte sich im Jahr 1916 ändern: Am 21. Februar 1916 begann eine Offensive auf den Festungsgürtel von Verdun. Der Angriff kam für Frankreich überraschend und führt, mit einem zweiten Vorstoß vom 25. Februar, zu relativ großen Geländegewinnen und zur Eroberung des im nördlichen Festungsgürtel liegenden Panzerforts Duoaumont. Frankreich warf daraufhin weitere Divisionen nach Verdun, so dass die Schlacht sich zwar ausweitete, weitere deutsche Erfolge aber zunächst ausblieben. Die deutschen Einheiten blieben im heftigsten Artilleriefeuer zunächst unmittelbar südlich des Duoaumont liegen.

In dieser Situation wurde das X. Reservekorps am 14. März aus den Vogesen (wo es ja bereits seit Mai 1915 in ununterbrochenem Einsatz gestanden hatte) abgezogen. Im RIR 74 hatte sich bereits herumgesprochen, dass der nächste Einsatz – nach den kräftezehrenden Gefechten um den Hartmannsweilerkopf - wohl nur in der bereits seit drei Wochen tobenden neuen Schlacht um Verdun erfolgen könne. Das Regiment in einer Stärke von jetzt 81 Offizieren und 2630 Unteroffizieren und Mannschaften wurde mit dem gesamten Korps ab sofort der 5. Armee unterstellt. Es verlegte per Eisenbahn bis nach Stenay und wurde von dort am 19. März in den Fossewald nördlich Verdun vorgezogen. Dieser Wald, genutzt als rückwärtiger Verfügungsraum, lag bereits so nahe der Front, dass er von der französischen Artillerie mehrmals täglich mit Feuerüberfällen belegt wurde. Zunächst war ein direkter Kampfeinsatz des RIR 74 nicht geplant. Dafür mussten die Soldaten aber ebenso gefährliche Trägerdienste für die vorne liegenden Truppen leisten. Sämtliche Munition und Verpflegung (insbesondere Trinkwasser) für die vorderste Kampfstellung musste - im bergigen Gelände - zu Fuß durch den Fosseswald, dann über die deckungslose Höhe 378 und anschließend durch die Minzeschlucht (die sogenannt „Totenschlucht"), auf matschigen, steilen und ständig unter Artilleriefeuer liegenden Trampelpfaden, nach vorne gebracht werden. Bei diesen Versorgungsgängen erlitt das Regiment (zumal einige Streckenabschnitte von feindlicher Seite gut einsehbar waren und die Artillerie sogar auf einzelne Soldaten ihre Granaten verschoss) täglich Verluste, die sich bis Ende März bereits – ohne jegliches eigenes Infanteriegefecht - auf 70 Tote und 150 Verwundete summierten; die „Totenschlucht" war nicht von ungefähr so benannt worden. Bereits am 20. März fiel hier bei RIR 74 der Musiker Friedrich Nordhausen aus Asendorf, im April der Landwirt Heinrich Trütner aus Oerdinghausen und der aus Hannover gebürtige Hoyaer Postgehilfe Eduard Sander. Das Ziel der Zuträger waren die Truppen, die unmittelbar westlich des Forts Duoaumont am Albainrücken lagen, einem Höhenzug, der mit weiteren französischen Zwischenstellungen bestückt war. Dort lagen die vorderen Regimenter seit Ende Februar fest. Mitte April sollten die Einheiten des X. RK dann den Angriff weiter vorwärts tragen.

Am 17. April legte daher die deutsche Artillerie mit mehr als eintausend Geschützen ein Vernichtungsfeuer auf einen lediglich 1,5 Kilometer breiten französischen Stellungsabschnitt, wodurch es dem RIR 92 dann gelang, erfolgreich die vorderste französische Stellung am Albainrücken zu stürmen und 1500 Gefangene einzubringen. Am Tag darauf musste RIR 74 das erschöpfte RIR 92 in der neuen vordersten Stellung ablösen. Allein dieser Vormarsch zur Ablösung kostete das RIR 74 – wiederum durch ununterbrochenes französisches Artilleriefeuer auf den Anmarschwegen - erneut 18 Gefallene. Sobald die vorderste Stellung dann erreicht war, wurde die Lage etwas besser, da man sich an Ort und Stelle tief eingraben und damit vor den weit fliegenden Splittern der Granaten Deckung finden konnte. Hier blieb das RIR 74 vier Tage in Stellung und wehrte französische Gegenangriffe ab. Dann wurde es wieder für einige Tage abgelöst. Am 30. April wurden um 23:00 Uhr sämtliche Uhren um eine Stunde vorgestellt, die Heeresleitung hatte die Sommerzeit erfunden.

Ebenfalls vor Verdun, einige Kilometer östlich

der Stellung des RIR 74, fiel am 1. Juni auch der im Eisernen Buch als Oberlehrer ausgewiesene Leutnant d.R. Georg Beermann aus Asendorf. Er wurde am 12. März 1915 (noch als Offizier-Stellvertreter) bei 2./LwIR 76 erstmals verwundet gemeldet. Später war Beermann dann als Zugführer im 3./GrenReg 1 tätig, dass im Mai 1916 in die Schlacht um Verdun geschickt wurde. Er fiel dort am 1. Juni 1916 bei einem Angriff seines Regiments, unmittelbar am jetzt von deutschen Truppen angegriffenen Fort Vaux, das – in Sichtweite des bereits eroberten Forts Duoaumont – das nächste Ziel der Angreifer im nordöstlichen Verteidigungsring Verduns darstellte. Das Festungswerk Fort Vaux sollte eigentlich unmittelbar nach der Einnahme des Duoaumont bereits Ende Februar erobert werden. Die französische Armee hatte aber auch hier laufend frische Reserven vor dem Fort in Stellung gebracht, so dass ein Durchbruch zunächst nicht zu erzielen war. Nach mehreren Fehlschlägen im März und April sollte der Angriff dann mit frischen Kräften am 1. Juni endlich gelingen. Im Verband mehrerer Divisionen sollte das GrenReg 1 aus seiner Stellung vor dem Caillettewald (am Südrand des Fort Duoaumont) treten und die Spitze des Angriffs bilden. Die vier Kompanien des I. Bataillons sollten in drei Wellen mit je 50 m Abstand den Angriff durchführen, wozu ihnen spezielle Sturmtrupps, Pioniere und neue Flammenwerfer zugeteilt wurden. Zuerst musste der Caillettewald, der aber bereits nur noch aus zerschossenen Baumstümpfen bestand, dann der

Abschnitt des Vauxbaches und endlich die Höhenstellung des Fumin mit dem Fort Vaux genommen werden. Tatsächlich gelang es den am Angriff beteiligten Einheiten diesmal ihre Ziele sämtlich zu erreichen. Das Fort Vaux wurde eingeschlossen und einige Trupps gelangten bis in die Festungsanlagen hinein. Die Kämpfe im Inneren des Forts dauerten noch weitere fünf Tage

an, ehe die abgeschnittene französische Besatzung schließlich kapitulieren musste. Beermann fiel, als sein Zug gerade am Fort Vaux angelangt war (Franz von Gottberg, Das Grenadier-Regiment Kronprinz 1. Ostpreußisches Nr. 1 im Weltkriege, Berlin 1927, Band 1, S. 322).

Die niedersächsischen Jägerbataillone, die bereits in Italien und Serbien im Einsatz gewesen waren, verlegten im Sommer 1916 ebenfalls nach Verdun und traten dort am 8. Juni in Gefechtstätigkeit. Ihr Angriffsabschnitt lag mittig zwischen denen am Fort Vaux (Beermanns GrenReg 1) und dem Albainrücken (RIR 74). Das Alpenkorps wurde zunächst nicht geschlossen sondern nur in einzelnen Einheiten eingesetzt. Vor dem ersten Einsatz wurden erstmals die neu eingeführten Stahlhelme ausgegeben, die den bis dahin getragenen Tschako ablösten. Die Ausgangsstellung der Jäger lag zunächst unmittelbar südlich des Forts Douaumont. Gestürmt werden sollte am 8. Juni der südlich des Forts Duoaumont liegende Bahndamm zwischen den Dörfern Douaumont und Fleury (die beide, ebenso wie der Bahndamm, nicht mehr bestehen),

Gefechtsskizze Verdun, aus: Jung, Goslarer Jäger im Weltkrieg, Anhang

eine Distanz von knapp tausend Metern. Das Angriffsziel lagdamit nur etwa 150 m östlich des nach dem Krieg errichteten heutigen Beinhauses von Verdun. Der Angriff gelang und die Stellung konnte, wenn auch unter erheblichen Verlusten, entsprechend bis an den Bahndamm vorverlegt werden. Hier fielen im Reserve-Jäger-Btl 10 der Hoyaer Bahngehilfe Wilhelm Meyer und im 4./Jäger-Btl 10 der Asendorfer Friedrich Grundmann. Mit am Angriff beteiligt war auch Leutnant d.R. Werner Behrens, gebürtig vom Gut Nenndorf/Berxen, als Offizier bei 4./Jäger-Btl 10, der diesen ersten Einsatz bei Verdun noch unverletzt überstand. Nach dem erfolgreichen Vorstoß wurden die Jäger zunächst abgelöst, um sich im rückwärtigen Bereich der Front zu erholen.

Eine Woche später sollten auch die niedersächsischen Reserveregimenter am benachbarten Albainrücken weiter angreifen. Dort war der inzwischen zum Oberleutnant beförderte Hoyaer Postsekretär Erich Hesse mit dem RIR 73 am 15. Juni, nur knapp zwei Kilometer westlich der von den Jägern um Leutnant Behrens eroberten Position am Bahndamm, zum Angriff auf die nächste französische Stellungslinie, den Thiaumontrücken, befohlen. Hesses 2. Kompanie wurde dabei durch wütendes Abwehrfeuer gleich zu Beginn ihres Sturmangriffs ganz zersprengt, konnte sich abends aber wieder sammeln und bei der Verteidigung der inzwischen glücklich eroberten französischen Stellung unterstützen (Prietze, a.a.O., S. 351).

Weitere acht Tage später sollte das Alpenkorps dann in einem weiteren großen Angriff nun auch die Forts Souville und St. Mihiel, die den weiteren

Weg in die Stadt Verdun hinein sperrten, wegnehmen. Am 21. Juni war das Jäger-Btl 10 dazu wieder in seine alte Stellung an dem am 8. Juni eroberten Bahndamm zurückgekehrt. Der Angriff sollte am 23. Juni beginnen. Das Jäger-Btl 10 sollte dabei das von Granaten schon vollkommen eingeebnete Dorf Fleury erobern. Der Nenndorfer Leutnant Behrens fungierte in diesem Angriff als Kompaniechef 2./Jäger-Btl 10 und wurde an diesem Tag schwer verwundet. Die Verlustlisten meldeten ihn (am 19. Juli 1916) dabei als „abermals" schwer verwundet, wobei sich eine erste Verwundung in den Listen aber nicht auffinden lässt. Leutnant Behrens war spätestens seit Anfang 1915 bei Jäger-Btl 10 im Einsatz, da er in der Stellenbesetzung des Jäger-Bataillons erstmals im Frühjahr 1915 genannt wurde. Er hat trotz der Verwundungen den Krieg überlebt und wird in der später verfassten Bataillonsgeschichte selbst zitiert (Fritz Jung, Goslarer Jäger im Weltkriege, I. Band, Hildesheim 1933, S. 220):

*„In der Nacht vor dem Angriff erlebte ich ein überwältigendes Schauspiel. Von einer Seite wurde durch Leuchtkugeln Sperrfeuer angefordert. Kurz darauf setzte auch von der anderen Seite Sperrfeuer ein. Kaum 100 m vor uns stand, wie eine Feuerwand, das deutsche Sperrfeuer, während dicht hinter uns an den Hängen des Dreieckswaldes der Franzose seinen Eisenhagel niederprasseln ließ. Dazu Leuchtraketen in den verschiedensten Farben und ein Getöse der krepierenden Granaten, so daß die einzelnen Detonationen in eine einzige überzugehen schienen.*

*Dieses Bild war derartig schön, daß ich die Gefahr vergaß, und mir oben vom Bahndamm dieses großartige Feuerwerk ansah"*, berichtete Leutnant Behrens. *8 Uhr! Und allen Gewalten zum Trotz – wie ein Mann erhebt sich die vordere Welle und stürmt unmittelbar hinter dem eigenen Feuer feindwärts. Welle auf Welle folgt (...) Jetzt gings im schnellen Lauf den vor uns liegenden Hang Richtung Fleury-Souville hinauf. Vor dem Feuer unserer eigenen Artillerie herlaufend, gewannen wir schnell die Höhe. Rechts von uns das Dorf Fleury, halblinks düster und griffbereit das Fort Souville. So war die Höhe von Fleury erreicht. Links von uns scheint es nicht zu klappen. Aus der Richtung Fort Souville erhalten wir flankierendes Feuer. Lt. Behrens schwenkt mit einem Teil der Kompagnie nach links ein. Da traf ihn im Sprunge der Schuß. 'Ich rolliere wie ein gut getroffener Hase', so schreibt Lt. Behrens, ,und lande in einem tiefen Granattrichter. Einen Augenblick ist noch Freund Lt. Hamel bei mir, um mir beim Verbinden zu helfen. Dann muß er weiter, um die Kompagnie zu übernehmen' (...) Was wir am heutigen Tag erreichten, ist viel! Seit langem ist vor Verdun kein so großer Erfolg zu verzeichnen gewesen. Mehrere Tausend Gefangene und viele MG sind eingebracht, aber trotzdem war die befohlene Fortlinie nicht erreicht worden."*

Der Angriff gelangte also erfolgreich bis ziemlich genau dorthin, wo heute das erneuerte „Memorial de Verdun" an der Stelle des Bahnhofs des ehemaligen Dorfes Fleury steht. Das nur etwa dreihundert Meter benachbart liegende Fort Souville konnte aber weder an diesem noch an einem der folgenden Tage erobert werden. Die deutschen Truppen blieben in dieser Richtung etwa an der Stelle, an der die wiederaufgebaute Chapelle Ste Fine steht, liegen. Der Nenndorfer Leutnant Werner Behrens kam in der Schlacht von Verdun mit seiner Einheit also soweit voran, wie niemand vor oder nach ihm. Das Jäger-Btl 10 wurde nach kurzer Ablösung nochmals in dieser Stellung bei Fleury eingesetzt und dann am 13. August endgültig von Verdun abgezogen. Die von anderen Truppen übernommene Frontlinie blieb dann bis in den August unverändert. Der Angriff vom 23. Juni stellte aber beinahe schon den Schlusspunkt der deutschen Bemühungen vor Verdun dar. Der Höhepunkt der Schlacht war jetzt überschritten. Die Deutschen hatten zwar etwas Gelände gewonnen und die berühmten Forts Douamont und Vaux erobert, am Ende blieb die Offensive aber unter ungeheuren Verlusten stecken und änderte nichts an der strategischen Gesamtlage. Schließlich eroberten die Franzosen das verlorene Terrain nach und nach wieder zurück. Zunächst gingen das Dorf Fleury, dann das Fort Vaux und am 24. Oktober 1916 auch das Fort Duoaumont wieder verloren.

Bereits Ende Juni waren die Reserve-Regimenter des X. RK endgültig von Verdun abgezogen und anschließend für zwei Monate im ruhigeren Argonnerwald stationiert worden. Von den vor Verdun im Einsatz befindlichen Regimentern des X. RK sind offenbar mindestens 21 Soldaten aus dem Kreis Hoya zwischen März und Juni 1916 gefallen. Neben den Gefallenen des RIR 74 verlor das RIR 73 bei Verdun sieben Soldaten aus dem Kreis Hoya (Dachdecker Johann Cordes aus Haendorf am 10.4., Haussohn Wilhelm Brinkmann aus Eitzendorf Nr. 111 am 12.4. vermisst, Pächter Max Timmen aus Schwarme am 12.4., Heinrich Bünder aus Weseloh am 15.4., Landwirt Heinrich Ahrenshop aus Asendorf am 28.4., Haussohn Johann Winter aus Loge am 8.6. und Lehrer Wilhelm Ostermeyer aus Asendorf bei dem großen Angriff vom 15.6.1916). Beim RIR 78 verloren sogar acht Mann aus dem Kreis ihr Leben (Friedrich Bolte aus Brebber am 25.3., Johann Koch aus Homfeld am 5.4., Hermann Engelke aus Calle am 17.4., Johann Knipping aus Bücken und Heinrich Schierholz aus Schweringen am 21.4., Wilhelm Ohlhoff aus Oedringhausen am 28.4., Fritz Meyer aus Mehringen am 11.5. und Dietrich Ruge aus Hoyerhagen am 16.5.1916). Bei RIR 92 fielen vor Verdun Hermann Bückmann aus Oerdinghausen und Wilhelm Hustedt aus Schwarme (3. und 9.4.1916).

Im September wurde die 19. RD (wie die aktiven Divisionen bereits im März 1915) von vier auf drei Regimenter verkleinert. Die Wege des RIR 74, das der neu aufgestellten 213. ID (mit IR 368 und IR 149) unterstellt wurde, und der „Schwesterregimenter" RIR 73, 78 und 92 trennten sich nun.

## 2. Somme

Um die Franzosen in der kräftezehrenden Schlacht bei Verdun zu entlasten, gingen die Engländer ab dem 1. Juli an ihren Frontabschnitten an der Somme im Norden Frankreichs zum Angriff über. Auch an dieser Schlacht nahmen etliche Hoyaer Soldaten teil. Während das im Sommer 1916 zunächst in den Argonnen verbliebene RIR 74 erst vom 15. bis 28. September 1916 in der Somme-Schlacht zum Einsatz kam (und die RIR 73, 78 und 92 erst ab Oktober), war das FR 73 bereits im August in diese Schlacht entsandt worden.

Die Engländer hatten mit 20 Divisionen eine große Offensive mit Schwerpunkt auf dem nördlichen Flussufer der Somme zwischen Peronne und Bapaume (Hochfläche von Combles) begonnen. Trotz eines einwöchigen vorbereitenden Artilleriefeuers und einer erheblichen Überlegenheit an Mannschaften gelang der große Durchbruch aber auch hier nicht. Die deutsche Verteidigung war durch ein siebentägiges Trommelfeuer zwar erschüttert aber nicht vernichtet. Die Verluste der Engländer werden allein für den 1. Juli mit bis zu 20.000 Gefallenen (die im festen Vertrauen darauf, sämtliche deutsche Verteidiger mit der Artillerievorbereitung ausgeschaltet zu haben, nicht wie üblich sprungweise in kleinen Gruppen sondern in dichten Schützenlinien im Schritttempo vorrückten) angegeben und seien damit die höchsten Tagesverluste des ganzen Krieges gewesen. Der erste Angriff und die nachfolgenden

Vorstöße mit frischen Truppen führten zwar zu kleineren Geländegewinnen, ein größerer Durchbruch oder ein Aufrollen der gesamten Front war aber nicht zu erreichen. Dennoch führte die Abwehr dieser Offensive auch auf deutscher Seite zu gewaltigen Verlusten.

Das FR 73 war am 22. August zum unterstützenden Einsatz und zur Ablösung abgekämpfter Regimenter gegen die immer noch andauernden englischen Angriffe nach Combles, 6 km nördlich der Somme, gerufen worden. Das bis zum 1. Juli noch ganz unbeschädigte Etappenstädtchen Combles war mit Beginn der Offensive dauerhaft beschossen und in eine einzige Ruinenlandschaft verwandelt worden. Das FR 73 gab hier im Tausch gegen die neu eingeführten Stahlhelme die bislang getragenen Pickelhauben ab und rückte bereits am nächsten Tag als Ablösung der abgekämpften Fronttruppen in deren vorderste Stellung bei Guillemont, westlich Combles ein. Schützengräben waren aufgrund der gewaltigen englischen Artilleriewirkung nicht mehr vorhanden, so dass die Verteidigungslinie nur noch aus einer Reihe besetzter Granattrichter bestand. Alle drei Tage wechselten sich die Bataillone in der unter dauerndem Artilleriefeuer stehenden vordersten Stellung ab. Am 1. September sollte das I. Bataillon mit der 2. Kompanie aus dem Ruhequartier in Combles wieder in die vorderste Linie einrücken. Noch beim Sammeln wurde der Zugführer des zweiten Zuges, der Leutnant und spätere Schriftsteller

Ernst Jünger, von einem Schrapnell getroffen und musste verwundet abtransportiert werden. Seine Kompanie übernahm wenige Stunden später den vorderen Rand der Verteidigung bei Guillemont und wurde dort am nächsten Tag - bei einem weiteren großen englischen Infanterieangriff - weitgehend aufgerieben. Dabei kamen auch zwei Kreis-Hoyaer dieser 2. Kompanie FR 73 ums Leben. Der Gefreite Johann Hillmann aus Oerdinghausen wird nach den Angaben im Eisernen Buch seit dem 7. September vermisst. Der Füsilier Friedrich Brüns aus Hassel wurde zunächst ebenfalls als vermisst gemeldet. Im Eisernen Buch wird er aber als Gefallener des 6. September angegeben. Auch der Kaufmann und Unteroffizier Ludwig Martens aus Bücken wurde bei diesem Regiment (3./FR 73) in derselben Verlustliste als vermisst gemeldet. Im Eisernen Buch wird er seit dem 3. September als vermisst angegeben.

Ebenfalls in der Somme-Schlacht verwundet wurde der aus Bücken gebürtige Leutnant d.R. Wilhelm Schlöndorn vom IR 68. Schlöndorn war zunächst als Vizefeldwebel (verwundet im Dezember 1914 an der Westfront) und ausweislich der Regimentsgeschichte mit Beförderung vom 4. September 1915 als Leutnant d.R. und Zugführer zunächst in der 3. und dann der 1. Kompanie des IR 68 eingesetzt. Schlöndorns Regiment war bereits am 7. August an die Somme-Front geschickt worden und ging am 11. des Monats zwischen Thiepval und Pozieres – ca. 5 km nordwestlich

Combles - in Stellung. Auch hier bestand die Frontlinie nur noch aus einzelnen Löchern, so dass sich die zumeist in der Nacht erfolgenden Ablösungen im Gelände nur schwer zurecht fanden. Am 14. August konnte das IR 68 seine Stellung gegen einen englischen Frontalangriff noch weitgehend halten. Bei einem weiteren Angriff am 18. August wurde eines seiner drei Bataillone aber beidseitig umgangen und schließlich ganz eingekesselt. Nachdem die Munition verschossen und mit einem Ersatzangriff der eigenen Truppen nicht mehr zu rechnen war, verständigte sich der Bataillonskommandeur schließlich mit dem kommandierenden englischen Offizier auf eine ehrenvolle Kapitulation. Schlöndorns 1. Kompanie war dieser Einkesselung haarscharf entgangen und hatte sich rechtzeitig fechtend zurückziehen können. Die Reste des Regiments nahmen eine neue rückwärtige Stellung ein und wehrten in den nächsten Tagen weitere kleinere Angriffe ab. Dabei wurde Schlöndorn am 24. August, gerade bevor seine Einheit ganz aus der Front abgelöst wurde, verwundet. Er kehrte ausweislich der Stellenbesetzungslisten der Regimentsgeschichte auch nicht mehr zu seiner Einheit zurück. Das IR 68 verlor in den knapp zwei Wochen des Einsatzes 123 Tote, 582 Verwundete und 288 Vermisste, die zum Teil in Gefangenschaft geraten oder ebenfalls gefallen waren (Fritz Pafferath, Die Geschichte des 6. Rheinischen Infanterie-Regiments Nr. 68 im Weltkriege 1914-1918, Berlin 1930, S. 274).

Im RIR 74 kamen der Maurer Wilhelm Hupe aus Asendorf (19.9.1916) und der Musiker Fritz Merz aus Hoyerhagen (29.9.1916) an der Somme um. Im RIR 73 fielen dort der Schneider Fritz Haack aus Schweringen (12.10.1916) und der Lehrer Hermann Heidorn aus Bücken (23.10.1916, Heidorn wird allerdings in den Verlustlisten für 1916 nicht erwähnt).

Ein weiteres Opfer der Schlacht an der Somme ist der Wecholder Leutnant d.R. Johannes Albrecht, ältester Sohn des dortigen Pastors Albrecht. Er diente im thüringischen IR 95, das vor dem Krieg in Gotha, Hildburghausen und Coburg in Garnison lag. Das Regiment war bis zur Schlacht von Charleroi/Namur (August 1914) kurz im Westen, dann im Osten und Anfang 1916 wieder im Westen im Einsatz gewesen. Im Sommer 1916 kam es an die Somme und hielt hier die Ancrestellung (Arno Buttmann, Kriegsgeschichte des 6. Thüringischen Infanterie-Regiments Nr. 95, Zeulenroda 1935, S. 169):

*„In der Nacht zum 28. Oktober 1916 griffen mehrere feindliche Patrouillen überraschend, jedoch erfolglos die Barrikade im Ostteil von St. Pierre Divion an. Am Abend des gleichen Tages versuchte der Gegner einen ersten Handstreich auf die vorspringende Barrikade der 11. Komp., auch hier wurde er mit blutigen Köpfen heimgeschickt. In der Nacht zum 2. November gewahrten die Posten in der Sandsackbarrikade der 11. Komp. wiederum eine anschleichende Patrouille; sie wurde im Handgranatenkampf vertrieben. Aber gerade diese Stelle*

*schien es dem Gegner angetan zu haben: am Spätnachmittag des 4. November brach erneut ein starker Trupp gegen die Barrikade vor, ein Offizier mit vorgehaltener Pistole voraus. Leutnant d.R. Albrecht verteidigte mit seinem Zuge die Barrikade in verbissener Zähigkeit; die Musketenschützen leisteten ihm dabei wirksame Hilfe. Trotzdem der Angriff des Engländers durch heftiges Gewehrfeuer und schließlich noch durch Minenwerfer unterstützt wurde, blieben alle Versuche, an den deutschen Graben heranzukommen, erfolglos. Mit Mühe erreichte der Feind wieder seine Ausgangsstellung. Leutnant Albrecht und 15 Mann der 11. Komp. wurden in dem Kampf verwundet, darunter ein Unteroffizier tödlich."*

Am 13. November wurde das Regiment dann von einem starken britischen Angriff doch noch zurückgedrängt. Die vorderste Stellung ging verloren. Der schwer verwundete Leutnant Johannes Albrecht verstarb am 16. November im Lazarett. Die Somme-Schlacht endete mit diesen Angriffen. Der Status quo an der Westfront hatte sich auch in dieser gewaltigen Materialschlacht letztlich nicht geändert.

Relativ „ruhig" war es dagegen 1916 an der Front in Flandern. Auch hier gab es aber nach wie vor Verluste. Leutnant d.R. Heinrich von Oeste stammt gebürtig aus Schwarme. Die Verlustliste vom 23. August 1916 meldet ihn als Gefallenen bei 8./RIR 215. Die Regimentsgeschichte gibt an, dass er Anfang August bei Wytschaete/Flandern eine Erkundungspatrouille gegen die englischen Stellungen angeführt habe (Max Mangels,

Königlich Preußisches Reserve-Infanterie-Regiment Nr. 215, II. Teil, Zeulenroda 1939, S. 68):

*"Gerade beim Zurückkrebsen erhielt Leutnant von Oesten den Todesschuß."*

Von Oeste starb im Lazarett in Werwicq. Im Eisernen Buch ist er nicht erwähnt.

## 3. Das Alpenkorps in Rumänien

Nach ihrer Ablösung vor Verdun hatten die niedersächsischen Jägerbataillone erst Mitte August 1916 in die Argonnen verlegt, als sie kurze Zeit später schon wieder an eine andere Front gerufen wurden: Rumänien trat im September 1916 auf Seiten der Entente in den Krieg ein, wodurch die Gefahr eines rumänischen Einfalls in das damals zu Österreich-Ungarn gehörige Transsilvanien drohte. Da die österreichischen Truppen an der Ostfront und in Italien gebunden waren, sagte die deutsche Heeresleitung als Hilfsleistung die Verlegung ihrer 9. Armee samt des Alpenkorps zu. Folglich wurden Jäger-Bataillon 10 und Reserve-Jäger-Bataillon 10 sofort von der Westfront nach Siebenbürgen verlegt. Hier war inzwischen die damals zu Österreich-Ungarn gehörende Stadt Hermannstadt (heute „Sibiu") von der rumänischen Armee bereits besetzt worden. Die 1. rumänische Armee war über die einzige Straße, die aus Rumänien (Walachei und Banat) durch das unwirtliche Gebirge der Südkarpathen in das (ungarische) Becken von

Hermannstadt führte, eingefallen. Diese Straße - der „Rote-Turm-Paß" - war das Angriffsziel der hier zum Einsatz kommenden 9. deutschen Armee und des Alpenkorps.

Zeitlich noch vor den Jägerbataillonen gelangte das IR 188 in Rumänien zum Einsatz. Dieses Regiment war erst im Mai 1915 aufgestellt worden und hatte zunächst in den Vogesen gekämpft. Am 31. August 1916 war es in Mühlhausen verladen und über Wien, Budapest und Arad nach Mühlbach in Transsilvanien geschickt worden. Von dort marschierte das Regiment in Richtung Hermannstadt (Sibiu), bis es am 20. September bei den benachbarten Dörfern Guraro und Orlat (fünf Kilometer westlich Hermannstadt/Sibiu) auf rumänische Vorposten stieß. Schwer verwundet wurde bei den anschließenden Kämpfen der aus Scholen stammende Leutnant d.R. Hermann Gerdes von der 11. Kompanie. Die Regimentsgeschichte hat einen dazu verfassten Bericht des Leutnants Dr. Keitel, nach dem Krieg Studienrat in Bremen, abgedruckt (Ernst Richard Rose, Das Infanterie-Regiment Nr. 188 im Weltkriege, Eisleben 1928, S. 29):

*„Das Dorf Orlat bei Hermannstadt hatten wir dem Feind entrissen. Da erhielten 2 Kompagnien des II./188 am 21. September 1916 den Auftrag, in den frühen Morgenstunden des nächsten Tages das Dorf Guraro, das von den Rumänen noch gehalten wurde, durch nächtliche Überraschung zu nehmen. Zur Verstärkung waren die 11./188 (Leutnant Gerdes) und 4. MG des 1. MGK beigegeben; ein Zug Artillerie sollte sich an dem*

*Handstreich beteiligen. Gegen 4 Uhr morgens sammelten sich die Kompagnien in Orlat auf einem freien Platze an der Straßenbrücke über den Cibin. Dieser Platz grenzte an der einen Seite an eine Fabrik. Als die Offiziere der Inf-Kompagnien nach vorne gerufen waren und die Mannschaften ihr Gepäck abgelegt hatten, fielen plötzlich in der Dunkelheit vom Ufer des Cibin und aus der Fabrik zahlreiche Schüsse auf unsere Truppen. Die Überraschung und die Dunkelheit veranlassten eine Verwirrung, die durch die scheuenden Pferde der Maschinen-Gewehre und der Artillerie noch gesteigert wurde. Da die MG am Ende der Kompagnien waren, konnten sie sofort schußfertig gemacht werden. Sie feuerten zunächst steil in die Luft, um die Rumänen einzuschüchtern und unsere zurückweichenden Truppen nicht niederzumähen. Das MG-Feuer hatte dann auch zur Folge, daß im Nachdrängen der Rumänen über die Cibinbrücke eine Stockung eintrat und ein Teil unserer Truppe sich in Häuser an der Anmarschstraße und in eine Quergasse zurückziehen konnte. Viele Verwundete mußten aber auf dem Platze liegen bleiben. Dies alles war das Werk weniger Augenblicke. Zwei MG wurden nun neben der Fabrikmauer, am Straßeneingang, auf einer kleinen Brücke aufgestellt. Bei dem Durcheinander hatten wir einen Teil der Munitionskästen eingebüßt. Plötzlich ertönten in der Dunkelheit – Leuchtpatronen waren nicht zur Stelle – aus nächster Nähe Trompetensignale und Angriffsgeschrei der Rumänen, die vom Flusse her in breiter Front den Straßeneingang zu stürmen versuchten. Da rasselten beide Maschinengewehre auf kürzeste Entfernung zwischen die Stürmer; hinter dem rechten MG lag der Schütze Ritter aus Linden – er fiel später bei Predeal -, hinter dem anderen ich, an jedem außerdem zwei Schützen. Da fiel über die Fabrikmauer eine rumänische Handgranate zwischen uns. Das rechte Maschinengewehr wurde umgeworfen und seine Bedienung bis auf Ritter so schwer verwundet, daß sie sich nicht mehr retten konnte. Aber der Angriff war abgeschlagen. Das dritte MG nahm nun die Fabrikfenster unter Feuer, um die Feinde aus dieser zu vertreiben. Jetzt war unsere Munition fast verschossen (…) Als es dämmerte konnten wir sehen, daß die ersten der anstürmenden Rumänen bis auf 6 m an unsere MG herangekommen waren, ehe sie die tödliche Kugel traf. (…) Ich schätze die Zahl der toten Rumänen auf 80-100, wir haben sie in drei Massengräbern im Garten der Fabrik beerdigt. Unsere Toten, an Zahl vielleicht 12-15, betteten wir in Einzelgräber in einem Obstgarten des Dorfes zur letzten Ruhe."*

Bei diesem Angriff kam Leutnant Gerdes, der Zugführer in der hier eingesetzten 11. Kompanie war, noch heile davon, während zwei Offiziere fielen und drei andere, darunter auch ein Leutnant Möller aus Celle, verwundet wurden. Sechs Tage nach dem Gefecht von Orlat erfolgte dann der Angriff auf die rumänischen Hauptstellungen bei Hermannstadt. Das III. Bataillon sollte unterdessen mit der 9. und 11. Kompanie den 1346 m hohen Berg Valari besetzen, um von dort in den Rücken der gegnerischen Armee wirken zu können. Auf steilen Pfaden erklommen die Kompanien am 26. September die Höhen. An einer unbewaldeten Bergflanke wurden sie aber von einer benachbarten, von rumänischen Truppen besetzten

Höhe, mit etlichen 5 cm-Granaten aus Infanteriegeschützen beschossen. Drei Mann fielen den Granaten zum Opfer. Leutnant Gerdes wurde hier schwer verwundet und verlor einen Arm. Am 11. April 1917 meldete das Hoyaer Wochenblatt, dass „Leutnant d.R. Gerdes-Wrissenberg" aus Vilsen, Sohn des gleichnamigen Gutsbesitzers, nachträglich das Eiserne Kreuz 1. Klasse erhalten habe:

*„Leider ist dieser Tapfere durch den Verlust eines Armes unfähig geworden, das Schwert weiter gegen unsere Feinde zu ziehen."*

Am Ende gelang aber der Angriff des IR 188. Zeitgleich hatten die inzwischen ausgeladenen Jägerbataillone des Alpenkorps den Roten-Turm-Pass durch unwegsames Berggelände umgangen, so dass die bei Hermannstadt stehende rumänische Armee von ihrem Versorgungs- und Rückzugsweg nahezu abgeschnitten wurde. Daraufhin wollte die Heeresleitung noch vor dem Wintereinbruch durch die Karpathen südwärts in das rumänische Tiefland gelangen. Dazu musste die von den Rumänen zäh verteidigte Höhe 1824 am südlichen Roten-Turm-Pass genommen werden. Der erste Angriff am 10. Oktober schlug fehl. Am 16. Oktober, jetzt aber bereits in Schnee und Eis, wo bei minus 15 Grad selbst die MG einfroren, wurde die Stellung dann erneut und diesmal erfolgreich gestürmt. Bei diesem Angriff fielen 20 Jäger, unter denen sich auch der Maurer Friedrich Leiding, 2./Jäger-Bataillon 10, aus Anderten, befand.

Die rumänische Armee wurde schließlich über die Karpathen zurückgeworfen und sogleich verfolgt. Zum Jahresende 1916 standen die Spitzen der deutschen Truppen bereits in Bukarest. Das IR 188 schlug sich derweil als Flankensicherung in den Ostkarpathen mit russischen Einheiten, die den Rumänen zu Hilfe geeilt waren, herum. Kurios liest sich dabei die Geschichte des Leutnants Möller aus Celle, der die 5./IR 188 führte. Er war in der Nacht zum 22. September in Orlat verwundet worden und erst am 29. November wieder aus dem Lazarett zu seinem Regiment zurückgekehrt. Nur einen Monat später, am 30. Dezember 1916, wurde seine weit vorgeschobene Kompanie von russischen Truppen auf einem verschneiten Bergrücken umzingelt und gefangen genommen. Möller geriet in russische Gefangenschaft. Die Gefangenen marschierten durch die ganze Bukowina bis zur russischen Grenze bei Czernowitz. Von dort ging es mit Bahn erst nach Kiew und dann weiter nach Kursk. Dort lag Möller, der bei seiner Gefangennahme am 30. Dezember erneut verwundet worden war und hohes Fieber bekam, von Ende Januar 1917 an für dreieinhalb Monate im Lazarett. Im Mai verlegte man ihn in das Lager Kuschochowo bei Moskau. Dort fiel er einer dänischen Ärztekommission auf, die ihn zur Ausheilung und Internierung - aufgrund einer älteren Verletzung (Lungenschuss vom Juli 1915) - nach Dänemark überwies. (Ernst Richard Rose, Das Infanterie-Regiment 188 im Weltkriege, Eisleben 1928, S. 61-63). Möller war also im Juli 1915 schwer verwundet worden und dann im Dezember 1915 wieder zum Regiment zurückgekehrt, am 22. September 1916 erneut verwundet und erst am 29. November wieder zum Regiment zurückgekehrt, bevor er am 30. Dezember 1916 in russische Kriegsgefangenschaft geriet und von dort nach Dänemark kam. Nachdem mit Russland Ende 1917 geschlossen Waffenstillstand kehrte Möller am 27. November 1917 wieder nach Deutschland zurück und wurde erneut aktiver Soldat beim Ersatz-Bataillon Nr. 93.

In diesem Rumänienfeldzug fielen aus dem Kreis Hoya noch Dietrich Masemann aus Engeln (am 17.10.1916, Ersatz-Bataillon 88), der Haussohn Heinrich Schröder aus Oiste (3.11.1916 bei ResFußArtReg 13) und der Kaufmann Friedrich Christoph Röhrs aus Eystrup (5.11.1916 bei 1./ Reserve-Jäger-Btl 10). Röhrs fiel noch im Zusammenhang mit den Kämpfen am Roten-Turm-Pass, bei der Eroberung des Mont Sule. Der erfolgreich verlaufende rumänische Feldzug dauerte für das Alpenkorps bis zum Frühjahr 1917, als nach Eroberung fast ganz Rumäniens - und Abdrängung der Reste der geschlagenen rumänischen Armee bis zur russischen Grenze - jegliche Gefahr für die österreich-ungarischen Lande vorerst gebannt war.

## 4. Der Feldzug in Mazedonien

Am 24. November 1916 fiel der aus Groß-Bülten/Peine stammende Lehrer und Leutnant d.R. Willy Schoke im Grenadier-Regiment 11 bei

Paralovo unweit der griechischen Grenze. Schokes Name findet sich im Eisernen Buch unter den Gefallenen der Gemeinde Kuhlenkamp, wo er bei Kriegsausbruch gewohnt haben dürfte. Sein Regiment hatte von August 1914 bis zum 8. November 1916 ununterbrochen an der Westfront gestanden, beide Champagne-Schlachten und die Schlacht an der Somme mitgemacht. Dann wurde das Regiment überraschend aus dem Verband der bisherigen Division entlassen und an die serbische Front gesandt, wo es nach einer Fahrt über München, Wien, Budapest und Belgrad am 15. November in Veles am Fluss Vadar anlangte.

Serbien war bereits im Jahre 1915 von den Mittelmächten weitgehend erobert worden. In Mazedonien hatte man die Front bis nach Manastir/Bitola vorgeschoben. Im Jahre 1916 waren die Reste der serbischen Armee mit Unterstützung der Entente aber soweit wieder aufgerüstet worden, dass sie am 12. September 1916 - mit Unterstützung durch britische, französische und italienische Divisionen - erneut zum Angriff übergehen konnte. Manastir wurde zurückerobert und es drohte ein weiterer Vormarsch, den die schwachen Streitkräfte der bulgarischen Armee alleine nicht aufhalten konnten. Das war die Lage Ende 1916, als das GrenReg 11 auf dem Balkan eintraf. Bereits am 20. November erfolgte ein weiterer serbischer Angriff, der zu einem Verlust wichtiger Höhenzüge in Mazedonien geführt hatte. Das soeben an der Front bei Armatus eingetroffene II./GrenReg 11 wurde zusammen mit bulgarischen Einheiten sofort zum Gegenangriff angesetzt. Das Bataillon wurde auf einer Breite von 400 m in Schützenlinie zur Ausführung des Sturmangriffs bereitgestellt. Von den drei Kompanien in vorderster Linie wurden je zwei Züge als erste Welle eingesetzt. Am 24. November 1916 um 6:30 Uhr war Angriffsbeginn. Gegen zunächst nur schwaches Feuer wurde das Ziel, die feindliche Stellung auf dem Höhenrücken, bereits um 7:15 Uhr erobert. Noch am selben Vormittag gingen die Serben aber zum Gegenangriff über und warfen die deutschen Grenadiere wieder aus der Stellung heraus. Daraufhin erfolgte ein neuer deutscher Gegenangriff. Der Führer der 7. Kompanie leitete diese Operation und berichtete auch über Leutnant Schockes Schicksal (Max von Prittwitz, Geschichte des Königlich Preußischen Grenadier-Regiments König Friedrich III. Nr. 11, Berlin 1931, S. 111):

*„Als ich mit der Pistole in der Hand in den serbischen Graben sprang, erhielt ich einen Gewehrschuss in die Lenden, der mich zunächst völlig lähmte. Nach einem kurzen Handgemenge wurde der Graben von den drei Sturmkompanien gesäubert und auch einige Gefangene eingebracht. Inzwischen war der Angriff des bulgarischen Regiments an der rechten Flanke zum Stehen gekommen, und die Kompanien in der eroberten Stellung sahen sich nun in einem kaum knietiefen Graben feindlichem Flankenfeuer ausgesetzt. Sie erlitten jetzt schwere Verluste. Ich selbst wurde von zwei Leuten etwas zurückgetragen und dort verbunden, als ein Unteroffizier meiner Kompanie mit der Meldung*

*kam, die Kompanie habe sehr schwere Verluste, Leutnant Schocke sei durch den Kopf geschossen und der Rest der Kompanie werde sich gegen einen Gegenangriff kaum halten können."*

Tatsächlich gerieten die Überreste der drei Sturmkompanien sodann in serbische Gefangenschaft. Dennoch konnte die Front in Mazedonien aber stabilisiert werden. Die Offensive der serbisch-alliierten Truppe endete schließlich im Dezember 1916, ohne dass sich an der strategischen Lage auf dem Balkan etwas geändert hätte. Einige deutsche Truppen blieben dennoch vor Ort, um weiteren Bedrohungen unmittelbar beggnen zu können. Als letzter Soldat aus dem Kreis Hoya fiel an dieser „Saloniki-Front" am 20. März 1917 Johann Uhlhorn aus Kampsheide Nr. 29 im Garde-Schützenbataillon.

## 5. Die Ostfront

Anfang Juni 1916 griffen die Russen im Rahmen ihrer „Brussilow-Offensiven" in Wolhynien (Ostukraine) die österreichischen Truppen an, von denen die 4. Armee bei Luck (Luzk) und die 7. in der Bukowina, südlich von Lemberg, teilweise ganz zusammenbrachen. Wilhelm Napp, geboren in Hoya am 18. Dezember 1886, Bruder des später tödlich verunglückten Marinefliegers Otto Napp (s.o.), nahm als Reserveoffizier beim 3./LwIR 57 am Krieg teil. Das LwIR 57 wurde erst am 7. Juni 1915 aus drei bis dahin selbständigen westfälischen Landwehr-Infanterie-Bataillonen, die mit dem Grenzschutz Schlesiens betraut waren, gebildet und in Breslau zusammengestellt. Das Regiment wurde ausschließlich an der russischen Front eingesetzt. Der Regimentsgeschichte (Rudolf Bartel, Das Landwehr-Infanterie-Regiment Nr. 57, Berlin, 1928, S. 110) zufolge lag die Einheit im Juni 1916 bei Baranowitschi in Reserve, als die russische Offensive am 4. Juni 1916 gegen Luck (heute Luzk/Ukraine) begann. Das LwIR 57 sollte daraufhin nördlich Luck den Vormarsch der Russen am Fluss Styr aufhalten. Während das III. Bataillon einer österreichischen Einheit zugeteilt wurde, sollten das I. und II. Bataillon am 7. Juni eine Vorpostenstellung auf dem Ostufer des Styr, vorwärts Wolnianka bei der größeren Ortschaft Roschyschtsche einnehmen. Gegen 18:00 Uhr griff der Gegner die Stellung erstmals an. Eine Stunde später erging dann ein Befehl der Brigade, wonach die brückenkopfartige Stellung auf dem östlichen Ufer des Styr „nicht unbedingt" gehalten werden müsse. Vielmehr solle das Regiment sich vom Gegner lösen und auf das Westufer in vorbereitete Stellungen zurückziehen. Das I. sollte dazu über die nördlich gelegene Holzbrücke, das II. über die südlichere Bahnbrücke abrücken. Der Regimentskommandeur wies seine beiden Bataillonskommandeure daraufhin an, dass diese sich mit ihren jeweiligen Nachbarn (österreich-ungarische Einheiten) über die Vorgehensweise genau abstimmen sollten. Die Artillerie ersuchte er, den Rückzug durch kräftiges Sperrfeuer zu unterstützen. Nach knapp einer halben Stunde wurde dem Regimentskommandeur gemeldet, dass sich die nördlich benachbarten Österreicher vom k.u.k.-Regiment 33 – entgegen der Absprachen - sofort fluchtartig über den Fluss zurückgezogen und an der Holzbrücke, die in ihrem Abschnitt lag, noch nicht einmal eine Brückenwache zurückgelassen hätten. Die scharf nachdrängenden Russen erreichten daher rasch den Brückenzugang, so dass der eine der beiden Rückzugswege nun verschlossen war. Das LwIR 57 hat daraufhin in einem Gegenstoß die Zugangsstelle sofort wieder zurückerobert. Die Brücke war allerdings - für den Zeitpunkt nach vollendetem Rückzug - längst für ein schnelles Abbrennen vorbereitet gewesen und geriet bei diesen Gefechten nun tatsächlich in Brand. Damit war diese Rückzugsmöglichkeit nun endgültig verschlossen. Aufgrund des sich erheblich verstärkenden russischen Angriffs und der nun auf beiden Seiten offenen Flanken, gelang es nur noch etwa der Hälfte der deutschen Soldaten, über die südlichere Eisenbahnbrücke (oder schwimmend) auf das Westufer des Flusses zu gelangen. Der Rest des Regiments ging, abgeschnitten und von einer ganzen russischen Division umzingelt, größtenteils in Gefangenschaft. Die Zahl der Vermissten belief sich auf über 800 Mann, darunter auch der Zugführer der 3. Kompanie, Leutnant Wilhelm Napp. Napp wird in den Verlustlisten am 1. August 1916 als vermisst gemeldet. Mit Nachtrag vom 13. Dezember 1916 wurde dann bekannt, dass er in Gefangenschaft geraten war. Nicht bekannt ist, wann er aus der russischen Gefangenschaft entlassen wurde (wahrscheinlich mit

Waffenstillstand zum Jahresende 1917) und ob er 1918 noch einmal eine Frontverwendung fand.

Um die ins Wanken geratene Front bei Luck gegen die russische Offensive weiter abzustützen, wurde auch das X. AK mit IR 74, 77, 78, 79, 91 und 92 erneut in den Osten verlegt. Bereits am 13. Juni wurde das Korps 30 Kilometer westlich Kowel ausgeladen. Die Russen hatten, nachdem sie die Österreicher beinahe überrannt hatten, inzwischen Kowel fast erreicht und standen nach einem Vormarsch von 80 Kilometern am 13. Juni am Fluss Stochod, südöstlich Kowel. Die österreichische Front hatte sich hier mittlerweile ganz aufgelöst. Das X. AK ging daher an dieser Stelle, bei Kiselin-Twerdyn, am 18. Juni sofort zum Angriff auf die russischen Spitzen vor. Bei dieser Offensive fielen am 18. und 19. Juni der Landwirt Fritz Beneke aus Dedendorf (8./74, in der Verlustliste als „Benecke" erfasst), der Schuhmacher Heinrich Siemers aus Asendorf (6./74), der in Delmenhorst geborene Mehringer Dienstknecht Theodor Ahlers (3./74), der Gefreite Fritz Suling aus Hoya (3./74) und der Landwirt Heinrich Meyer aus Klein-Borstel. Bei IR 77 fielen der Haussohn Dietrich Schumacher aus Ochtmannien und der Arbeiter Heinrich Kuhlmann aus Hassel.

Tatsächlich konnte der russische Vormarsch aufgehalten und sogar Raum bis über den Fluss Stochod hinaus gewonnen werden. Damit war der Auftrag, die gesamte russische Offensive zurückzuschlagen, aber noch nicht erfüllt. Das IR 74 wurde jetzt per Bahn weiter nach Norden an den Fluss Styr verlegt, wo die Front – u.a. bei Leutnant Napps oben erwähntem LwIR 57 - gleichfalls ins Wanken geraten war. Das IR 74 unterstützte hier die „Polnische Legion", die in Stärke einer Division eine Stellung zwischen ungarischen und österreichischen Truppen innehatte und sich, da die Front überall wankte, mit IR 74 als Nachhut, zurückziehen sollte. Vordringlichstes Ziel war hier die Wiederherstellung einer durchgehenden Frontlinie, die durch rückwärtige Ausweichbewegungen bis zum Stochod schnell erreicht werden konnte. Am 30. Juni griff das IR 74 bei Zaturce erfolglos russische Stellungen an, dabei fiel der Brinksitzer Friedrich Lueß aus Schwarme (12./74). Am 28. Juli wurde das X. AK von starken russischen Angriffen getroffen, bei denen u.a. der Arbeiter Friedrich Reinecke aus Vilsen fiel (5./74). Am 1. August wurde das Regiment dann schwer von russischer Artillerie gefasst, es fiel hier der Haussohn Heinrich Knief aus Haendorf (3./74). Die russische Offensive war damit aber weitgehend beendet und die Front wieder hergestellt. Vom 2. August bis zum 5. November 1916 blieb das IR 74 im Stellungskrieg am Stochod gebunden. Dann wurde die Stellung an ein Landwehr-Regiment übergeben und das gesamte X. AK verlegte wieder an die Westfront.

Ebenfalls im Osten stand ausweislich des Tätigkeitsberichts der 77. Reserve-Division das RIR 257 zu dieser Zeit in Stellungskämpfen vor Dünaburg (Daugavpils) in Lettland. Dort fiel am 4.

August 1916 Leutnant Albert Güber, von Beruf Lehrer, gebürtig aus Süstedt. Er diente zunächst als Unteroffizier d.R. bei IR 74 (gem. Verlustliste vom 29.10.1914 dort leicht verwundet) und hernach als Leutnant bei 4./RIR 257, wo er nach der Verlustliste vom 2. August 1916 schwer verwundet wurde. Am 15. September erschien die Korrekturmeldung: *„bish. schw. v., +"*. Das Eiserne Buch und das Denkmal an der Vilser Kirche weisen sein Todesdatum für den 4. August 1916 aus.

Im November 1916 fiel im Osten noch ein weiterer Hoyaer Reserveoffizier: Leutnant der Landwehr Fritz Harms aus Schweringen war Zugführer im 1./Reserve-Pionier-Bataillon Nr. 1. Er fiel am 2. November 1916 in Stellungskämpfen an der weißrussischen Grenze. Seine Kameraden haben ihn auf dem Pionier-Ehrenfriedhof in Secierze beigesetzt. Im Eisernen Buch wird Harms allerdings nicht erwähnt.

# VIII. 1917: Verteidigung im Westen, Angriff im Osten

## 1. Die aktiven Regimenter

**a) Champagne**

Nach einer Ausbildungszeit auf einem Truppenübungsplatz, wo die neusten Erkenntnisse aus der Somme-Schlacht vermittelt wurden, verlegte das IR 74 mit dem X. AK bis Anfang März 1917 an die Front in der Champagne. Hier verlor das Regiment in drei Monaten, hauptsächlich durch Artilleriefeuer, 45 Tote und 163 Verwundete. Mitte März übernahm es dann eine Stellung bei Reims. Bei einem großen französischen Angriff am 16. April 1917 (Doppelschlacht Aisne-Champagne) wurde das IR 74 verschont, da der Angriff sich nur gegen die deutschen Stellungen westlich der eigenen Position richtete und nur noch das Nebenregiment IR 91, bei dem der Magelser Henrich Lüneberg fiel, traf. Am 16. Mai fiel - wieder durch Artilleriegranaten - der Hilgermisser Halbmeier Friedrich Köster (11./IR 74).

Von Mitte Mai bis Mitte Juli übernahm das X. AK den unruhigeren Frontabschnitt in der mittleren Champagne zwischen Reims und dem Argonnerwald am Hochberg (19. ID mit IR 74, 78, 91) und bei Tahure/Massiges (20. ID mit IR 77, 79, 92). Das IR 92 verlor hier am 22. Mai 1917 bei Ripont den Maler Friedrich Gerke aus Bruchhausen und den Steinmetz Joseph Gründel aus Hoya, die beide der 10. Kompanie angehörten

(Friedrich von Sobbe, Geschichte des Braunschweigischen Infanterie-Regiments Nr. 92 im Weltkriege 1914-1918, Berlin, 1929, S. 364):

*„Am 21.5. unternahmen die Franzosen überraschend eine gewaltsame Erkundung, die ihnen völlig glückte. Die 11. und 10. Komp. hielten an diesem Tag den rechten Flügel und die Mitte des westl. Abschnitts besetzt. Nach dem üblichen Störungsfeuer, das länger als gewöhnlich anhielt, ging gegen 6 Uhr 30 nachm. plötzlich schweres Artillerie- und Minenfeuer auf diese beiden Kompagnieabschnitte nieder, das sich immer mehr steigerte und 8 Uhr 50 nachm. seinen Höhepunkt erreichte. Die Zahl der niedergegangenen Granaten und Minen wurde auf etwa 8000 geschätzt. Ohne das Ende ihres Artilleriefeuers abzuwarten, begann der Feind gegen 7 Uhr nachm. seinen vordersten Graben zu verlassen. Oberlt. d. R. Biereye, Führer der 10. Komp., beobachtete vom Ausgang des Ditfurthtunnels in den vordersten Kampfgraben um diese Zeit, wie etwa 40-50 Franzosen gegen die Schmidtsappe vorgingen. Auf sein Anfordern setzte Vernichtungsfeuer der eigenen Artillerie ein. Trotzdem eilten die Franzosen in beiden Feuern, das ihnen auch von ihrer Seite erhebliche Verluste zufügte, vorwärts und drangen westl. der Sappe, ohne von den dort stehenden Posten bemerkt zu werden, durch den völlig in Pulverqualm und Kalkstaub gehüllten Vorpostengraben in den Korridorgraben ein. Die Franzosen warfen in den ersten Stollen der 10. Komp., auf den sie trafen, Phosphorhandgranaten, deren Giftgasen die nicht gleich getöteten Mannschaften später zum Teil erlagen (...) Die 10. Kompanie erlitt*

*einen Verlust von 11 Toten, 5 Verwundeten und 4 Verschütteten.*

Joseph Gründel war ausweislich der von seiner Familie aufgegebenen Traueranzeige gerade erst seit fünf Tagen im Fronteinsatz, als er hier am 21. Mai 1917 den Tod fand. Er war nur 18 Jahre und 5 Monate alt geworden. Sein älterer Bruder Johannes war bereits im Sommer 1915 bei Reserve-Jäger-Btl 22 in Galizien gefallen. Der dritte Bruder, Georg, lag zu dieser Zeit schwer verwundet im Lazarett. Georg überlebte den Krieg; im Hoyaer Adressbuch von 1936 ist er als Steinhauermeister, Lindenallee 12 in Hoya, vermerkt.

Verwundet wurde bei den Gefechten in der Champagne wahrscheinlich auch der Eitzendorfer Friedrich Nordhausen. Er war zunächst als Leutnant im IR 368 gelistet. In der Verlustliste vom 11. September 1916 war er dann als vom IR 368 an 12./IR 92 abgegebener Leutnant (schwer verwundet) gemeldet. Nach der Verlustliste vom 6. Juli 1917 wurde er, wahrscheinlich noch bei IR 92 in der Champagne, nochmals schwer verwundet.

Am 14. Juli gelang es dann französischen Einheiten bei einem weiteren überraschenden Vorstoß fast die gesamte 3. Kompanie des IR 74 gefangen zu nehmen und den Hochberg zu erobern. Ein deutscher Gegenangriff brachte den Berg kurzzeitig wieder in den Besitz des IR 74, bevor die Franzosen ihn erneut erobern konnten. Von Mitte Juli bis Anfang September 1917 rückte das X. AK innerhalb der Champagne etwas westwärts in einen Frontabschnitt bei Ville sur

Tourbe, wo bei geringer Gefechtstätigkeit im IR 74 nur noch Verluste von 6 Gefallenen und 8 Verwundeten eintraten. Wenige Kilometer von dieser Stellung des IR 74 entfernt war auch das IR 466 im Sommer 1917 in der Champagne im Einsatz. Hier wurde der Wecholder Pastorensohn, Leutnant d.R. Dietrich Albrecht, dessen Bruder Johannes bereits 1916 an der Somme gefallen war (s.o.), tödlich verwundet. Dietrich Albrecht diente bei Kriegsbeginn als Kriegsfreiwilliger zunächst im Göttinger IR 82, wo er ausweislich der Verlustliste vom 1. Februar 1915 erstmals verwundet wurde. Danach schlug er die Reserveoffizierslaufbahn ein. Seine Spur findet sich zwei Jahre später, inzwischen als Leutnant, beim erst Anfang 1917 neu aufgestellten IR 466 wieder. Nach den schweren Verlusten des Jahres 1916 (mit Verdun, der Somme-Schlacht und den Brussilow-Offensiven im Osten) hatte sich ein Bedürfnis nach erneuter Heeresvermehrung herausgestellt, die im Herbst 1916 begann. Mit Verfügung des Kriegsministeriums vom 6. November 1916 sollten die Mannschaften des neuen IR 466 sich zusammensetzen aus 50% Rekruten, 25% Genesenden und 25% kriegsgeübter Mannschaften bis 30 Jahre. Die Zug- und Kompanieführer wurden vom 20. November an in Munster ausgebildet, die Mannschaft für acht Wochen in Göttingen, Kassel und Eisenach. Am 16. Januar 1917 war das neue Regiment Nr. 466 erstmals auf dem Truppenübungsplatz Ohrdruf versammelt. Am 21. Februar wurde der Gefechtswert der neuen Einheit für genügend erachtet. Dem Stellungskrieg sei die Truppe an „ruhigen Stellen der Front" bereits gewachsen. Für schwierigere Aufgaben sei es dagegen noch nicht geeignet, da die ungeübten, wenig kriegserfahrenen jungen Mannschaften zunächst allmählich an die Wirkung der Artillerie und Nahkampfwaffen gewöhnt werden müssten. Das Regiment verlegte zur weiteren Ausbildung zunächst auf den französischen Truppenübungsplatz Rethel an der Aisne. Am 26. März 1917 übernahm es dann einen Stellungsabschnitt bei St. Marie a Py in der Champagne. Zunächst blieb es dort relativ ruhig. Nachdem Engländer am 9. März bei Arras nördlich der Somme eine neue Offensive begonnen hatten, griffen auch die Franzosen am 15. März (Doppelschlacht Aisne-Champagne) gegen die Hochfläche von Moronvillers an. Das IR 466 selbst wurde zunächst aber (außer mit Artillerie) nicht unmittelbar angegriffen. Am 22. April wollte das neue Regiment dafür erstmals selbst aktiv werden und plante dazu ein als „Fuchsgraben" bezeichnetes Patrouillenunternehmen (Otto Meienborn u.a., Infanterie-Regiment Nr. 466, Oldenburg 1925, S. 14-39):

*„Beteiligt waren daran 1 Offizier (Lt.d.R. Albrecht), 4 U.O., 40 Mann der 8. Komp. unter Mitwirkung von Artillerie, Minenwerfern, Granatwerfern. Nach 5 Minuten lebhaften Zerstörungsfeuers von 5 Batterien (jede Battr. 75 Schuß), einem schweren, einem mittleren und 4 leichten Minenwerfern, 4 Granatwerfern, schlagartig einsetzend, wurde ein vorher genau bestimmter Graben durch eine „Feuerglocke"*

*abgesperrt, während die 4 Stoßtrupps auf genau verabredeten Wegen vorbrachen. Der Erfolg war, daß 15 Gefangene des französischen Regiments 138 nach kurzer Zeit eingebracht wurden, wodurch zunächst festgestellt war, daß uns noch das alte Regiment gegenüber lag. Es war eine glänzende Leistung der jungen Truppe, die zu weiteren Taten anspornte. Als Belohnung erhielten am 27. April 27 Teilnehmer der 8. Komp. und 3 Verwundete im Lazarett das E.K. II., Hauptmann Schröter und Leutnant d.R. Albrecht das E.K. I. Die eigenen Verluste waren 2 Mann tot, 1 Mann schwer, 2 Mann leicht verwundet."*

Im Mai verlegte das IR 466 innerhalb der Champagne nach Reims, wo es bis Oktober im Stellungskampf verblieb. Die Stellung verlief am Ostufer des Aisne-Marne-Kanal bis zur Straße Reims-Brimont (unmittelbar nordöstlich des heutigen Flughafens). Nicht weit hinter der Stellung lag der Soulains-Wald, dahinter ein weiterer Stellungsriegel mit Betonunterständen, Artillerie, Fesselballons und Nachschubeinheiten. Hinter der Front lagen die Orte Bourgogne und Fresnes, die immer wieder unter französischem Feuer lagen. Hauptaufgabe des Regiments war der Ausbau und die Verbesserung der Stellung. Französische Truppen besaßen nach wie vor auf dem Ostufer des Kanals eine auf einer Düne eingerichtete Postierung. Hier war die Gefahr eines Handstreichs durch den Gegner groß. Außerdem fehlte eine zusammenhängende Verbindung zwischen der Düne und dem Bahndamm, der parallel zur Düne lief und nur stellenweise Einsicht in das Zwischengelände gestattete. Im Juni und Juli gab es kleinere Vorstöße beider Seiten; man versuchte mit kleineren und größeren Patrouillen feindliche Posten festzustellen oder auszuheben. In den frühen Morgenstunden des 16. Juli 1917 kam es zu einem zwanzig Minuten währenden heftigen beiderseitigen Artillerieduell, bei der das IR 466 einige Verluste erlitt, zu denen auch Leutnant Albrecht rechnete:

*„In ihm verlor das Regiment einen seiner schneidigsten, pflichttreuesten Offiziere. Die feindliche Batterie wurde neben der Kathedrale von Reims festgestellt und bereits am nächsten Tage von unserer Artillerie zum Schweigen gebracht."*

Auch ein dritter Bruder der beiden gefallenen Albrechts war im Krieg als Leutnant im Einsatz. Heinz Albrecht, geboren am 3. Mai 1898, wurde zunächst im Sommer 1917 leicht (Verlustliste vom 4.8.1917) und im Herbst 1917 schwer verwundet. Am 10. Januar 1918 notierte das Hoyaer Wochenblatt:

*„In aller Stille begeht heute Herr Pastor Albrecht mit seiner Gattin den Tag der Silberhochzeit. Schmerzliche Schläge hat die Familie unseres Wecholder Ortspfarrers durch den großen Weltkrieg erlitten, sind doch ihre beiden ältesten, hoffnungsvollen Söhne als Offiziere auf dem Felde der Ehre geblieben, während der jüngste Sohn sich zurzeit schwerverwundet in einem württembergischen Lazarett befindet. An dem Krankenbett des Jüngsten verbringt das Silberpaar heute seinen Ehrentag. Pastor Albrecht ist seit 14*

*Jahren hier im Amte."*

Heinz Albrecht dürfte die Verwundung überlebt haben, da er anders als seine beiden älteren Brüder weder im Eisernen Buch noch in den Verlustlisten als Gefallener verzeichnet ist.

Im Sommer 1917 fiel in der Champagne aber mit dem Maurermeister Dietrich Lyßmann aus Duddenhausen noch ein weiterer Hoyaer Reserveoffizier. Lyßmann hatte sich – wie die Zeitung betonte - ohne „höheren" Schulabschluss bis zum Offizier im RIR 203 hochgearbeitet. Das Wochenblatt berichtete über seinen Tod am 2. Juni 1917:

*„Den Heldentod für sein geliebtes Vaterland hat nun auch der Leutnant der Landwehr 1. Aufgebots und Führer der Regiments-Pionier-Kompanie Dietrich Lyßmann gefunden. Aus einfachen ländlichen Verhältnissen hervorgegangen, besuchte er die hiesige Volksschule. Nach seiner Konfirmation erlernte er das Maurerhandwerk und brachte es durch eisernen Fleiß und Strebsamkeit dahin, daß er seine Meisterprüfung mit Auszeichnung bestand und bald ein gesuchter Meister wurde. Bei Beginn des Weltkrieges trat er als Unteroffizier ein, wurde am 26. Oktober 1914 zum Vizefeldwebel und am 1. März 1915 zum Offizier-Stellvertreter befördert. Für Tapferkeit und Umsicht wurde er mit beiden Klassen des Eisernen Kreuzes und mit der Österreichischen Tapferkeitsmedaille ausgezeichnet. Herrliche, unvergeßliche Taten, über die ein erst kürzlich abgedruckter Artikel der „Garde-Feldpost" berichtete, hat er vollbracht, ein leuchtendes Vorbild für seine Untergebenen, die mit großer Liebe an*

*ihm hingen. In vielen Schlachten hat er, scheinbar gefeit gegen jede Kugel, mitgekämpft. Sein Regimentskommandeur, Oberstleutant Frhr. v G., schreibt wörtlich von dem gefallenen Helden: „Bei Dixmuden, Ypern, Neuve Chapelle, beim Feldzug in Rußland und Serbien, in der Schlacht bei Verdun, in der jetzigen Offensive des Feindes, in der Doppelschlacht an der Aisne, in der Champagne, sowie in dem jetzt tobenden Kampfe ist er eine nicht zu ersetzende Kraft gewesen. Selbst in den gefahrvollsten Lagen zeigte er hervorragenden Mut und seltene Unerschrockenheit. Wo er mitwirkte, zeichnete er sich durch große Zuverlässigkeit und schnelles, dabei wohlüberlegtes Handeln aus. Er war ein tapferer Soldat, erfüllt vom altpreußischen Geiste. In ihm war alles verkörpert, wonach man in dieser schweren Zeit oft lange vergeblich suchen muß." In Anerkennung seiner hervorragenden Leistungen wurde er am 10. Mai d.J. zum Offizier befördert. Diese Freudenbotschaft hat ihn aber nicht mehr erreicht. Bei einem kleinen feindlichen Unternehmen wurde er am 20. Mai d. J. von einer Granate getroffen. Seine Leiche wurde auf dem Kriegerfriedhofe zu Fleville beigesetzt. Möge ihm die fremde Erde leicht sein! Wir aber haben einen unserer Besten verloren."*

**b) Nordfrankreich**

Der Haendorfer Lehrer Adolf von Roden war ausweislich des Eisernen Buches Leutnant im IR 92 und ist am 25. Februar 1917 vor Armentieres, unmittelbar an der französisch-belgischen Grenze gut 20 Kilometer südlich Ypern, gefallen. Die Regimentsgeschichte erwähnt einen Leutnant von

Roden aber nicht, so dass die Regimentsangabe im Eisernen Buch ggf. nicht korrekt ist. Die Verlustliste teilt lediglich mit, dass er am 29. Oktober 1881 in Vahrenwald/Hannover geboren und 1917 gefallen ist.

Ebenfalls bei Armentiers starb 1917 der Hoyaer Hermann Spatz, gebürtig aus Brake/Weser. Spatz war Leutnant der Landwehr und bis zum Kriegsausbruch in Hoya als Bankdirektor, wahrscheinlich der Gewerbebank, tätig. Er hatte am 22. November eine Aufklärungspatrouille des IR 77 angeführt und war kurz vor den englischen Gräben angeschossen worden. Hier geriet er schwer verwundet in Gefangenschaft und verstarb am 24. November 1917 in einem englischen Feldlazarett.

Am 9. April 1917 kam es beidseits Arras zu einer großen britischen Offensive als Teil der Doppelschlacht Aisne-Champagne. Während die Engländer bei Arras angriffen, gingen die Franzosen an der Aisne gegen die deutsche Front am Chemin des Dames und zugleich erneut in der Champagne zum Angriff vor. Am Chemin des Dames geriet dabei der aus Hoya stammende Leutnant Hans Sommer, geboren 18. September 1888, in Gefangenschaft. Er diente bei RIR 211, wurde bereits am 23. Juni 1917 als vermisst und dann am 30. Juli 1917 als gefangen gemeldet. Die französische Gefangenenkartei nennt als Ort und Datum der Gefangennahme den 5. Mai 1917 am Chemin des Dames. Hans Sommer war Zugführer im 3./RIR 211, das ab dem 12. April an dieser

Schlacht teilnahm. Das RIR 211 war aus einer Ruhestellung an die Front bei Soissons, 20 km westlich Reims, gerückt und konnte dort am 18. April einen weiteren Angriff französischer Infanterie abwehren. Bis zum 4. Mai lag das Regiment dann – ohne weitere Gefechtstätigkeit - unter starkem Artilleriefeuer. Erst am 5. Mai kam es zu einem neuen gegnerischen Angriff (Hans Fuhrmann, Königlich Preußisches Reserve Infanterie-Regiment Nr. 211, Berlin 1933, S. 219):

*„Das feindliche Artilleriefeuer steigert sich von Stunde zu Stunde zu stärkstem Vernichtungs-Trommelfeuer. In den Kompanien treten schwere Verluste ein, es erfordert äußerste Energie von Führern und Unterführern, die Truppe kampffähig zu halten. Der Abtransport der Verwundeten ist kaum möglich, mancher Verwundetentransport gerät in neues Feuer und verschwindet spurlos, da das rückwärtige Gelände durch einen Eisenvorhang völlig abgesperrt ist. Der Verbandsplatz selbst ist übervoll, die Ärzte leisten Übermenschliches. Auf die vorderste Linie schießt der Gegner auch mit Nebelbomben, wodurch die Beobachtung unmöglich gemacht wird. Das Feuer steigert sich immer mehr, bis es gegen 9 Uhr seinen Höhepunkt erreicht. In diesem Höllenlärm und Dunst gelingt es dem plötzlich mit starken Infanteriemassen angreifenden Gegner, vorzukommen und die ersten drei Linien zu überrennen. Der geplante Durchbruch gelingt aber nicht. Ein Teil der Stellungsbesatzung kann sich zur dritten Linie durchschlagen, andere verteidigen sich in und bei den Unterständen der vorderen Linie bis zum Letzten."*

Einem deutschen Gegenangriff gelang es gegen Mittag, die eigene Stellung wieder zurückzuerobern und 200 französische Gefangene einzubringen. Das I. Bataillon mit Sommers Kompanie hatte an diesem Tag 5 Gefallene, 30 Verwundete und 7 Vermisste zu beklagen. Zu den Vermissten gehörte auch Leutnant Sommer, der, wahrscheinlich in der überrannten ersten Linie, in französische Gefangenschaft geraten ist. Damit war er der zweite in Gefangenschaft geratene Soldat aus seiner Familie: Sein Bruder, Karl Sommer, Musketier bei RIR 224, war bereits im September 1915 in Galizien in russische Gefangenschaft gegangen.

Im November 1917 wurde Leutnant d.R. Paul Carl aus Hoya ebenfalls am Chemin des Dames schwer verwundet. Paul war der Bruder des bereits 1914 schwer verwundeten Leutnants der Marineinfanterie Richard Carl (s.o.). Paul Carl diente im FAR Nr. 100, das erst im März 1915 aufgestellt worden war, als Regiments-Adjutant. Am 23. Mai 1916 meldete das Hoyaer Wochenblatt, dass Paul Carl sich als Leutnant und Regiments-Adjutant in einem Feld-Artillerie-Regiment das EK I. Klasse in den Kämpfen bei Verdun verdient habe. Die Verlustlisten meldeten ihn dann am 19. Januar 1918 als schwer verwundet. Ausweislich der Regimentsgeschichte war die Einheit bis April 1916 in der Champagne im Einsatz. Dann folgten Verwendungen vor Verdun, an der Somme, im Frühjahr 1917 die Schlacht an der Aisne und bis Ende August 1917 ein Einsatz in Flandern. Ab dem

27. September 1917 stand das Regiment am Chemin des Dames südlich Laon als Reserve der 7. Armee bereit. Am 9. Oktober folgte der Einsatz. Die sechs Batterien des Regiments wurden auf drei benachbarte Divisionen verteilt, die südlich Laon zwischen der Malval-Ferme und der Hurtebise-Ferme den Nordabhang des Damenweges hielten. Die Geschütze standen sämtlich auf einem zum Chemin des Dames in vier Kilometer Entfernung parallel laufenden Höhenzug, dem Bove-Rücken. Zwischen ihnen und der vorderen Linie lag ein von dem Aillette-Flüsschen durchzogenes weites Tal. Die Gefechtstätigkeit blieb während des sechswöchigen Einsatzes dauernd lebhaft. Die Gegner bereiteten offensichtlich die Erstürmung der sogenannten Lassux-Ecke vor, eines vorspringenden Stücks der deutschen Stellung. Besonders zwischen dem 16. und 24. Oktober erlitten die Batterien durch Feuerüberfälle Verluste an Mensch und Material. Immer wieder wurden einzelne Geschütze außer Gefecht gesetzt. Die eigene Tätigkeit war ebenfalls lebhaft. Der Tagesbedarf einer Batterie mit sechs Haubitzen lag bei mindestens 500 Schuss. Am 24. Oktober kam es bei Malmaison und Chavignon zu französischen Großangriffen, bei denen die Deutschen Gelände in 20 km Breite und 6 km Tiefe verloren. Dadurch wurden nun auch die Stellungen auf dem Chemin des Dames von flankierendem Feuer bedroht, so dass eine Rücknahme der vorderen Linie auf den Bove-Rücken erfolgen musste. Die Artillerie räumt also ihre Stellungen für die Infanterie und ging ebenfalls mehrere Kilometer weit zurück. Die

folgenden Tage verliefen relativ ruhig, dennoch wurde der Regimentsadjutant, Leutnant d.R. Paul Carl, bei einer Beschießung des neuen Gefechtsstandes am 5. November 1917 schwer verwundet. Er verließ das Regiment und kehrte, da offensichtlich aufgrund der Verwundung dauerhaft dienstunfähig, nicht mehr wieder (Otto Bernstorf, Geschichte des Feldartillerie-Regiments Nr. 100, Oldenburg, 1922, S 106).

### c) Verdun

Das IR 74 war mit der gesamten 19. ID (IR 74, 78 und 91) von September 1917 bis Januar 1918 bei Verdun, auf dem Ostufer der Maas, im Einsatz. Hier waren die Franzosen bereits seit dem 20. August 1917 auf beiden Ufern der Maas zum Angriff übergegangen. Sie hatten die lange umkämpfte „Höhe Toter Mann" erobern und die deutschen Stellungen ein wenig zurückdrängen können. Die neue Stellung des IR 74 lag am Westrand des Dorfes Beaumont und reichte bis zur Caures-Schlucht. Zwischen dem 9. und 14. Oktober 1917 unternahmen das IR 74 und das benachbarte IR 91 mehrere Vorstöße um die eigene Stellung zu verbessern. Am 23. Oktober griff das IR 78 ebenfalls die gegenüberliegenden französischen Gräben an und konnte 110 Gefangene einbringen. Dafür folgte dann am 25. November wiederum ein größerer französischer Angriff auf die 19. ID, der zu einigen Einbrüchen in die Stellung des IR 74 führte. Die Verluste des IR 74 beliefen sich im Oktober und November auf 56 Tote und 166 Verwundete. Vom 3. Dezember 1917 bis zum 1. Februar 1918 wechselte das IR 74 dann zur „Maasgruppe West", wo in diesen zwei Monaten nur noch Verluste von 5 Toten (davon aber zwei Urlauber, die bei einem Eisenbahnunglück in Deutschland starben) und 15 Verwundeten eintraten.

**d) In den Osten und nach Flandern**
Während die 19. ID also 1917 ausschließlich in der Champagne - zwischen Reims und Verdun -im Einsatz war, wurde die 20. ID (IR 77, 79, 92) im Juli erneut nach Osten geschickt, überschritt am 1. September 1917 die Düna und eroberte schließlich Riga, bevor die Division am 20. September 1917 wieder in den Westen zurückkehrte und in Flandern eingesetzt wurde.

Das FR 73 war 1917 ebenfalls in der dritten Flandernschlacht (31. Juli bis 6. November 1917) im Einsatz. Der Bäcker Heinrich Meyer aus Hoya (30.7.1917), der Haussohn Fritz Brüning aus Calle (26.10.1917) und Johann Nullmeyer aus Stendern (31.10.1917) fielen dort. In derselben Schlacht kämpfte auch das RIR 82 aus Thüringen, bei dem der aus Bücken gebürtige Leutnant Heinrich Riemann (geboren 20. Februar 1893) diente. Er war im Frühjahr 1916 erstmals verwundet worden. Im Sommer 1917 lag er mit seinem RIR 82 bei Klein-Zillebeek/Flandern. Gleich zu Beginn der englischen Offensive geriet er verwundet in Gefangenschaft (Bussjäger, Das Reserve-Infanterie-Regiment Nr. 82 im Weltkrieg, Erfurt 1930, S 263):

*„Während das III noch verhältnismäßig ohne starkes*

*Feuer zu bekommen glücklich die Bereitschaftskompanie ablösen konnte, setzte aber mitten in die Ablösung des I und II schlagartig 4.45 Uhr morgens ein rasendes Trommelfeuer auf unsere vorderen Linien und Bereitschaften ein. Der Engländer schoss mit Phosphorgranaten, und die ganze vor dem KTK (Kampftruppenkommandeur) liegende Anhöhe war wie in ein Flammenmeer eingetaucht. Kurz vor sechs Uhr setzte auf der ganzen Front der feindliche Großangriff ein. In dichten Massen und in mehreren Wellen hintereinander gingen die Engländer zum Angriff vor. Unsere MG, Infanterie und Artillerie taten sofort ihre Schuldigkeit und der Feind hatte unzählige Verluste, aber immer und immer wieder füllten sich seine Reihen. Mit neuen Truppen und starken Kräften gelang es ihm, unsere durch die vielen Verluste an den Vortagen zu schwachen Vorpostenzüge zu überrennen. Auch Lt dR Riemann der 8. Komp. wurde, als er beim Zurückgehen ein deutsches MG, dessen Bedienungsmannschaft ganz außer Gefecht gesetzt worden war, retten wollte, durch Oberschenkelschuss so schwer verwundet, daß er sich selbst nicht mehr zurückziehen konnte und als einziger Offizier des Regiments, ohne Verschulden, schwer verwundet in englische Gefangenschaft geriet."*

Ausweislich der französischen Gefangenenlisten hatte Riemann seinen Wohnsitz mit Emden angegeben, wohin er nach Kriegsende auch wieder zurückkehrte.

Erst gegen Ende dieser dritten Flandernschlacht verlegte auch die 20. ID mit den IR 77, 79 und 92 an diese Front. Bei IR 77 fielen hier der Tischler Hermann Andermann aus Schweringen (4.10.1917) und Johann Grimm aus Loge (20.9.1917). Bei IR 92 fielen Johann Brinkmann aus Eitzendorf Nr. 111 (dessen Bruder Wilhelm 1916 vor Verdun vermisst wurde) und der Maschinenbauer Hermann Padberg aus Bücken (2.10.1917)

## 2. Das Alpenkorps

Nachdem der Rumänienfeldzug im Frühjahr 1917 abgeschlossen war, verlegten die Jägerbataillone zunächst wieder an die Vogesenfront, um dann - im Sommer 1917 - erneut nach Rumänien geschickt zu werden. Die rumänische Armee war im Jahre 1916 zwar schwer geschlagen und bis an die Grenze Moldaus zurückgeworfen worden. Dort konnte sie dann aber im Winter mit russischer Hilfe die Front stabilisieren, sich reorganisieren und in den Waldkarpaten schließlich im Sommer 1917 wieder zum Angriff übergehen. Folglich wurde das Alpenkorps (und einige andere Einheiten) erneut in Marsch gesetzt, um den österreich-ungarischen Truppen zu Hilfe zu eilen.

Am 10. August 1917 langte das Jäger-Bataillon 10 in Rumänien an und wurde bei Focsani ausgeladen. Als Kompaniechef der 3./Jäger-Btl 10 fungierte der nach seiner Verwundung bei Verdun (s.o.) wieder genesene Leutnant d.R. Werner Behrens aus Nenndorf/Berxen. Der Vormarsch erfolgte nach Ivancesti an der Putna (im Tiefland am Südostrand der Karpathen, nördlich Focsani), zunächst als Reserve der Heeresgruppe. Am 12.

August kam das Bataillon zum Einsatz gegen eine Stellung russischer Truppen an der Susita, einem Nebenfluus des Sereth (Jung, a.a.O., S. 309):

*„Um 3 Uhr nachmittags tritt das Bataillon zum Sturm an. Ein selten prächtiger Anblick. Soweit das Auge reicht, ist das etwa 1 Kilometer breite ausgetrocknete Bett der Susita bedeckt mit unaufhaltsam vorwärtsstürmenden Schützenlinien. Welle auf Welle folgt. Kein Sperrfeuer und kein MG-Feuer hält sie auf. Wie auf dem Exerzierplatz wird das Flussbett im Laufschritt überwunden und der jenseitige Hang erreicht. Hell blitzen im Sonnenschein die aufgepflanzten Seitengewehre (...) Der Russe nimmt den Sturm nicht an. Ein kurzer Halt. Ordnen der Verbände, dann folgt ihm das Bataillon in breiter Front in die Weingärten der Hochfläche, kampflos wird ein weiterer Kilometer Gelände genommen. Da setzt der Russe zweimal zu wütendem Gegenangriff an. In dichten Haufen kommt er angestürmt. Aber er wird von dem sicheren Feuer unserer Jäger und der MG empfangen."*

Am 14. und 15. April wurde der Angriff - erneut gegen immer wieder vorbrechende russische Gegenangriffe - erfolgreich fortgesetzt. Leutnant Behrens wurde bei diesen Gefechten am 15. August erneut verwundet und kehrte ausweislich der weiteren Stellenbesetzungslisten der Bataillonsgeschichte nicht wieder zurück. Bei diesem zweiten rumänischen Einsatz fielen im Jahr 1917 Fritz Röver aus Eystrup (bereits am 12.2.1917 bei IR 253), Georg Meyer aus Helzendorf (ertrunken am 24.6.1917 bei FAR 65) und Hermann

Runge aus Wechold (17.8.1917 bei IR 373). Auch August Hittmeyer aus Vilsen dürfte wahrscheinlich in Rumänien gefallen sein. Der Eintrag im Eisernen Buch weist lediglich „die Karpathen" als Todesort aus, wo er am 4. Februar 1917 bei dem Grenadier-Regiment Nr. 1 gefallen sein soll.

Auch dieser zweite Einsatz in Rumänen verlief erfolgreich und führte schließlich, nachdem auch Russland den Rumänen keine Hilfe mehr zukommen lassen konnte, zum Ausscheiden Rumäniens aus dem Krieg (Waffenstillstand vom 9. Dezember 1917). Schließlich schloss auch Russland, da die Armee sich nach dauernden Niederlagen, Verpflegungsschwierigkeiten und dem Einsetzen der Revolution nach und nach ganz aufzulösen begann, am 15. Dezember Waffenstillstand mit den Mittelmächten.

Die niedersächsischen Jägerbataillone zogen währenddessen bereits im Herbst 1917 - zusammen mit sechs anderen deutschen Divisionen - an die Isonzofront an der österreichisch-italienischen Adriagrenze. Dort hatten die Italiener in elf „Isonzoschlachten" seit 1915 vergeblich versucht, die österreichische Stadt Görz (heute Gorizia) zu erobern. In der zwölften Isonzoschlacht gingen nun erstmals die Mittelmächte zum Angriff über. Mithilfe der deutschen Truppen konnte die italienische Front bereits nach wenigen Tagen durchbrochen und komplett aufgerollt werden. Die Offensive endete, nachdem mehrere französische Divisionen den

Italienern zu Hilfe geeilt waren, erst kurz vor Venedig an der Piave.

## 3. Die Reserve-Regimenter

Von Oktober 1916 bis März 1917 war das RIR 74 in einer ruhigen Stellung in Nordfrankreich an der Aisne bei Morsain im Einsatz gewesen. Im April und Mai 1917 musste es in der Doppelschlacht Aisne-Champagne die deutschen Stellungen gegen neue großangelegte britisch-französische Angriffe halten. Dort fiel aus dem Kreis Hoya der Klempner Johann Hüneke aus Hoya (16.4.1917 bei 7./RIR 74).

In dieser Schlacht wurde auch der Lehrer und Leutnant d.R. Friedrich Uhlhorn - vom erst im Februar 1915 aufgestellten RIR 262 - am 9. April 1917 an der Vimy-Höhe (nördlich Arras) tödlich verwundet. Uhlhorn, der aus Kampsheide stammte, war spätestens seit Anfang 1917 Adjutant des II. Bataillons (Die Regimentsgeschichte erwähnt seinen Namen zuvor nicht). Ein Volltreffer einer Granate auf seinen Gefechtsstand verwundete ihn so schwer, dass er am 30. April an den Folgen der Verletzung im Lazarett verstarb (Fischer, Das Reserve-Infanterie-Regiment Nr. 262 1914-1918, Zeulenroda, oJ, S. 116). Bei Mobilmachung im August 1914 fungierte Uhlhorn noch als Offiziersstellvertreter und Zugführer bei 10./RIR 74. Im Eisernen Buch wird Uhlhorn unter der Adresse Kampsheide Haus Nr. 29 aufgeführt. Unter der gleichen Adresse finden sich dort auch Willi Uhlhorn (gefallen am 9. September 1914 in

Ostpreußen – s.o.) sowie der Tischler Johann Uhlhorn (gefallen am 20. März 1917 in Mazedonien).

Die 19. RD (RIR 73, 78, 92) wurde im Jahr 1917 kreuz und quer von einer Front an die andere gesandt: Die Division war ab November 1916, nach der Ablösung aus der beendeten Schlacht an der Somme, zunächst auf den Maashöhen (Combres, südlich Verdun) eingesetzt. Im Februar folgte eine weitere Woche vor Verdun und bis Ende April Kämpfe an der Aisne. Anfang Mai wurde die Division nach Osten an die Front in Kurland geschickt. Nach der Eroberung Rigas wurden die drei Regimenter wieder in den Westen verladen und jeweils nur für kurze Zeit am Chemin des Dames (September), in Flandern (23.9. bis 7.10.1917), der Champagne (8. bis 17.10.1917) und dann langfristig wieder vor Verdun (ab 18.10.1917 bis 11.4.1918) eingesetzt. Besonders verlustreich war dabei der Flanderneinsatz, bei dem am 2. Oktober der Maurer Heinrich Stuckenschmidt aus Mehringen (11./RIR 73) und der Haussohn Heinrich Günnemann aus Hohenmoor (RIR 73) sowie am 4. Oktober der Postbote Johann Lindhorst aus Süstedt (10./RIR 73) fielen. Bei RIR 78 fielen Johann Büntemeyer aus Schwarme und bei RIR 92 Heinrich Schmilling aus Magelsen am 2. bzw. 4. Oktober ebenfalls in Flandern.

Zwischen 19. Juli und 25. August 1917 verlegte das RIR 74 nochmal für eine Woche nach Verdun, zur Maasgruppe West an der von den Deutschen noch gehaltenen „Höhe 304" und der bereits verloren gegangenen Höhe „Toter Mann". Dort, bei Malancourt, fielen der Knecht Heinrich Runge aus Süstedt (verschüttet) und der Landwirt Heinrich Schmidt aus Klein-Borstel. Im zur selben Division gehörenden Nachbarregiment, IR 368, kamen bei diesem Einsatz gleich zwei Offiziere aus dem Kreis Hoya ums Leben. Leutnant d.R. Kuhlmann aus Schweringen diente, ausweislich der Stellenbesetzungsliste des Regiments, spätestens ab April 1917 als Kompaniechef der 1./ IR 368. Am 17. August 1917 wurde er bei einem groß angelegten französischen Artilleriebeschuss verschüttet: Das IR 368 hatte am 22. Juli 1917 eine 800 m breite Stellung - links vom RIR 74 - zugewiesen bekommen, die sich an der Höhe 304 hinzog und nach heftigen vorausgegangenen Kämpfen nur noch aus Granattrichtern und einigen Stollen bestand. Infanterieangriffe fanden hier zunächst nicht statt, dafür wurde die Stellung aber täglich mit Granaten eingedeckt. Mitte August steigerte sich die tägliche Kanonade nochmals, bevor am 17. August ein heftiges „Wirkungsschießen" schwerster Kaliber auf die gesamte Stellung und die rückwärtigen Bereiche (bis zu zehn Kilometer Tiefe) einsetzte. Etliche Unterstände des IR 368 wurden direkt getroffen und die Insassen verschüttet. Getroffen wurde auch Kuhlmanns vollbesetzter Stollen. Dieser Unterstand verfügte zwar über gleich drei Ausgänge, dennoch waren alle drei durch Volltreffer verschüttet worden. Herzugeeilte Kräfte begannen sofort mit den Rettungsarbeiten, aber nur elf durch das Kohlenmonoxyd der einschlagenden Granaten vergiftete Soldaten konnten noch lebend gerettet werden. Unter den Toten befand sich auch der Landwirt und Leutnant d.R. Heinrich Kuhlmann.

Die nachfolgenden Infanterieangriffe am 20. und 21. August konnten vom IR 368, obwohl bei der links benachbarten Division einige Stellungen verloren gingen, abgewehrt und die heftig umkämpfte Höhe 304 weiterhin gehalten werden. Bei diesen Gefechten fiel – ebenfalls im IR 368 und nur vier Tage nach Kuhlmann - am 21. August auch der am 16. August 1888 geborene Lehrer und Leutnant d.R. Dietrich Burdorf aus Heesen. Burdorf war in der letzten vor dem Einsatz bei Verdun gefertigten Stellenbesetzungsliste am 30. Juni 1917 noch nicht genannt und offenbar erst kurz zuvor bei dem Regiment als Zugführer angelangt.

Im Dezember 1917 wurde der Hustedter Erich Wallmann, geboren am 3. November 1895, schwer verwundet. Wallmanns soldatische Karriere lässt sich allein anhand der Verlustlisten nachvollziehen. Er wurde erstmals in der Verlustliste vom April 1915 als verwundeter Kriegsfreiwilliger im RIR 214 geführt. Im Juli 1916 war er als Gefreiter im RIR 90 erneut verwundet worden. Dann tauchte er im Mai 1917 als Vizefeldwebel (leicht verwundet) und endlich im Dezember 1917 als Leutnant (schwer verwundet) auf. Wallmann hat den Krieg dennoch überlebt und war später als Lehrer in Hustedt tätig.

## IX. Offiziere aus dem Kreis Hoya

Neben den bereits erwähnten Offizieren aus dem Kreis Hoya finden sich in den Verlustlisten und Regimentsgeschichten noch eine Vielzahl weiterer einheimischer Reserveoffiziere. Da die Regimentsgeschichten selten einzelne Mannschafts- und Unteroffiziersdienstgrade, dafür aber i.d.R. Offiziere sehr wohl namentlich erwähnen, lässt sich diesbezüglich – so denn die Einheiten bekannt sind und diese auch eine Regimentsgeschichte hinterlassen haben – noch ein wenig mehr an Informationen sowohl zu gefallenen wie auch überlebenden Offizieren gewinnen. Bereits am 20. Januar 1915 vermeldete das Wochenblatt die Verleihung des Eisernen Kreuzes an den Pionier-Leutnant Hahn aus Vilsen, Sohn des dortigen Superintendenten. Anfang Februar 1915 findet sich in derselben Zeitung folgende Traueranzeige: *„Eystrup, Dresden, Schloß Puditsch. Am 6.2. fand im Schützengraben den Heldentod für das Vaterland mein inniggeliebter Sohn, unser herzensguter Bruder, Schwager und Onkel, der Königlich Sächsische Major und Bataillonskommandeur im IR 177, Georg von Tschirschnitz, Ritter des K.S. Militär-St.Heinrichsorden und des EK 1. und 2. Klasse. Im Namen der tieftrauernden Hinterbliebenen, Julius von Tschirschnitz, Generalleutnant a.D."*

Am 9. Juni 1917 meldete das Hoyaer Wochenblatt, dass der Leutnant d.R. und Batterieführer Robert Bayer auf dem westlichen Kriegsschauplatz mit dem EK 1. Kl. ausgezeichnet worden sei: *"Herr Bayer war als Regierungsbaumeister beim hiesigen Wasserbauamt beschäftigt."* Glück gebracht hat ihm der Orden aber nicht, denn bereits in der Verlustliste vom 9. Oktober 1917 wird Leutnant Robert Bayer, geboren in Aachen, als schwer verwundet ausgewiesen. Bei welchem Artillerieregiment er gedient hat, ist unklar.

Ohne Regimentsangabe als „leicht verwundet" wurde in der Verlustliste vom 18. August 1917 ein Leutnant d.R. Friedrich Bohlmann aus Vilsen (geboren am 14.5.1890) genannt.

Im Eisernen Buch nicht aufgenommen sind die aus Bruchhausen gebürtigen Brüder Calmeyer: Leutnant Alfred Calmeyer ist ausweislich der Verlustliste vom 19. Juni 1918 irgendwann im April oder Mai gefallen. Sein Bruder Rudolf fiel laut Verlustliste vom 10. Juli 1918 nur wenig später als Fahnenjunker. Bei beiden lässt sich keine Einheit zuordnen.

Ein Leutnant Wilhelm Canenbley aus Gandesbergen wurde laut Verlustliste vom 18. November 1915 bei 4./Reserve-Jäger-Btl 1 erstmals schwer verwundet. Canenbley war Rechtskandidat (also Jurastudent kurz vor dem ersten Examen), zuletzt Leutnant und Kompanieführer im Lauenburgischen Jägerbataillon (Jäger-Btl 9). Nach einer Zeitungsmeldung vom 7. Januar 1918 war er nach einer weiteren schweren Verwundung als Kriegsbeschädigter aus dem Dienst entlassen worden und „widme sich nun dem Bankfache". Im selben Presseartikel wurde mitgeteilt, dass sein älterer Bruder, August, Vollmeier in Gandesbergen und längere Zeit als Ausbilder im Verdener FAR 26 in Köln tätig, nun ebenfalls zum Leutnant d.R. befördert worden sei.

Im Herbst 1917 meldete die Verlustliste (vom 6. November 1917) den aus Hohenmoor gebürtigen Leutnant Georg Hengstmann als durch Unfall verwundet. Ebenfalls als verwundet wurde laut Liste vom 18. September 1918 der Leutnant der Landwehr Hermann Schäfer, geboren in Eitzendorf. Schäfer war erst zu Jahresanfang, laut einer Presseberichterstattung vom 6. Januar 1918, vom Vizefeldwebel zum Leutnant befördert worden. Bei welchem Regiment er stand, ist unbekannt. Nicht zuzuordnen ist auch der aus Bücken gebürtige Leutnant d.R. Hermann Schröder, der in der Verlustliste vom 3. Juli 1917 – ohne Einheit - als leicht verwundet erscheint. Ebenfalls leicht verwundet wurde der in Asendorf geborene Leutnant d.R. Hermann Thiermann (gemäß Meldung vom 8. Dezember 1917), für den gleichfalls keine Regimentszugehörigkeit bekannt ist. Schließlich wurde der aus Bruchhausen gebürtige Leutnant d.R. Alex Seekamp, der nach Meldung vom 23. September 1915 bei 3./IR 59 (im Osten) diente, leicht verwundet. In den späteren Verlustlisten taucht sein Name nicht mehr auf. Auch der aus Schweringen gebürtige Oberleutnant d.R. Heinrich Schrader wurde nach einer Mitteilung vom Herbst 1916 leicht verwundet. Er diente bei Marine-Infanterie-Regiment 3, dass vom 2. bis 22. Oktober 1916 in der Somme-Schlacht eingesetzt war.

Gefallen ist der aus Weseloh gebürtige Leutnant d.R. Albert Schröder. Die Verlustliste vom 6. Juni 1918 nennt allerdings keine weiteren Details. Auch wird sein Name im Eisernen Buch nicht aufgeführt. Besser identifizieren lässt sich dagegen das Schicksal des aus Hoya, Deichstraße Nr. 6, stammenden Otto Sudfeld. Er zog 1914 als Kriegsfreiwilliger ins Feld. Geboren am 11. Januar 1891 meldet ihn die Verlustliste vom 3. November 1914 als Einjährig-Freiwilligen bei IR 13 als Verwundeten. In der Liste vom 11. April 1917 findet er sich, erneut verwundet, bereits mit dem Dienstgrad Leutnant. Sudfeld überlebte diesen Krieg, studierte anschließend Jura, promovierte zum Dr. jur. und unterhielt in der Georgstraße Nr. 15 in Hannover später eine Rechtsanwalts- und Notarkanzlei. Im Zweiten Weltkrieg wurde Dr. Sudfeld offenbar erneut eingezogen, da sich sein Name unter den an der Hoyaer Friedhofskapelle aufgelisteten Gefallenen des Jahres 1945 findet. Ausweislich des Familiengrabes auf dem Hoyaer Friedhof ist er am 13. Januar 1945 gefallen.

Lediglich als Ordensträger wird ein Leutnant Thies aus Hoya im Wochenblatt vom 8. Dezember 1916 genannt:

*„Das EK 1. Kl. erhielt der Leutnant und Kompagnieführer Thies, Sohn des Ziegeleimeisters Thies auf den Hoyaer Tonwerken, für hervorragende Tapferkeit bei den schweren Kämpfen an der Somme."*

Was aus Thies hernach geworden ist, bleibt

unklar. Bei einem bayerischen Regiment diente ein Leutnant d.R. Karl Wasmann aus Hoya. Bereits im Frühjahr 1915 war er im bayerischen Brigade-Ersatz-Bataillon 12 aus Nürnberg im Einsatz, wo er nach Meldung vom 17. Mai 1915 verwundet wurde. Später war er dann als Leutnant im bayerischen Ersatz-Infanterie-Regiment 3 im Einsatz, wo er ausweislich der Verlustliste vom 31. Oktober 1916 wiederum verwundet wurde. Diese Einheit hat aber keine Regimentsgeschichte hinterlassen, so dass sich näheres nicht erhellen lässt. Wasmanns Name findet sich hernach auch in keiner Verlustliste wieder, so dass er den Krieg wohl überlebt haben dürfte. Auch Leutnant d.R. Heinrich Wendt, nach einer Zeitungsmeldung von 1918 *„Sohn des Herrn Vollmeiers Wendt in Oberboyen"*, überlebte den Krieg. Er erhielt 1918 das Eiserne Kreuz erster Klasse sowie das „Österreichische Militär-Verdienstkreuz mit der Kriegsdekoration". Wendt war bereits mit Verlustliste vom 24. Oktober 1914 als Verwundeter des Verdener FAR 26 mit dem Dienstgrad Unteroffizier der Reserve gemeldet worden. Die Verwundung rührte ausweislich der Liste vom ersten Gefecht des FAR 26 bei Chatelet am 22. August 1914 her. Im weiteren Kriegsverlauf diente er dann auch im Alpenkorps, woraus sich die österreichische Ordensverleihung erklärt.

# X. 1918: Bis zum Waffenstillstand

## 1. Die letzten deutschen Offensiven

Nach den im Osten geschlossenen Waffenstillständen mit Russland und Rumänien konnte die OHL nun die dort nicht länger benötigten Truppen an die Westfront entsenden und dort, abgesehen von der Offensive bei Verdun 1916, erstmals seit September 1914 wieder in großem Zuge zum Angriff übergehen. Die IR 74, 78 und 91 wurden am 4. März von Verdun abgezogen und, nach erneuter Ausbildung, an die Front vor Arras verlegt, wo die englischen Stellungen ab dem 21. März auf einer Frontbreite von 75 km durchbrochen werden sollten (Gabriel, a.a.O., S. 387 f.). Bereits am ersten Tag der Offensive gelang ein tiefer Einbruch in das englische Stellungssystem. Am nächsten Tag konnten auch die zweite und dritte englische Verteidigungsanlage durchbrochen werden. Am dritten Tag war das IR 74 dann bereits 25 km weit vorangekommen und hatte auch die letzten Reservestellungen durchstoßen. Die sich zurückziehenden Engländer versuchten den deutschen Angriffsspitzen danach zumindest den Übergang über die Somme zu wehren. Aber auch hier bewerkstelligte das IR 74 binnen eines weiteren Tages den Flussübergang. Am 27. März wurde das auf dem weiteren Vormarsch befindliche IR 74 dann aber plötzlich angehalten, da die benachbarten Einheiten nicht Schritt halten konnten. Am nächsten Tag ging der Vormarsch aber weiter und kam erst am Ostersonntag, dem 31. März 1918, zum Stehen. Rasch herangeführte französische Divisionen waren zum Gegenangriff zusammengezogen worden. An diesem Tag fiel bei 11./IR 74 der Maler Heinrich Christel Mysegades aus Hoya. Trotz taktischer Erfolge, erheblichen Raumgewinns und mehr als 90.000 Gefangenen war der Durchbruch bis zur Kanalküste nicht gelungen. Weitere Angriffsbemühungen des IR 74 bis zum 7. April brachten keinen weiteren Geländegewinn mehr. Es bildete sich schließlich eine neue Front und die letzte große deutsche Offensive kam zum Erliegen. Das erschöpfte Regiment wurde schließlich abgelöst und zurückgezogen. Sodann wurde IR 74 vom 24. bis 26. April nochmals zu einem – am Ende gleichfalls stecken gebliebenen - Angriff bei Villers-Bretonneux/Hangard herangezogen. Hier fiel der Klempner Erich Hittmeyer aus Bücken (26.4.1918 vermisst bei 3./IR 74). Heinrich Dohemann aus Brebber starb am 26. April im hinter der Front liegenden Lazarett Bohain.

Bei den anderen Regimentern der 19. ID und 20. ID (IR 78 und 92 bzw. 77, 79 und 91) fielen in dieser großen Frühjahrsoffensive Heinrich Eggers aus Mehringen (am 23.3.1918 bei IR 78), Wilhelm Bremer aus Martfeld (21.3. bei IR 77), Hermann Hüneke aus Wöpse (25.3. bei IR 77), der Lehrer Johannes Beckmann aus Doenhausen (5.4. bei IR 79), August Julius Haarde aus Eystrup (22.3. bei IR 79) und der Bahnarbeiter Heinrich Struß aus Asendorf (23.3. bei IR 79). Verwundet wurde in der

Offensive zudem der Hoyaer Leutnant d.R. Emil Cobet. Cobet stammte gebürtig aus Hamm/Westfalen. Im Hoyaer Wochenblatt wurde er am 22. August 1916, noch als Vizefeldwebel gewürdigt, da ihm das EK II. verliehen worden war:

*„Das EK 2. Kl. erwarb sich im Osten der Vizefeldwebel d.R. Emil Cobet, der vor dem Kriege Provisor in der hiesigen Apotheke war und der bei Kriegsausbruch als Kriegsfreiwilliger ins Feld zog."*

Erstmals verwundet gemeldet worden war Cobet in der Verlustliste vom 1. November 1915, damals als Unteroffizier d.R. im IR 78. In der Liste vom 3. Mai 1918 wird er dann als Leutnant d.R. genannt, der erneut leicht verwundet worden sei. Auch Christian Joseit, gebürtig aus Hoya, wurde als Leutnant in der Verlustliste vom 25. Mai 1918 – ohne Angabe des Regiments - als verwundet gemeldet. Joseit war vor dem Krieg Buchhaltungsassistent der Reichsbank in Hannover. Nach dem Krieg setzte er ausweislich des hannoverschen Adressbuches seine Tätigkeit dort, zuletzt als Reichsbankoberinspektor, fort. Gleichfalls noch im Mai ist der Bücker Leutnant Paul Liepmann verwundet worden. Das Wochenblatt berichtete am 1. Juni 1918:

*„Das EK 1. Kl. ist dem in Bücken geborenen Leutnant d.R. Paul Liepmann bei einem Inf-Reg. im Westen verliehen worden; er ist der Sohn des in Hoya verstorbenen Pferdehändlers Moses Liepmann."*

In der Verlustliste vom 22. Mai 1918 war er kurz

zuvor, ohne Regimentsangabe, als „leicht verwundet" aufgeführt worden. In derselben Liste vom 22. Mai findet sich – als „leicht verletzt" – auch der Sohn des Eitzendorfer Lehrers Vespermann, Leutnant d.R. Ernst Vespermann. Bereits am 7. Oktober 1916 hatte das Hoyaer Wochenblatt über die Verleihung des EK I. an den damals noch im Dienstgrad eines Vizefeldwebels stehenden Vespermann, dessen Einheit „im Osten" gestanden habe, berichtet. Vespermann, geboren am 11. Juli 1892 in Eitzendorf, überlebte den Krieg. Er starb 1975 in Emden.

Im Mai 1918 wurde IR 74 aus der Front ganz herausgezogen und zur weiteren Ausbildung in die Etappe verlegt. Am 1. Juni wurde das Regiment für einen neuen Angriff bei Noyon bestimmt, der am 9. Juni begann. Auch hier gelang zunächst der Durchbruch durch die gegnerischen Stellungen, ehe schnell herangeführte französische Reserven im Gegenangriff auch diese deutsche Offensive zum Halten brachten.

In der Heimat wurde unterdessen weiterhin v.a. über Ordensverleihungen berichtet. So berichtete die Zeitung am 10. Juli, dass der Lehrer und Kompanieführer Leutnant Dohrmann aus Bücken das EK I. erhalten habe.

Das RIR 74 lag währenddessen mit der gesamten 19. RD (mit einer sechswöchigen Ausbildungs-Unterbrechung) von Herbst 1917 bis Ende Mai 1918 in relativ ruhiger Stellung am Fort Brimont bei Reims. An der großen Frühjahrsoffensive bei Arras hatte es nicht teilgenommen. Erst am 27. Mai 1918 wurde auch das RIR 74 selbst wieder offensiv und nahm an einem weiteren – allerletzten - deutschen Großangriff westlich Reims teil. Die überraschten britischen Truppen wurden im ersten Anlauf geworfen und die Angriffsziele des ersten Tages sämtlich erreicht. Das RIR 74 hatte dafür aber auch hohe Verluste von 43 Gefallenen und 169 Verwundeten zu verzeichnen. Am nächsten Tag kämpfte sich das Regiment durch die letzten gegnerischen Reservestellungen und stand am 29. Mai bereits in dem vom Krieg noch ganz unberührten Dörfchen Chalons-sur-Vesle. Gegen rasch herangeführte französische Reserven konnte der Angriff am 1. Juni nochmals einige Kilometer weit bis nach Vrigny getragen werden, wo aber neu herangeführte französische Truppen eine weitere Abwehrstellung eingerichtet hatten. Hier blieb auch diese deutsche Offensive schließlich nach einem Vormarsch von insgesamt 20 km liegen. Der rechte Flügel dieser Offensive gelangte unterdessen nochmals bis zur Marne, bevor auch dort schließlich keine weiteren Erfolge mehr errungen werden konnten. Das RIR 74 grub sich zwischen Gueux und Vrigny, am heutigen westlichen Stadtrand von Reims, ein. In den folgenden Wochen dezimierte die jetzt erstmals auftretende Spanische Grippe sowohl die deutschen wie auch die französischen Soldaten (S. 500). In dieser neuen Stellung fiel am 1. Juni 1918 der aus Bruchhausen stammende Malermeister Heinrich Brinkmann (6./RIR 74). Die Lage bei Vrigny blieb bis Ende Juli 1918 unverändert, bevor das Regiment am 1. August – aus taktischen Gründen - mehrere Kilometer nach Norden, hinter die Vesle, zurückgenommen wurde. Hier grub sich das RIR 74 erneut bis Ende September ein.

## 2. Die Jägerbataillone

Im Rahmen der großen Frühjahrsoffensive 1918 wurden die Jäger am Kemmelberg bei Ypern eingesetzt. Nach dem Ende der Offensive verblieben die Bataillone zunächst in Abwehrkämpfen an der Westfront, bevor sie (nur einen Monat vor dem Waffenstillstand) am 5. Oktober mit dem Alpenkorps nochmals nach Serbien verlegt wurden, um dort die bulgarische Armee (da Bulgarien einen Waffenstillstand mit den Alliierten geschlossen hatte) zu ersetzen. Bereits am 2. Oktober 1918 fiel in Serbien der Tuschendorfer Hermann Köster, der bei der 2. Gebirgsbatterie des Alpenkorps eingesetzt war. Im Zusammenhang mit dem vorletzten Einsatz in Rumänien verstarb im Lazarett der oberschlesischen Stadt Ratibor am Tage des Waffenstillstands, dem 11. November 1918, der aus Altenbücken stammende *„Haussohn"* und Jäger Harry Fritz Thöle, der ausweislich der Eintragung im Eisernen Buch bei 1./Jäger-Btl 10 stand. Nach der Verlustliste vom 11. April 1919 war er am 23. August 1896 geboren, Angehöriger des Ersatz-Bataillons des Jäger-Btl 10 und verstarb infolge Krankheit. Ausweislich der von seiner Familie aufgegebenen Traueranzeige verstarb er, nachdem er bis dahin bereits zweimal verwundet worden war (einmal in der Verlustliste vom 27. Oktober 1917 als leicht Verwundeter gemeldet), nach kurzer schwerer Krankheit im Alter von 23 Jahren. Er hatte also die zweite Verwundung wahrscheinlich gerade ausgeheilt und war dann zum Ersatzbataillon überstellt worden, um von dort zum aktiven Bataillon zurückzukehren.

Die Jägerbataillone und das gesamte Alpenkorps zogen sich in der Nacht vom 31. Oktober auf den 1. November mit Überschreiten des Grenzflusses Save aus Serbien nach Ungarn zurück, von wo aus die Jäger Anfang Dezember 1918 wieder in ihrer Heimatgarnison in Goslar eintrafen.

## 3. Die alliierte Schlussoffensive

**a) August**

Nachdem die alliierten Heere durch das Eintreffen starker amerikanischer Kräfte genügend gefestigt waren, gingen sie Anfang August 1918 wieder zur Offensive vor, die nun ununterbrochen bis zum Waffenstillstand fortgesetzt werden sollte. Der 8. August, der „schwarze Tag des deutschen Heeres", begann für das IR 97 bei Amiens mit schlagartigem Trommelfeuer (Adolph von Wulffen, 1. Oberrheinisches Infanterie-Regiment Nr. 97, Oldenburg/Berlin 1923, S. 72 ff.). Australische Divisionen brachen mit starker Panzerunterstützung gegen das IR 97 vor und umfassten den Regimentsabschnitt von Norden und Süden. Ein sofortiger Rückzug nicht nur des IR 97 sondern eines breiten Frontabschnitts war unumgänglich geworden. Zwar konnte der alliierte Vorstoß bereits am nächsten Tag gestoppt werden, dennoch war die deutsche Front jetzt erstmals in Breite und Tiefe durchbrochen worden. Kaum hatte sich das IR 97 wieder erholt, setzte am Ende des Monats zwischen Scarpe und Somme ein weiterer Großangriff ein. Diesmal hielt das Regiment die Stellung, wurde aber erheblich dezimiert, anschließend abgelöst und in die Champagne, 40 Kilometer östlich Reims, verlegt. Hier galt es ab dem 26. September bereits den nächsten Angriff abzuwehren. Am 10. Oktober zog sich das Regiment dann – wie das RIR 74 - auf die Brunhild-Stellung an der Aisne, 50 Kilometer nordöstlich Reims, zurück. Der nachrückende Feind griff auch hier in einzelnen Vorstößen unverzüglich immer wieder an. In der Brunhild-Stellung, bei La Fallaise fiel am 23. Oktober 1918 der Eitzendorfer Johann Schäfer (geboren am 20. Juli 1896, Bankbeamter und Gefreiter im 1./IR 97). In den Verlustlisten vom 5. Februar 1919 wird Schäfer als vermisst gemeldet.

Unklar bleibt dagegen, wo Leutnant d.R. Albert Bergmann, gebürtig aus Eystrup, ums Leben kam. Er ist im Eisernen Buch nicht verzeichnet. Die Verlustlisten nennen unter dem 13. August 1918 lediglich seinen Namen, den Dienstgrad, Geburtsort Eystrup und die Tatsache, dass er gefallen sei. Weitere Hinweise zu seiner

Verwendung sind nicht ersichtlich. Leutnant d.R. Wilhelm Ohlmeyer aus Hassel wurde, ohne Regimentsangabe, in der Verlustliste vom 22. Mai 1918 als leicht verwundet geführt. Der aus Altenbücken (in den Verlustlisten stets als „Altenbrücken" geschrieben) stammende 38-jährige Leutnant Johann Heinrich Richard Meyer, ausweislich seiner Erwähnung im Eisernen Buch (allerdings ohne Angabe des Regiments) von Beruf Landmesser, fiel am 26. August 1918 im Houthouster Wald/Flandern. Die Traueranzeige im Hoyaer Wochenblatt vom 29. August weist aus, dass er seit 1915 an der Westfront stand und seine Mutter, die Witwe Margarete Meyer-Schürmann, geborene Brüggemann, mit seinem Tod bereits ihren zweiten Sohn im Krieg verloren hatte. Ebenfalls Ende August 1918 geriet zudem der Hoyaer Leutnant der Landwehr Konrad Jürns in Gefangenschaft. Eine Zuordnung zu einem Regiment ist anhand der Verlustliste vom 2. September allerdings nicht möglich.

**b) September**

Leutnant d.R. Wilhelm Meyer, geboren am 3. August 1891 in Bücken, ursprünglich Reserve-Offizier im IR 78, fiel am 18. September 1918 im IR 79 bei Havrincourt/Cambrai. Meyer war von Beruf Lehrer in Bassum und bereits im April 1915 als Kompaniechef mit dem EK I. ausgezeichnet worden. Zugleich war er der erste Bücker, der mit dem EK II. in Bücken 1914 zu sehen gewesen war:

*„Bücken, 28. Oktober 1914. Das erste Eiserne*

*Kreuz auf der Brust eines Tapferen sahen wir hier gestern. Der Dekorierte ist der Offizier-Stellvertreter im Inf-Reg. Nr. 78 Wilhelm Meyer (Sohn des hiesigen Bürgers Vinzens Meyer). Er traf gestern hier ein, um die Genesung seiner Wunden hier abzuwarten. Der tapfere junge Krieger war vor Ausbruch des Krieges Lehrer in Bassum. Er ist der zweite Bücker, der mit dem Eisernen Kreuz dekoriert ist. Der erste war der Dragoner-Sergeant Siemers von hier."*

Ursprünglich gehörte Meyer damit dem IR 78 an. Seit September 1918 war er aber Chef der 4. Kompanie IR 79. In der Stellenbesetzungsliste des IR 79 vom 15. Juli 1918 ist er noch nicht verzeichnet, so dass er wohl erst später dorthin versetzt worden war. Erst in der weiteren Stellenbesetzungsliste vom 15. September findet sich sein Name. Die Kämpfe vom 18. September fanden in der erst am 4. September besetzten Siegfried-Stellung statt. Am 12. September erfolgte ein erster feindlicher Angriff auf die neue Stellung bei Havrincourt. Die Engländer trieben durch Inbesitznahme dieses Dorfes einen Keil in die deutsche Stellung (Heinz Brandes, a.a.O., S. 622):

*„Am 14. September, 4:00 Uhr morgens, versuchte eine feindliche Patrouille, in Stärke von etwa 30 Mann, in der Sappe zwischen der 3. und 4. Kompanie vorzudringen. Der Kompanieführer der 4., Ltn. d. R. Meyer, ein Vizefeldwebel, zwei Unteroffiziere und acht Mann warfen sich den Engländern entgegen und vertrieben sie mit Handgranaten. Zeltbahnen, Keks und Schokolade ließen die Feinde in den Händen der mutigen Draufgänger."*

Am 18. September sollte dann durch einen eigenen Angriff das Dorf Havrincourt zurückerobert werden. Um 3:30 Uhr begann das vorbereitende Artilleriefeuer und um 4:50 Uhr rückten die Stoßtrupps vor. Während die Trupps des III. Bataillons am rechten Flügel Erfolg hatten, blieb der Angriff des I. Bataillons im heftigen Abwehrfeuer stecken. Hier fiel auch Leutnant Wilhelm Meyer als Führer seiner 4. Kompanie. Nach der Todesanzeige seiner Familie vom 24. September war er 27 Jahre alt und hatte sich seinem Regiment nach eben erst erfolgter Verheilung seiner dritten schweren Verwundung wieder zur Verfügung gestellt. Zudem erschien in derselben Zeitung auch eine Anzeige seines Regimentskommandeurs im IR 79, Major Niemann:

*„Bei siegreichem Sturmangriff fiel an der Spitze seiner Kompanie, deren Herzen er in der kurzen Zugehörigkeit zum Regiment gewann, der Leutnant u. Komp.-Führer Meyer aus Bücken. Seine Untergebenen trugen ihn auf Händen, seine Kameraden und Vorgesetzten schätzten ihn über alles. Er war der Besten einer! Die Heimat und das Regiment werden ihn nie vergessen."*

Zusätzlich erschien schließlich auch noch eine Traueranzeige der sämtlichen Offiziere, Unteroffiziere und Mannschaften, gezeichnet von einem Bataillonskommandeur Pachnio.

Noch am 9. September 1918 verstarb in Charkow/Ukraine der aus Süstedt stammende Leutnant d.R. Heinrich Garlisch. Garlisch, geboren am 24. Dezember 1888, hatte den Krieg ab November 1915 bei dem Landwehr-Infanterie-Regiment 19 mitgemacht. Die Einheit stand bis Kriegsende im Osten. Die schwersten Gefechte fanden im Sommer und Herbst 1916 bei Kowel statt, wo auch Leutnant Garlischs 10. Kompanie hohe Verluste erlitt. Nach dem Waffenstillstand blieb das Regiment in der Ukraine als Besatzungstruppe stehen (Kurt Denke, Landwehr-Infanterie-Regiment Nr. 19, Oldenburg, Berlin 1929, S. 276):

*„Am 26. August 1918 wurde Leutnant Garlisch von der 10. Kompagnie, der seit November 1915 an allen Kampfhandlungen des Regiments teilgenommen hatte, durch Divisionsbefehl zur Schiffahrtsgruppe Kiew versetzt. Schon bald danach erreichte uns die Nachricht, daß dieser bei allen beliebte Offizier einer heimtückischen Grippeerkrankung erlegen war"*

Nur sechs Wochen zuvor, am 20. Juli, ist Heinrich Garlisch, ebenfalls aus Süstedt gebürtig, als Soldat im Großen Generalstab in Brüssel gestorben. Beide Garlischs sind im Eisernen Buch nicht aber auf dem Denkmal an der Vilser Kirche genannt.

### c) Ein Grab in Nahen Osten

Der Schuhmacher Friedrich Heinrich Wilhelm Bruns aus Anderten verstarb am 9. Oktober 1918 bei 6./IR 146 in einem Lazarett in Damaskus/Syrien. Seine Einheit stammte aus der Garnison Allenstein/Ostpreußen und war 1914 zunächst in Ostpreußen im Einsatz gewesen. 1916 verlegte das

Regiment nach Serbien, um dann 1917 auf dem mazedonischen Kriegsschauplatz eingesetzt zu werden. Im Frühjahr 1918 wurde dieses „auslandserfahrene" Regiment dann auf den abgelegenen Nebenkriegsschauplatz nach Palästina geschickt. Dort kämpften bereits seit 1914 die mit dem Deutschen Reich verbündeten türkischen Truppen gegen Briten und Franzosen. Nach jahrelangem - wenig ereignisreichen - Ringen im Bereich des heutigen Staates Israel (und dem gescheiterten Versuch australisch-neuseeländischer Truppen die Halbinsel Gallipoli einzunehmen), erhöhte sich der britische Druck im Jahre 1917, wodurch die türkische Front im Laufe des Jahres 1918 allmählich nachgab. Zur deren Unterstützung wurden daher nun auch hier deutsche Truppen, allerdings nur in Stärke zweier Regimenter, eingesetzt.

Am 19. September 1918 begann ein letzter britischer Großangriff zwischen Mittelmeer und Jordantal gegen die schwachen türkischen Stellungen. Die deutschen Hilfstruppen mussten angesichts der sich auflösenden türkischen Front ausweichen und die Stadt Nazareth aufgeben. Schließlich zog sich das IR 146 am 1. Oktober als Nachhut der 4. türkischen Armee sogar bis nach Damaskus zurück. Am 6. November folgte ein weiterer Rückzug auf Aleppo. Irgendwo bei diesen Kämpfen wurde Friedrich Bruns verwundet und verstarb schließlich in einem Lazarett im inzwischen von den Engländern eroberten Damaskus.

**d) Die letzten Gefallenen**

Das RIR 74, das bis Ende September noch bei Reims an der Vesle stand, wurde dort schließlich abgelöst, um bei Somme-Py in der Champagne eine neue Stellung zu übernehmen. Dort wurde es am 3. Oktober erstmals seit 1917 wieder von einem alliierten Großangriff getroffen. Das RIR 74 verlor über 250 Gefangene und musste seine Stellungen teilweise räumen. Ein weiterer Angriff am 4. Oktober, erstmals von amerikanischen Truppen gegen das RIR 74 geführt, konnte - ob der Unerfahrenheit der Angreifer und trotz eines massiven Panzereinsatzes - relativ schnell abgewiesen werden. Am nächsten Tag griffen dann wieder französische Einheiten, wiederum erfolglos, an, bevor am 8. Oktober nochmals die Amerikaner gegen das Regiment anrannten (Georg Bauer, a.a.O., S. 513):

*„Wieder wirft der Amerikaner Massen von Menschen ins Feuer, die auch tatsächlich in das MG-Feuer hineinlaufen, bis schließlich Berge von Gefallenen oder Verwundeten die nachfolgenden Sturmwellen am Weitergehen hindern. So etwas von Sturheit im Angriff haben wir an der Westfront noch nicht erlebt."*

Dennoch zog sich das RIR 74 am 10. Oktober weisungsgemäß um gut 15 km auf die besser zu verteidigende Brundhild-Stellung zurück. Dort, bei Terron an der Aisne, wurde es am 1. November erneut mit einem alliierten Großangriff, der nicht mehr komplett abgewehrt werden konnte, konfrontiert. Das Regiment wurde am 2. November, dem letzten Kampftag dieser Einheit, in der Flanke gefasst und teilweise umgangen, so dass es die Stellung schließlich räumen und - zur Vermeidung einer kompletten Umfassung - nochmals weiter zurückgehen musste. Dabei wurden mehrere Züge abgeschnitten und gefangen genommen. In den folgenden Tagen wich das Regiment immer weiter aus, bis es schließlich kurz vor Sedan wieder Stellung bezog. Aus den drei stark geschwächten Regimentern der 213. Infanterie-Division wurde nun ein einziges Regiment gebildet. Zu weiteren Infanteriegefechten kam es aber nicht mehr. Dennoch traten bis zum Waffenstillstand am 11. November noch mehrere Verluste durch Artilleriefeuer ein.

Das IR 74 hatte nach der letzten eigenen Offensive vom Juni 1918 nach Lothringen verlegt, wo es bis Ende Juli praktisch keine Gefechtstätigkeit gab. Dann wurde das Regiment an der Vesle bei Reims, dort wo auch das RIR 74 im Sommer 1918 focht, eingesetzt. Die Front an der Vesle musste in den ersten Septembertagen geräumt werden musste. Bis Ende September kämpfte IR 74 dann in der Abwehrschlacht zwischen Vesle und Aisne und im Oktober in der Hundingstellung. Dort wird seit dem 3. Oktober 1918 Heinrich Döhrmann aus Schwarme (MGK/IR 74) vermisst. Ausweislich der Eintragungen im Eisernen Buch und dem Asendorfer Denkmal ist ebenfalls am 3. Oktober Johann Gerhard Gerdes aus Scholen bei Premont (zwischen Cambrai und St. Quentin) als Leutnant im 12./IR 81 gefallen. In den Verlustlisten findet sich kein Eintrag zu seiner

Person, was daran liegen mag, dass mit Beginn des Rückzuges an der Westfront im Herbst 1918 viele Meldungen nicht mehr vollständig an das Zentrale Nachweisbüro weitergeleitet worden sind. Gerdes Bruder Hermann war 1916 in Rumänien schwer verwundet worden (s.o.). Auch Otto Hoppe aus Vilsen wurde in der Verlustliste vom 5. Oktober 1918, als Leutnant d.R. und Adjutant, vermisst gemeldet. Hoppe war nach der Verlustliste vom 29. September 1914 als Einjährig- Freiwilliger im 4./IR 77 erstmals verwundet worden. Die Liste vom 23. April 1915 führte ihn dann immer noch als Einjährig-Freiwilligen, jetzt aber im Brigade-Ersatz-Bataillon 40 (leicht verwundet). Dann findet sich sein Name erst in der Liste vom 5. Oktober 1918 wieder. Sein weiteres Schicksal ist unklar. Das Eiserne Buch und das Vilser Denkmal weisen ihn jedenfalls nicht als Gefallenen auf, so dass er wahrscheinlich in Gefangenschaft geriet.

Bei der 3. Kompanie des 2. Garde-Reserveregiments fiel noch am 24. Oktober 1918 bei Preux der Schuhmacher Heinrich Dietrich Wilhelm Papelitzki aus Hoya. Da kein Exemplar der Regimentsgeschichte mehr verfügbar ist, lassen sich weitere Einzelheiten nicht belegen. Am 30. Oktober fiel in der Hermannstellung an der Schelde der gebürtig aus Schweringen stammende (dort aber weder im Eisernen Buch noch auf dem Denkmal erwähnte) Leutnant d.R. Friedrich Niemeyer bei IR 94. Niemeyer, geboren am 2. März 1879, war zu diesem Zeitpunkt bereits neununddreißig Jahre alt. In der Verlustliste vom

31. März 1915 wurde er noch als Vizefeldwebel der Landwehr im IR 97 (leicht verwundet) ausgewiesen. Die Regimentsgeschichte erwähnt ihn lediglich in der Stellenbesetzung vom 5. Mai 1918 als Zugführer der 5. Kompanie. Weder in den vorherigen Stellenplänen noch in der Ehrenliste der gefallenen Offiziere findet sich sein Name.

Am 26. Oktober 1918 verstarb im Reserve-Lazarett Hannover der Musketier Heinrich Oehlschläger aus Calle, der am 30. Oktober in Bücken beerdigt wurde. Oehlschläger, 24 Jahre alt, war im IR 74 zweimal verwundet worden und hatte die zweite Verwundung offenbar gerade erst ausgeheilt, weshalb er zu dieser Zeit noch in Hannover beim Ersatz-Bataillon des Regiments stationiert war. Über seinen Bruder Wilhelm hatte das Wochenblatt bereits am 1. April 1916 berichtet:

*„Mit dem Eisernen Kreuz ausgezeichnet wurde nachträglich erst jetzt wegen seines tapferen Verhaltens vor dem Feinde auf dem westlichen Kriegsschauplatz der aus der hiesigen Gastwirtschaft stammende Landwirt Wilhelm Oehlschläger, der am 3. Dezember 1914 schwer verwundet wurde und das linke Bein verloren hat. Zwei Brüder von ihm stehen in Rußland und Serbien."*

Die beiden letzten Gefallenen Hoyaer des Krieges sind - soweit ersichtlich - der Dienstknecht Heinrich Sudholz aus Asendorf und der Halbmeier Ratje Louis Prange aus Schwarme. Beide fielen nach den Einträgen im Eisernen Buch am 8. November 1918 im IR 79 bei Charmois/Quiny. Ausweislich der Regimentsgeschichte fiel der Ersatz-Reservist Prange, geboren am 8. Juli 1886 in Schwarme, bereits am 6. November in der 7. Kompanie bei Charmois. Der Gefreite Sudholz, geboren am 1.9.1898 in Hohenmoor, fiel danach am 8. November 1918 in der 10. Kompanie in Quincy. Das IR 79 hatte in den Kämpfen um Havrincourt im September (bei denen Leutnant Meyer aus Bücken gefallen war, s.o.), stark gelitten. Hier verlor das Regiment 34 Tote, 179 Verwundete und 1039 Vermisste (die ganz überwiegend in Gefangenschaft geraten waren). Nach einem nochmaligen Kampftag vom 7. auf den 8. Oktober marschierte das Regiment 50 km nach Osten und wurde dann mit der Bahn nach Longwy gebracht, um von dort die Maas beiderseits Stenay zu sichern. Am 6. November erfolgte hier ein amerikanischer Angriff. Gemeinsam mit dem IR 77 gelang es der 5. und 7. Kompanie eine verloren gegangene Höhe bei Cote St. Germain noch einmal zurückzuerobern. Um 17:00 Uhr setze der Feind zu einem neuen Angriff an, worauf die eigene schwache Linie um 300 m zurückgedrängt wurde. Schließlich brachte das deutsche Abwehrfeuer den amerikanischen Angriff dann aber zum Halten. In der Nacht zum 7. November wurde die Widerstandslinie erneut etwas zurückgenommen. Nachmittags erfolgte nach umfassender Artillerievorbereitung ein neuer amerikanischer Angriff, bei dessen Fortsetzung am folgenden Tage Heinrich Sudholz ums Leben gekommen ist. Die deutschen Truppen wichen sodann bis zum 11. November weiter fechtend aus und zogen sich schrittweise auf die Antwerpen-Maas-Stellung zurück.

Auch nach dem 11. November fielen in verschiedenen Lazaretten, in Kriegsgefangenschaft oder daheim noch 19 Hoyaer Soldaten ihren erlittenen Verletzungen zum Opfer. In englischer Kriegsgefangenschaft verstarb am 7. Juli 1919 der Brinksitzersohn Heinrich Heuer aus Wechold Nr. 62 vom IR 74. Im Verdener Lazarett starben am 17. April 1919 der Wecholder Dietrich Hopmann (Wechold Nr. 57) vom RIR 65 und am 15. Juli 1919 Johann Schröder aus Engeln (RIR 66). Als letztes Opfer des Krieges ist im Eisernen Buch unter dem 19. September 1919 Johann Mori vom Ulanen-Regiment Nr. 14 aus Wechold Nr. 72 verzeichnet, der zuhause an seinen erlittenen Kriegsverletzungen verstarb.

Eine große Anzahl von Soldaten (der Sanitätsbericht über das deutsche Heer von 1936 geht von damals noch 100.000 Vermissten aus) blieb endgültig vermisst. Andere fanden sich früher oder später wieder ein. So ist auch das Schicksal etlicher vermisster Soldaten aus dem Kreis Hoya immer noch ungeklärt.

# Literatur- und Quellenverzeichnis

**Literatur:**

Rudolf Bartel, Das Landwehr-Infanterie-Regiment Nr. 57, Berlin, 1928.

Georg Bauer, Reserve-Infanterie-Regiment Nr. 74, Oldenburg 1933.

Otto Bernstorf, Geschichte des Feldartillerie-Regiments Nr. 100, Oldenburg, 1922.

Heinz Brandes, Geschichte des Königlich Preußischen Infanterie-Regiments von Voigts-Rhets (3. Hannoversches) Nr. 79 im Weltkrieg 1914-1918, Hildesheim, ohne Jahr.

Bussjäger, Das Reserve-Infanterie-Regiment Nr. 82 im Weltkrieg, Erfurt 1930.

Arno Buttmann, Kriegsgeschichte des Königlich Preußischen 6. Thüringischen Infanterie-Regiments Nr. 95, Zeulenroda, 1935.

Hermann Castendyk, Das Kgl. Preuß. Infanterie-Regiment Herzog Ferdinand von Braunschweig 8. Westfälisches Nr. 57, Oldenburg 1926.

Kurt Denke, Landwehr-Infanterie-Regiment Nr. 19, Oldenburg, Berlin 1929.

Fritz Ebeling, Geschichte des Infanterie-Regiments Herzog Friedrich Wilhelm von Braunschweig – ostfriesisches – Nr. 78 im Weltkriege, Berlin 1924.

Hans Fuhrmann, Königlich Preußisches Reserve Infanterie-Regiment Nr. 211, Berlin 1933.

Kurt Gabriel, Das 1. Hannoversche Infanterie-Regiment Nr. 74 im Weltkriege, Hannover 1931.

Franz von Gottberg, Das Grenadier-Regiment Kronprinz 1. Ostpreußisches Nr. 1 im Weltkriege, Berlin 1927.

Mark Hewitson (2018) A war of words: the cultural meanings of the First World War in Britain and Germany, European Review of History: Revue européenne d'histoire, S. 746-777.

Kurt Heydemann, Die Schlacht bei St. Quentin 1914, I. Teil: Der rechte Flügel der deutschen 2. Armee am 29. und 30. August, 2. A., Oldenburg, Berlin 1924.

von der Hude u.a., Geschichte des 2. Hannoverschen Feldartillerie-Regiments Nr. 26 während des Weltkrieges 1914-1918, Lübeck 1934.

Fritz Jung, Das Hannoversche Jägerbataillon Nr. 10, 2 Bände, Hildesheim 1933 und 1935.

Adolf Kuemmel, Res-Inf-Reg. Nr. 91 im Weltkriege 1914-1918, Oldenburg 1926.

Artur Kutscher, Kriegstagebuch, München 1916.

von Loebell, Das 3. Garde-Regiment zu Fuß im Weltkriege, Oldenburg/Berlin 1926.

A. Mack, Württembergisches Landw.-Inf.-Regiment Nr. 123 im Weltkrieg 1914-1918, Stuttgart 1922.

Max Mangels, Königlich Preußisches Reserve-Infanterie-Regiment Nr. 215, II. Teil, Zeulenroda 1939.

Otto Meienborn, Karl Probst, Infanterie-Regiment Nr. 466, Oldenburg, Berlin, 1925.

Hanns Möller, Königlich Preußisches Reserve-Infanterie-Regiment Nr. 78 im Weltkrieg 1914/1918, Berlin 1936.

Rudolf Müller, Das 3. Lothringische Infanterie-

Regiment Nr. 135, Oldenburg/Berlin 1922.

Fritz Pafferath, Die Geschichte des 6. Rheinischen Infanterie-Regiments Nr. 68 im Weltkriege 1914-1918, Berlin 1930.

Hermann Albert Prietze, Wilhelm Wehl, Die Geschichte des RIR 73, Hannover, 1940.

von Prittwitz u.a., Geschichte des Königlich Preußischen Grenadier-Regiments König Friedrich III. (2. Schles.) Nr. 11 und seiner Grenzschutzformationen von 1914 bis 1920. Berlin 1932.

Reichsarchiv, Der Weltkrieg 1914 bis 1918, Band 5, Berlin 1929.

Ernst Richard Rose, Das Infanterie-Regiment Nr. 188 im Weltkriege, Eisleben 1928.

Friedrich Schmoller, Das Königlich-Preußische Schleswig-Holsteinische Dragoner-Regiment Nr. 13 von seiner Gründung bis zum Ende des Weltkrieges, Zeulenroda 1935.

Friedrich von Sobbe, Geschichte des Braunschweigischen Infanterie-Regiments Nr. 92 im Weltkriege 1914-1918, Berlin 1929.

Hans Voigt, Geschichte des Füsilier-Regiment Generalfeldmarschall Prinz Albrecht von Preußen (Hann.) Nr. 73, Berlin 1938.

Hans Willers, Königlich Preußisches Reserve-Infanterie-Regiment Nr. 215, Teil 1, Oldenburg 1926.

Philipp Witkop, Kriegsbriefe gefallener Studenten, München, 1928.

Jan Witte, Die Schlacht bei Namur (Bataille de Charleroi) vom 21. bis 24. August 1914, Norderstedt

2014.

von Wulfen, 1. Oberrheinisches Inf-Reg Nr. 97, Oldenburg und Berlin 1923.

**Quellen:**

Allgemeine Zeitung der Lüneburger Heide.

Archiv des Deutschen Historischen Museums Rep.Z.661.

Bundesarchiv Freiburg R 601/153.

Deutsche Verlustlisten (http://wiki-de.genealogy.net/Verlustlisten_Erster_Weltkrieg).

Hoyaer Wochenblatt.

Hoyaer Zeitung.

Prisoners of the First World War 1914-1918 ICRC historical records (https://grandguerre.icrc.com).

Wikipedia: (https://de.wikipedia.org/w/index.php?title=Seegefecht_vor_Texel).

# Abbildungsverzeichnis

Umschlagbild: Denkmal des 1915 gefallenen cand. iur. Philipp Leman, Kriegsfreiwilliger im IR 74, Friedhof Eystrup, Foto: Victoria Luise Witte, Rechte beim Verfasser.

S.39: Übersichtsskizze, aus: von Kuhl, Der Marnefeldzug 1914, Berlin 1921, Skizze 1. Gemeinfrei.

S. 40: Skizze Gefechtsstreifen der vier deutschen Korps, aus: von Bülow, Mein Bericht zur Marneschlacht, Berlin 1920, Anhang. Gemeinfrei.

S. 44: Gefechtsskizze 19. Inf-Div. am 22. und 23.8.1914, aus: Voigt, Geschichte des Füsilier-Regiment Generalfeldmarschall Prinz Albrecht von Preußen (Hann.) Nr. 73, Berlin 1938, Anhang. Gemeinfrei.

S. 72: Gefechtsskizze RIR 73 und 78, aus: Heydemann, Die Schlacht von St. Quentin, I. Teil, Berlin 1924, Anhang. Gemeinfrei.

S. 209: Gefechtsskizze Verdun, aus: Jung, Goslarer Jäger im Weltkrieg, Band 1, Das Jägerbataillon Nr. 10, Hildesheim 1933, Anhang. Gemeinfrei.

S. 287: Abbildung aus dem „Eisernen Buch" im Besitz des Heimatmuseums Grafschaft Hoya, Hoya ca. 1920. Gemeinfrei.

# Anhang: Das Eiserne Buch

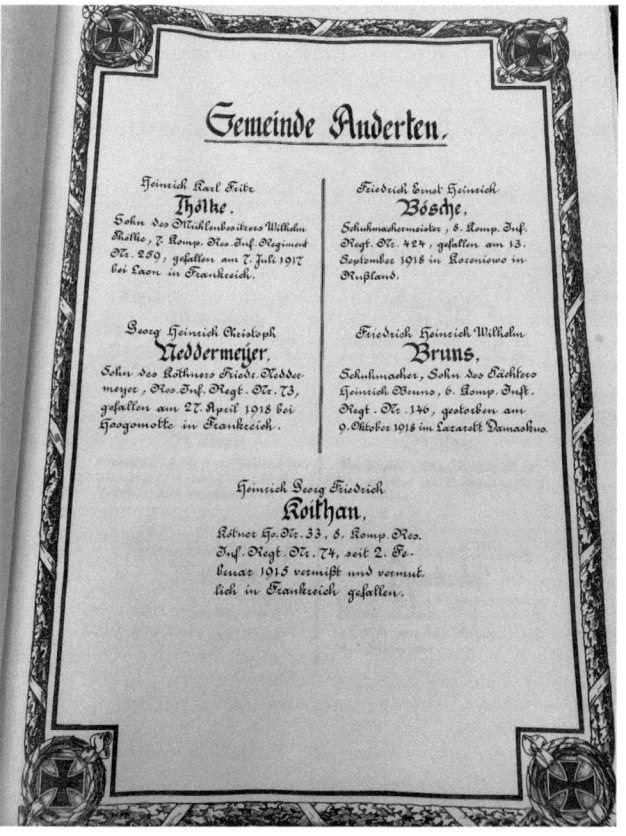

## Abschrift des „Eisernes Buches"

Das in Hoyaer Heimatmuseum verwahrte Original ist nach Gemeinden geordnet. Die hier vorliegende Abschrift ist dagegen alphabetisch geordnet. Ein Abkürzungsverzeichnis findet sich am Ende der Tabelle. Wiedergegeben ist der Originaltext (mit allen Fehlern). Jede Gemeinde hat offenbar selbst an den (unbekannten) Verfasser des Buches eigene Daten gemeldet, so dass dieselben Soldaten teilweise (alter und neuer Wohnsitz) doppelt aufgeführt sind (kursiv dargestellt). Einige Gemeinden haben zudem mit Anschrift und Beruf und Dienstgrad, andere dagegen ohne diese Daten gemeldet.

Name, Vorname, Datum/Ort des Todes, Einheit, Gemeinde, Beruf

**Ahlenstorf**, Hr. Joh., 2.7.18, Priez, 6./RIR 259, Ubbendorf,
*Ahlenstorf, Joh. Hr., 3.7.18, Latilly, RIR 259, Martfeld Nr. 191, Anbauer*
**Ahlers**, Wilh., 22.2.15, R, RIR 1, Bruchhausen Nr. 65, Schlachter
**Ahlers**, Theodor, 19.6.16, Twerdyn R, 3./IR 74, Mehringen, Dienstkn.
**Ahlers**, Aug., 3.1.17, oA, JägBtl 10, Graue Nr. 26, Vollkötner
**Ahlers**, D, 14.10.17, oA, FAR 26, Graue Nr. 26, Vollkötnersohn
**Ahlers**, Fr. Joh. Hr., 20.3.18, St.Quentin, oA, Munkol 1084, Essen Nr. 10, Gastwirt
**Ahmeyer**, Hr. D. Fr., 27.4.17, Aisne, IR 92, Duddenhausen Nr. 21, Pächter
**Ahnemann**, Georg Fr., 31.5.18, F, IR 409, Hohenmoor, Arbeiter
**Ahrend**, Karl, 11.6.18, Laz oA, 2.MGK/IR 91, Hoya, Handelsmann
**Ahrens**, Johannes, 8.5.15, Angres, 5./FüsR 40, Hoya, Ofensetzer
**Ahrens**, Walter, 22.6.16, Lonville, IR 140, Ochtmannien, Lehrer
**Ahrens**, Wilh. Joh, 22.9.17, Menin, 11./RIR 231, Holtrup, Nr. 26, Lehrer
**Ahrens**, Georg Fr, 22.11.17, Cambray, IR 46, Hassel, Bahnwärtersohn
**Ahrenshop**, Hr. Herm, 28.4.16, Verdun, 5./RIR 73, Bruchhausen Nr. 80, Landwirt
**Ahrenshop**, Wilh. Joh., 22.9.17, Menin, RIR 231, Eystrup, Lehrer
**Alberding**, Fr, 25.9.15, Champagne, 6./FußArtReg 100, Hoya, Arbeiter
**Albers**, Herm, 13.2.15, oA, RIR 92, Oerdinghausen Nr. 11, oA
**Albers**, Fritz, 29.1.16, F, RIR 229, Ochtmannien, Vollmeier
**Albers**, D, 7.4.17, oA, oA, Schweringen, Dienstknecht
**Albrecht**, Johannes, 13.11.16, St.Pierre-Vaast, IR 95, Wechold, Leutnant dR, Sohn des Pastors
**Albrecht**, D, oA, oA, oA, Reims, IR 466, Wechold, Leutnant dR, Sohn des Pstors
**Alfke**, Fritz Herm, 26.4.15, Combreshöhe, 3./FüsR 73, Vilsen, Bäckermeister
**Allerheiligen**, Adolf, 14.8.16, Hollebeke, IR 130, Ochtmannien, Anbauer
**Allerheiligen**, Georg, 4.9.18, Lazo A, MGK/ResJägBtl 10, Bruchhausen Nr. 116, Landwirt
**Allhusen**, Fritz, 27.8.15, R, GRzF 4, Hoyerhagen Nr. 37, Vollkötnersohn
**Amels**, Fr. Hr, 10.5.15, Wilejki, 12./IR 258, Vilsen, Sattlermeister
**Amels**, Fr. Joh, 28.7.16, Apolonia, 5./IR 74, Bruchhausen Nr. 36, Landwirt
**Amels**, Joh. Hr, 7.12.16, Grandcourt, 10./RIR 229, Bruchhausen Nr. 36,

Tischler
**Andermann**, Herm. Fritz, 4.10.17, Paschendaele, 2.MGK/IR 77, Schweringen, Tischler
**Antholz**, Fr, 26.5.15, oA, RIR 224, Graue, oA (*11.12.84)
**Antholz**, Aug. Hr, 27.3.16, St.Eloi, IR 214, Asendorf, Kaufmann
**Asendorf**, Joh. Hr, 1.9.15, Cannstadt Laz, 1./RIR 230, Schwarme Nr. 3, Häusling
**Bade**, Joh. Fr. Wilh, 10.10.14, Mons, 3./GRzF 2, Wöpse, Knecht
**Bade**, Wilh. Louis, 29.11.17, Bourlon, 3.MGK/GaFüsR, Hoya, Tischler
**Bahrs**, Richard Max, 14.7.15, Gobieskawald, 12./IR 78, Hoya, Bankbeamter
**Ballmann**, Hr, 1.6.17, Lazo A, IR 77, Haßbergen, Arbeiter
**Bargmann**, Rudolf,16.2.15, Argonnen, IR 74, Hoyerhagen Nr. 28, Haussohn
**Barkhausen**, Wilh. D. Hr, 14.5.15, R, GaGren 2, Hassel, Häusling
**Barkhausen**, D. Hr, 4.9.oA, Vermand Laz, FüsR 90, Hassel, Arbeiter
**Bartels**, Joh. Fritz, 20.7.15, Polomasky R, 1./RIR 230, Homfeld Bruchmühlen 9, Vollkötnersohn
**Bartels**, Herm, 6.10.15, Somme-Py, 8./IR 78, Uenzen Nr. 55, Kötnersohn
**Bartels**, Fritz, 11.5.17, Verden Laz, LdstInfErsBtl 26, Hoyerhagen Nr. 44, Halbkötner
**Bartels**, Herm. Hr, 31.7.17, Langemark, 1./RFAR 111, Homfeld Bruchmühlen 9, Vollkötnersohn
**Bartels**, Berthold, 21.3.18, Bourgozna, 4./LwFußArtBtl 9, Klein-Borstel, Landwirt
**Baumann**, Wilh, 9.12.15, Hoya Laz, 4./JägBtl 10, Bruchhausen Nr. 4, Hilfsbriefträger
**Beckefeld**, D. Wilh, 11.11.14, F verm, GRzF 1, Eystrup, Knecht
**Beckefeld**, Hr. Fr, 29.10.16, F, MiwerfReg, Eystrup, Tischler
**Becker**, Joh, 10.1.15, Staden, oA, Süstedt, Landwirt
**Becker**, Fritz, 18.5.15, Bania, 5./GrenR 3, Bruchhausen Nr. 12, Schlachter
**Becker**, Fr. Hr, 27.9.16, Somme, 4./RIR 77, Berxen Nr. 16d, Landwirt
**Beckmann**, Fr, 14.3.15, oA, 3./RIR 77, Hoya, Molkereigehilfe
**Beckmann**, Johannes, 5.4.18, Dernancourt, ErsBtl/IR 79, Doenhausen, Lehrer
**Beermann**, Georg Hr, 1.6.16, Vaux, oA, GrenR 1, Asendorf, Oberlehrer
**Behlmer**, Herm, 11.10.18, Bulgarien, 8./LwIR 8, Schwarme, Nr. 178, Anbauer
**Behning**, D, 14.6.15, Galizien, IR 92, Ubbendorf Nr. 16, Diakon
**Behning**, Hr. Fr. D, 8.7.16, Somme, RIR 206, Wienbergen, Dienstknecht
**Behning**, Hr, 29.11.16, oA Laz, 4./FAR 10, Ubbendorf Nr. 16, Landwirt
**Behning**, D. Fritz, 16.8.18, gest. in franz Gef, 1./RIR 220, Wienbergen, Knecht
**Behning**, Herm. Ehler, 25.8.18, Beelitz Laz, LwIR 32, Loge, Haussohn
**Behning**, D, 21.10.18, Verden Laz, 9./FAR 104, Wechold Nr. 117a, Häuslingssohn
**Behrens**, Herm. Hr, 28.3.18, Monchy-Arras, 4./RIR 28, Engeln, Lehrersohn
**Behrens von der**, Hr. D, 2.10.15, Quiquicourt, 12./IR 177, Schweringen, Brinksitzer

**Beneke,** Heinrich, 31.10.14,Junkershove Laz, RIR 215, Hoyerhagen, Arbeiter
**Beneke,** Fritz D, 3.2.15, Karpathen, 11. GaFüsReg, Kampsheide Nr. 2, Maurer
**Beneke,** Fritz, 19.6.16, Kiselin R, IR 74, Dedendorf, Landwirt
**Beneke,** Hr. D, 21.3.18, Champagne, 3. ArmiergsBtl 52, Asendorf, Häusling
**Beneke,** Hr. D, 17.4.18, Hangard, IR 74, Homfeld Bruchmühlen 51, Brinksitzersohn
**Bening,** Fr. Herm, 9.7.16, Somme, 7./GrenReg 89, Mahlen Nr. 2a, Dienstknecht
**Bening,** Hr. D, 8.9.16, Somme, 2./RIR 212, Mahlen Nr. 2a, Dienstknecht
**Benjes,** Joh, 22.4.15, Houthulst, 7./RIR 214, Süstedt Nr. 7a, Häuslingssohn
**Bergholz,** Fr, 1.11.18, oA, Husaren 13, Graue Nr. 49, Pächtersohn
**Bergholz,** D, 23.11.18, oA, FußArt 25, Graue Nr. 49, Pächtersohn
**Bergmann,** Hr. Christian, 20.8.15, Zaremoza, 4./LwIR 37, Hoya, Tischlermeister
**Bergmann,** Hr. Konrad, 28.11.15, Vogesen, 12./LwIR 80, Haendorf, Pächter
**Bergstedt,** Wilh. Hr, 17.9.14, Reims, IR 74, Hassel, Steinsetzer
**Bergstedt,** Hr. Herm, 17.7.15, R, IR 76, Hassel, Postassistent
**Bielefeld,** Hr. Fr, 1.9.14, Dieuze, IR 97, Martfeld Nr. 107,Vollkötnersohn
**Bielefeld,** Herm. D. Hr, 16.9.16, Kowno R, 5. GRzF 3, Hustedt Nr. 31, Pächtersohn
**Biermann,** Fr, 28.12.14, Poprodtken, 8./IR 45, Hoya, Arbeiter
**Bischoff,** D. Joh, 15.4.15, Poelkapelle, IR 234,Wechold Nr. 16, Halbmeiersohn
**Bischoff,** Hr. D, 7.5.15, Galizien, 3./IR 73, Wechold Nr. 16, Halbmeiersohn
**Bischoff,** Joh, 26.9.16, Somme, 10./IR 368, Vilsen, Kaufmann
**Blanke,** Ernst Wilh, 1.11.14, St.Rictrude, ErsBtl/GaFAR 2, Doenhausen, Landwirt
**Blanke,** D. Karl, 29.1.16, Marine SMS Braunschweig, Doenhausen, Landwirt
**Blome,** Ernst Christoph, 6.7.15, LaBasse, 2./RIR 77, Anderten, Anbauer
**Blome,** Wilh. Herm, 4.10.17, Flandern, IR 188, Magelsen, Häuslingssohn
**Blöte,** D. Hr, 10.4.16, Verdun, 10./RIR 159, Schwarme, Nr. 65, Pächtersohn
**Blöte,** Joh, 27.12.17, Cambrai, 8./RIR 440, Schwarme, Pächtersohn
**Blume,** Herm. Joh, 26.9.14, Loivre, 2./IR 74, Schwarme Nr. 71, Brinksitzersohn
**Blume,** Joh. Hr, 1.6.15, Nürnberg Laz, 6./RIR 77, Tuschendorf Nr. 6, Brinksitzersohn
**Blume,** Hr. Joh, 3.11.18, Flandern, 1.MGK/GaGrenReg 1, Tuschendorf Nr. 6, Brinksitzersohn
**Bockhop,** Hr. Herm, 20.9.14, Nanteuil, 3./IR 75, Bruchhausen Nr. 19, Bäcker
**Bockhop,** Joh. Hr, 9.11.16, Cambray, 2./RIR 73, Engeln Nr. 12, Vollkötnersohn
**Bockhop,** D. Hr. Fr, 27.3.18, Montedy, 2./ResErsR 4, Essen Brüne Nr.15, Vollkötnersohn

**Böckmann,** Hr, 25.11.14, Freiburg Laz, TrainBtl 10, Hoyerhagen Nr. 6, Vollmeiersohn
**Bode,** Wilh, 10.5.15, Yserkanal, 3./IR 208, Schwarme Nr. 228, Lehrer
**Böger,** Georg, 13.6.15, Banvin Laz, 5./RIR 55, Bruchhausen Nr. 5, Kellner
**Bohlmann,** Joh. Herm, 25.9.14, Reims, 12./RIR 73, Asendorf, Postbote
**Bohlmann,** Joh. D, 25.5.15, Arras, 7./IR 77, Schwarme Nr. 208, Anbauersohn
**Bohlmann,** Fr. Joh, 16.6.15, Arras, 7./IR 86, Schwarme Nr. 204, Anbauersohn
**Bohlmann,** Herm. Hr, 13.6.16, R, 12./LwIR 51, Haendorf, Dienstknecht
**Bohlmann,** Hr. Joh, 18.9.16, Somme, 11./RIR 230, Schwarme Nr. 204, Anbauersohn
**Bohlmann,** Rudolf, 8.10.16, Galizien, FAR 267, Asendorf, Dienstknecht
**Bohlmann,** Joh. Hr, 5.8.17, Flandern, RIR 84, Martfeld, Nr. 12, Vollkötnersohn
**Bohlmann,** Herm, 18.8.17, Verdun, RIR 80, Hohenmoor, Knecht
**Bohlmann,** Joh. Hr, 24.3.18, Bapaume, 1./RIR 92, Berxen, Sohn des Schleusenwärters
**Bohlmann,** Hr. Joh, 5.4.18, Boulogne Grasse, 7./FAR 62, Klein-Borstel, Dienstknecht
**Bohlmann,** Joh, 20.12.18, Fulda Laz, 3./RIR 143, Wöpse, Knecht
**Bollmann,** Joh. Christian, 21.9.16, R Laz, 10./IR 136, Haßbergen, Anbauer
**Böltau,** Aug. Hr, 8.1.15, Reims, RIR 73, Asendorf, Dachdecker
**Böltau,** Wilh. Hr, 15.7.16, Baranowitsch, 2.MGK/RIR 341, Asendorf, Dachdecker
**Bolte,** Hr, 29.8.14, St. Quentin, 8./RIR 78, Süstedt Nr. 63, Anbauersohn
**Bolte,** Konrad, 20.10.14, Ligny le Petit, IR 158, Hoya, Kanzlist
**Bolte,** Joh. Hr, 5.5.15, Yserkanal, RIR 216, Engeln Nr. 9, Brinksitzer
**Bolte,** Joh, 1.8.15, Litauen, 11./RIR 61, Brebber Nr. 11, Sohn Vollkötner
**Bolte,** Joh, 28.8.15, oA, IR 254, Oerdinghausen Nr. 5, Dienstknecht
**Bolte,** Fr. Joh. Hr, 25.3.16, Donaumont, 11./RIR 78, Brebber, Nr. 11 Sohn Vollkötner
**Bolte,** Fr. D, 11.3.17, Ungarn, 12./IR 358, Scholen, Vollmeier
**Bolte,** Joh. Herm, 27.9.18, Laz oA, 3.MGK/IR 411, Brebber Nr. 11, Sohn Vollkötner
**Bolte,** Herm, 15.8.14, Houx, 2./GaUlanReg 1, Vilsen, Schmied
**Bomhoff,** Albert, 28.7.16, Appolonia, 10./IR 78, Süstedt Nr. 1a, Häuslingssohn
**Bomhoff,** Karl Hr, 5.8.16, Loos, 11./RIR 231, Essen, Nr. 12, Halbmeiersohn
**Bomhoff,** Joh. Herm, 5.4.18, Dernaucourt, IR 15, Windhorst Nr. 27, Anbauersohn
**Borchers,** Fr, 23.8.18, Herveville, 2./RIR 28, Bruchhausen Nr. 1, Landwirt
**Bormann,** Joh, 10.2.15, oA, 5./IR 137, Eitzendorf Nr. 93, Maurer
**Bormann,** Ehler Hr, 24.5.16, Veure, 6./FAR 100, Schweringen, Tischler
**Bormann,** Ernst, 10.10.18, F, 12./LwFußArtBtl, Haßbergen, Haussohn
**Bormann,** Fritz, 25.10.18, oA, IR 73, Graue Nr. 3a, Häusling
**Bornkamp,** Herm Fr, 2.9.18, F, verm, RIR 225, Duddenhausen Nr. 10,

Landwirt
**Borstelmann,** Fr, 5.11.18, F verm, IR 16, Hoyerhagen Nr. 40, Eggekötnersohn
**Bösche,** Herm, 2.8.17, Flandern, RIR 77, Hoyerhagen, Schmiedemeister
**Bösche,** Fr. Ernst, 13.9.18, R Kocieniewo, 8./IR 424, Anderten, Schuhmachermeister
**Bösche,** Hr. Fr, 30.9.18, leGrand Homlon, 12./IR 91, Wechold Nr. 2, Tischlersohn
**Böse,** Joh. Hr, 12.12.17, Storotzynetz Laz, 11./LdstInfReg 613, Vilsen, Arbeiter
**Bösenberg,** Hr. Fr. D, 3.9.16, Combles, 1. FR 73, Anderten, Sohn Kötner
**Böttcher,** Joh. D. Herm, 6.8.17, Hollebeke, 10./RIR 98, Tuschendorf Nr. 14, Halbkötnersohn
**Boymann,** Hr. Jakob, 17.8.15, Kowno R, IR 230, Magelsen Nr. 27, Brinksitzersohn
**Brakmann,** Joh. Hr, 1.8.15, Vogesen, 6./RIR 74, Bücken, Landwirt
**Brauer,** Joh, 5.10.15, Tahure, 2./IR 79, Berxen Nr. 2, Sohn Vollmeier
**Bredehorst,** Hr, 14.4.17, F verm, RIR 78, Hoyerhagen Nr. 51, Halbkötnersohn
**Bredemeier,** Johannes, 1.7.18, Westen, DivFunkAbtlg, Hoya, Vizewachtmeister
**Bredenkamp,** D. Fr. Chr, 25.4.15, Cambrai, 2./FR 73, Kampsheide Nr. 42, Brinksitzer
**Bredenkamp,** Joh. D, 8.6.16, Verdun, Alpenkorps, Asendorf, Postbote
**Bredenkamp,** Joh. Hr, 24.4.18, la Craire, RFAR 57, Hohenmoor, Haussohn
**Bremer,** Konrad, 12.9.15, Minsk, GRzF 4, Asendorf, Uhrmacher
**Bremer,** D,19.6.16, Zapust, IR 79, Martfeld Nr. 188, Schneider
**Bremer,** Joh. D. Hr, 29.4.17, Douai, 1.MGK/FüsR 86, Martfeld Nr. 137, Anbauersohn
**Bremer,** Wilh. Fr. Aug, 21.3.18, Festubert, IR 77, Martfeld Nr. 77, Häuslingssohn
**Bremer,** Hr. Ehler, 26.3.18, F, GrenReg 110, Wechold Nr. 58a, Dienstknecht
**Bremer,** Joh. Hr, 13.8.18, Mametz, 9./ResFußArt 24, Mehringen, Dienstknecht
**Brettmann,** Herm. Hr, 24.11.18, Schöneweide Laz, Miwerfparkkp 416, Essen Brüne Nr.14, Vollkötnersohn
**Brinkmann,** Hr. Fr, 27.1.16, oA Laz, IR 77, Martfeld Nr. 233, Anbauersohn
**Brinkmann,** Wilh, 12.4.16, Verdun verm, IR 73, Eitzendorf Nr. 111, Haussohn
**Brinkmann,** Fr, 3.9.16, oA, GrenReg 3, Oerdinghausen Nr. 29, oA
**Brinkmann,** Joh, 4.10.17, Langemark verm, IR 92, Eitzendorf Nr. 111, Haussohn
**Brinkmann,** Hr. Joh, 1.6.18, Reims, 6./RIR 74, Bruchhausen Nr. 53, Malermeister
**Brinkmann,** D. Hr. Nikolaus, 6.11.18, Martfeld gest, ArmiergsBtl 189, Martfeld, Nr. 63, Viehhändler
**Bröer,** Joh. Hr. Rennig, 5.11.18, F, IR 442, Hustedt Nr. 36, Anbauersohn

**Brüggemann,** Karl Theodor, 11.12.14, Yserkanal, oA, Hoya, oA
**Brüggemann,** Fr. D, 29.10.17, Nordenham Laz, RIR 229, Engeln, Häusling
**Brüggemann,** Wilh. Joh, 24.9.18, Flesquieres, 9./IR 77, Ubbendorf Nr. 9, Landwirt
**Brüggemann,** Gustav Fritz, oA, oA, oA, Fresnoy, 1./IR 162, Vilsen, Sattler[1]
**Brümmer,** Joh, 27.1.16, oA, RIR 230, Oerdinghausen Nr. 12, Tischler
**Brümmer,** Fr. D, 6.12.18, Verden Laz, ArtReg 26, Scholen Nr. 24, Vollkötnersohn
**Bründer,** Hr, 15.4.16, F verm, RIR 73, Weseloh Nr. 11, Haussohn
**Brunhorn,** Ludwig Willy, 7.9.14, Mondent, 12. RIR 74, Vilsen, Schuhmachermeister
**Brüning,** Willy D, 1.7.16, F, 12./IR 73, Calle Nr. 36, Haussohn
**Brüning,** Fritz Bernh, 26.10.17, Flandern, 12./ IR 73, Calle Nr. 36, Haussohn
**Brünjes,** Joh. Wilh, 2.8.15, Bezek R, 12./GaGren 4, Uenzen Nr. 40, Kötnersohn
**Brünjes,** Herm. Joh, 28.10.17, Flandern, 4./IR 465, Heiligenberg Nr. 8, Landwirtssohn
**Bruns,** Joh. Hr, 11.11.14, F, RIR 212, Gandesbergen, Postbote
**Bruns,** Hr, 20.2.15, Reims, 5./RIR 78, Eitzendorf Nr. 77, Häusling
**Bruns,** Joh, 17.6.15, Vogesen, RIR 73, Hohenmoor, Haussohn
**Bruns,** Hr. D. Christian, 7.11.15, Serbien, 11./IR 232, Heesen, Gastwirtssohn
**Bruns,** Ludwig, 11.2.16, F, 8. RIR 91, Asendorf, Schuhmacher
**Bruns,** Wilh. Fr. Hr, 10.7.16, Peronne, 3./IR 75, Heiligenberg Nr. 1, Pächtersohn
**Bruns,** D. Joh. Ehler, 26.11.16, Somme, 5./IR 230, Heesen, Gastwirtssohn
**Bruns,** Ludwig Hr, 21.12.16, Artois, 8./RIR 91, Heiligenberg Nr. 1, Pächtersohn
**Bruns,** Joh. Hr, 25.3.18, Crezatkanal, 2./RIR 37, Wechold Nr. 98, Anbauersohn
**Bruns,** Hr. Fr, 9.7.18, F, Mi-werfer, Gandesbergen Nr. 24, Uhrmachersohn
**Bruns,** Fr. Hr. Wilh, 9.10.18, Damaskus Laz, 6./IR 146, Anderten, Schuhmacher
**Brüns,** Joh, 17.11.14, Ypern, 9./RIR 73, Mehringen, Dienstknecht
**Brüns,** Joh. Hr, 17.11.14, Ypern, 9./RIR 73, Schwarme Nr. 48, Brinksitzersohn
**Brüns,** Fr. D, 6.9.16, Somme, IR 73, Hassel Nr. 104, Anbauersohn
**Buchholz,** Wilh. Hr. Otto, 24.1.16, Hannover Laz, 6./IR 74, Bücken, Stellmacher
**Buchholz,** Fritz, 3.8.18, Hannover Laz, IR 164, Ochtmannien, Haussohn
**Buchholz,** Hr, 10.8.18, F verm, 10./IR 394, Haßbergen, Stellmacher
**Bückmann,** Hr, 8.4.15, oA, RIR 74, Oerdinghausen Nr. 20, Pächter

---

[1] In der Verlustliste vom 9.9.1915 für IR 18 als leicht verwundet und in der Verlustliste vom 21.5.1918 (ohne Regiment) als Gefallener gemeldet.

**Bückmann**, Herm, 9.4.16, oA, RIR 92, Oerdinghausen Nr. 4, Dienstknecht
**Bückmann**, Hr. Fr, 25.5.18, Ayette, 3./IR 73, Süstedt Nr. 66, Anbauer
**Bullenkamp**, Fr. Ferdinand, 10.10.16, Ginamont, 7./RIR 206, Vilsen, Buchhalter
**Bultmann**, Hr. D. Fr, 14.8.15, Colmar, 6./RIR 74, Holtrup Nr. 8, Häusling
**Büntemeyer**, Joh. Wöhlke, 11.10.15, Dünaburg, 5./RIR 260, Schwarme Nr. 148, Anbauersohn
**Büntemeyer**, Joh. Fr, 2.10.17, Merles, 2./RIR 78, Schwarme Nr. 225, Anbauersohn
**Büntemeyer**, Joh. Herm, 11.8.18, Fay, 1./RIR 201, Schwarme Nr. 147, Anbauersohn
**Burdorf**, Wilh. Hr. Herm, 10.6.15, Münster Laz, RIR 73, Hustedt Nr. 9, Pächter
**Burdorf**, Joh. Fr. Chr, 7.10.16, Bequerelle, IR 31, Hohenmoor, Haussohn
**Burdorf**, D. Kort, 21.8.17, Verdun Höhe 304, IR 368, Heesen, Lehrer und Leutnant
**Burdorf**, Hr. Joh, 25.9.17, Langemark, 3./RIR 77, Calle Nr. 17, Haussohn
**Burdorf**, Fr. D, 25.10.17, Pusna, 8./GrenR 8, Bücken, Landwirtssohn
**Burdorf**, Hr. Herm, 18.9.18, Somme, 6./IR 96, Haendorf, Dienstknecht
**Burdorf**, Herm. Hr, 25.10.18, Aachen Laz, Eisenbahn-HilfsBtl 7, Hassel Nr. 17, Eisenbahn-Oberbauarbeiter
**Burholz**, Hr. Georg Ehler, 28.5.18, Harbonnieres, 4./IR 376, Nordholz Nr. 25, Haussohn
**Burhop**, Joh. Fritz, 26.10.17, Italien, 6./IR 62, Dedendorf, Landwirt
**Büring**, Gustav, 29.4.15, F, IR 216, Eystrup, Briefbote
**Bürmann**, Karl Ludwig, 20.10.14, Arras, GaGren 4, Hoya, Maurer
**Buse**, Hr. Herm, 27.4.15, Yserkanal, 8./RIR 216, Helzendorf, Haussohn
**Campe**, Leo Karl, 29.6.15, R, IR 78, Eystrup, Kaufmann
**Clamann**, Hr. Fr, 1.7.17, Flandern, RIR 73, Warpe Nr. 33, Anbauersohn
**Clamann**, Willy Aug, 31.10.17, Flandern, RIR 73, Warpe Nr. 33, Anbauersohn
**Clasen**, Fritz, 29.9. 17, Geestemünde Laz, oA, Wienbergen, Arbeiter
**Claus**, Hinrich, 15.11.16, Verdun, 10./IR 52, Schwarme Nr. 22, Halbmeiersohn
**Clausen**, Herm. Hr, 19.3.16, St.Eloi, RIR 216, Heesen, Anbauersohn
**Clausen**, D. Hr, 17.8.17, Verdun, 8./IR 368, Uenzen Nr. 63, Brinksitzersohn
**Clausen**, Fritz, oA, verm, oA, Uenzen Nr. 12a, Häuslingssohn
**Claußen**, Fr, 25.9.17, Flandern, 11./IR 229, Schwarme Nr. 280, Lehrer
**Cohn**, Herm, 24.7.17, Oleaneska, IR 171, Hoya, Kaufmann
**Cohrs**, Aug, 26.8.17, Fosseswald, 1.IR 364, Klein-Borstel, Dienstknecht
**Cordes**, Karl Hr. Otto, 2.7.15, Seehault Laz, RFAR 15, Bruchhausen Nr. 39, Lohgerber
**Cordes**, Joh. Hr,10.4.16, Verdun, 11./RIR 73, Haendorf, Dachdecker
**Cordes**, Fr. D, 18.7.17, Westen, oA, Hassel, Häuslingssohn
**Dahle**, Karl Aug Louis, 7.1.15, Posen Laz, 4./GaRIR 1, Bruchhausen Nr. 92, Handelsmann
**Dahle** , Aug, 30.5.15, Galizien, 12./IR 74, Bruchhausen Nr. 92, Handelsmann

**Dammann,** Hr. Fr, 14.3.19, oA Laz, GRzF 3, Uepsen, Landwirt
**Dammeyer,** Fr, 15.4.15, Sechault, ResUlanR 5, Bruchhausen Nr. 45,Bäcker
**Dammeyer**, Henry, 15.10.15, Vogesen, JägBtl 9, Bruchhausen Nr. 45, Gärtner
**Danklef,** Ernst Hr, 2.10.15, St.Souplet, 11./IR 77, Bücken, Landwirt
**Dannemann,** Hr, 17.7.16, Wolhynien, 2./PiBtl 10, Süstedt, Knecht
**Deichsel,** Fr, 15.9.14, F, RIR 74, Hämelhausen, Bergarbeiter
**Deichsel,** Joh. Herm, 23.3.18, Cambrai, LehrIR, Hämelhausen, Anbauersohn
**Deike,**Hr. Fr, 30.12.14, Hoya Laz, 12./RIR 260, Holtrup Nr. 16, Halbmeiersohn
**Deike,** Aug. Hr, 15.6.15, Lipowo, 8./RIR 257, Hoya, Katastergehülfe
**Denker**, D. Hr. Joh, 27.9.14, Reims, FüsR 73, Nordholz, Maurer
**Detering,** Hr. Chr, 27.10.14,Ypern, ErsReg 4, Brebber Nr. 45, Pächter
**Devous,** Joh. Hr, 22.8.14, Chatelot, 10./IR 74, Hoya, Schuhmacher
**Dieckhoff,** Hr. Joh, 26.4.15, Combreshöhe, 8./FüsR 73, Heesen, Brinksitzersohn
**Dierking,** Fritz Herm, 1.4.17, Liegnitz Laz, 1.Flieger-Abtlg Rekrutendepot Nr. 6, Haßbergen, Tischler
**Dierks,** Hr. Joh, 31.8.16, Somme, 8./IR 88, Kampsheide Nr. 59, Rendantensohn
**Dierks,** Hr, 21.10.18, Somme, IR 92, Ochtmannien, Schuhmachermeister
**Diers**, D. Hr, 6.8.14, Lüttich, IR 74, Martfeld Nr. 99, Eggekötnersohn
**Diers**, Joh. Hr. D, 27.5.16, Laz oA, RIR 202, Martfeld Nr. 99, Eggekötnersohn
**Diers,** Fr. Joh, 3.5.18, Braches, GaGrenR 4, Bruchhausen Nr. 131a, Bauunternehmer
**Dix,** Albin Herm, 2.3.15, Darmstadt Laz, 11./RIR 92, Hohenholz, Krankenwärter
*Dix, Alwin, 2.3.15, Darmstadt Laz, oA, Hoya, vw 17.2., Krankenpfleger*
**Dohemann,** Hr. D. Joh, 26.4.18, Bohain Laz, 3./IR 74, Brebber Nr. 17, Halbkötnersohn
**Döhrmann,** Hr, 3.10.18, F verm, 2.MGK/IR 74, Schwarme Nr. 282, Anbauersohn
**Döpke,** Fr. Joh, 10.4.18, Arras, 3. MGK/FR 73, Haendorf, Haussohn
**Dörgeloh,** Hr. Albert, 3.8.16,Verdun, 5./IR 358, Hoya, Postassistent
**Dreyer,** Wilh. Hr, 9.9.14, F, FAR 26, Eystrup, Anbauer
**Dreyer,** Joh. Julius, 14.4.16, Bethincourt, 11./IR 202, Wechold Nr. 117, Anbauer
**Dreyer,** Fr. Hr, 10.3.17, Oldenburg Laz, Ers./FAR 62, Kampsheide Nr. 36, Brinksitzersohn
**Dreyer,** Joh. Karl, 3.5.17, F, IR 77, Eystrup, Knecht
**Drücker,** Fr. Aug, 19.3.15, F, RIR 73, Warpe, Nr. 10, Brinksitzersohn
**Drücker,** Wilh, 2.11.18, F, IR 97, Altenbücken, Landwirt
**Düe,** Erich Ernst, 1.10.18, F, FAR 33, Eystrup, Student
**Dunekack,** Fr. Joh, 29.8.15, Krynica R, 6.LwIR 6, Klein-Borstel, Landwirt
**Dunekacke,** Joh. Hr, 18.2.15, Sisonne, MGK/FR 73, Asendorf, Dienstknecht
**Dunekacke,** Fr, 29.7.15, Vogesen, 9./IR 92, Asendorf, Dienstknecht

**Dunekacke,** Fr. D, 19.10.16, Bautoncelle, RIR 84, Hohenmoor, Knecht
**Dunekacke,** Hr. Wilh, 2.11.18, F, 2./FußArtR 54, Asendorf, Anbauer
**Dunker,** Joh. Hr, 21.3.18, Cambrai, RIR 77, Martfeld Nr. 22, Brinksitzer
**Dunkhase,** Hr, 29.8.14, Benay, 8./RIR 74, Wöpse, Pächter
**Dyroff,** Amandus, 12.9.14, Tyillois, 3./ResJägBtl 10, Hoya, BäckerKonditor
**Eckelmann,** D. Joh, 25.1.16, Annullin, 9./RIR 77, Schwarme Nr. 36, Brinksitzersohn
**Eckhardt,** Fritz, oA, oA verm, 2. ResBtl, Hoya, Arbeiter
**Eggeling,** Rich. Joh, 27.3.18, Cambari, 5./RFAR 60, Altenbücken, Viehhändler
**Eggers,** Hr. D, 23.3.18, Braignes, Ers./IR 78, Mehringen, Dienstknecht
**Eggers,** Hr. D. Fr, 14.6.18, Bapaume, FAR 45, Dedendorf, Arbeiter
**Ehlers,** Joh. Hr, 30.8.14, St.Quentin, 12./RIR 73, Klein-Borstel, Dienstknecht
**Ehlers,** Hr. D. Fr, 1.6.15, Galizien verm, GrenReg 3, Nordholz Nr. 6, Haussohn
**Ehlers,** Joh. Hr, 2.7.15, Galizien, 8./GrenReg 9, Klein-Borstel, Landwirt
**Ehlers,** Hr. D, 2.7.16, R, IR 77, Martfeld Nr. 28, Brinksitzer
**Ehlers,** Herm. Hr, 17.2.17, F, 2. MGK/RIR 235, Asendorf, Maler
**Ehlers,** D. Hr, 30.5.18, Guignycourt, 3./LdstInfBtl X 14, Homfeld, Halbkötner
**Ehlers,** Joh. Hr, 24.8.18, F verm, 6./IR 116, Klein-Borstel, Dienstknecht
**Ehlers,** Fritz Hr, 13.9.18, Roussoy, 2./GaGrenReg 1, Klein-Borstel, Dienstknecht
**Eickhoff,** D. Fr. Hr, 11.11.15, F, IR 76, Eystrup, Maler
**Eimke,** Fr. Hr, 9.9.14, F verm, GRzF 3, Eystrup, Kötnersohn
**Eimke,** Hr. D, 12.6.18, F, FAR 26, Eystrup, Kötnersohn
**Einhaus,** Joh, Hr, 29.9.17, Langemark, IR 370, Bruchhausen, Nr. 144, Landwirt
**Eisenberg,** Wilh, 12.11.14, R, 2./Drag 13, Berxen, Diener
**Eiskamp,** D. Georg, oA, 12.14, Windowice Laz, 1./RIR 61, Bücken, Maler
**Eitmann,** Hinrich Fr, 22.2.16, Flabas, 4./RIR 39, Uenzen Nr. 35, Bäckermeister
**Eitmann,** Herm, 21.8.17, Chemin des Dames, 9./RIR 220, Süstedt Nr. 24, Kötnersohn
**Ellermann,** Fr. D, 30.10.17, Bremen Laz, 4./FAR 271, Uenzen, Knecht
*Ellermann, Fr, 30.10.17, Bremen Laz, FAR 271, Vilsen, Dienstknecht*
**Elsäßer** Dr med, Edgar, 13.4.15, Leer Laz, LandstErsBtl, Berxen, Sanitätsrat und Stabsarzt
**Elze,** Aug. Hr, 3.7.15, Kitow, 3./IR 77, Hoya, Monteur
**Emkes,** Daniel, 23.8.14, F, 4./IR 74, Schweringen, Tischler
**Engelberg,** Hr. Fr, 20.5.15, La Vaux Fery, 10./Bay IR 15[2], Vilsen, Ingenieur
**Engelke,** D, 8.6.15, Verdun, 8./RIR 74, Brebber Nr. 8, Sohn Brinksitzer
**Engelke,** Herm. Joh, 17.4.16, Verdun, 4./RIR 78, Calle Nr.19, Haussohn

---

[2] Das IR 15 war allerdings kein bayerisches sondern ein westfälisches Regiment.

**Engelke,** Fr. Hr, 14.3.17, F, 6./RIR 77, Essen, oA
**Engelke,** Fr. D. Hr, 5.8.18, Bazaches, MGK/IR 75, Helzendorf, Haussohn
**Engelke,** Joh, oA, Ypern, 6./ResErsReg 4, Brebber Nr.8, Brinksitzersohn
**Ernst,** Hr. Wilh, 8.8.17, Zonnebeke, 2./RIR 90, Bruchhausen, Nr. 157, Ingenieur-Volontär
**Esdorn,** Joh. Lüdeke, 27.9.18, Cambrai, 9./RIR 92, Schwarme Nr. 49, Kötnersohn
**Fahlenkamp,** D. Hr, 11.11.16, Somme, 11./GaRIR 1, Berxen,Gastwirtssohn
**Fahrenholz,** Hr. D, 30.5.16, Zaturce, 12./IR 91, Wienbergen, Dienstknecht
**Fahrenholz,** Hr. Herm, 14.5.18, Laz oA, 1./RIR 239, Hoya, Offz-Stellv
**Falldorf,** Hr. Joh, 19.1.15, Yserkanal, RIR 215, Schwarme Nr. 172, Pächtersohn
**Fastenau,** Herm, 20.9.16, Wolhynien, 1./IR 40, Eitzendorf Nr. 51, Haussohn
**Fehsenfeld,** Joh. Hr, 22.11.17, Cambrai, RIR 363, Martfeld, Mühlenbesitzersohn
**Feldmann,** Herm, 25.5.15, oA, RIR 77, Oerdinghausen Nr. 37, Häusling
**Feldmann,** Wilh, 30.7.15, Lomska R, FüsR 33, Hämelhausen, Bergarbeiter
**Fiddelke,** Wilh, 11.4.15, Cheppy, 6./IR 144, Eitzendorf Nr. 88, Mühlenbesitzersohn
**Fiddelke,** Fritz, 10.11.18, Verden Laz, 1./LdstInfBtl X 5, Eitzendorf Nr. 102, Anbauer
**Fischer,** Joh. Hr, 5.8.17, Drentwede Unfall, RIR 92, Hoya, Schneider
**Fortkamp,** Wilh. D. Hr, 5.10.15, Champagne, 5./IR 77, Brebber Nr. 16, Halbkötner
**Fraedrich,** Richard Max, 14.12.14, Ostnieuweker, 2. Ers/FAR 26, Hoya, Schmied
**Franken,** Herm. Michael, 6.10.15, Somme-Py, 8./IR 78, Hoya, Kaufmann
**Freer,** Hr. Joh, 25.10.18, Rouse, MGK/IR 62, Schwarme Nr. 248, Häuslingssohn
**Freese,** Herm. Hr, 11.12.14, Roulers Laz, 11./LwIR 74, Hoya, Dienstknecht
**Freymuth,** Fr, 22.3.18, Westen, IR 91, Hohenholz Nr. 6, Kötnersohn
**Fricke,** Hr. Herm, 1.8.15, Sulwit R, 6./IR 74, Haendorf, Vollkötner
**Friedrichs,** Herm, 28.11.14, Ostpreußen, IR 59, Martfeld Nr. 121, Brinksitzersohn
**Friedrichs,** Fr. Hr, 18.2.15, Perthes, 3./RIR 92, Hilgermissen, Brinksitzersohn
**Friedrichs,** Joh. D. Hr, 11.4.15, Cheppy, 6./IR 144, Bücken, Ackerbürgersohn
**Friedrichs,** Christian Fr, 15.8.18, Armentiers, 2./IR 49, Heesen, Brinksitzersohn
*__Friedrichs__, Christian Fritz, 15.8.18, La Bondveile, 2.MGK/IR 49, Mehringen, Dienstknecht*
**Frühling,** Herm, 6.8.14, oA[3], IR 73, Oerdinghausen Nr. 19, Zimmermann
**Frühling,** Joh, 14.5.18, oA, LdstInfErsBtl XI 14, Oerdinghausen, Zimmermann

---

[3] gefallen bei Lüttich.

**Gandesbergen,** Ehler Joh, 4.5.17, Povuilly, IR 73, Magelsen Nr. 33, Dreiviertelmeyersohn
**Gandesbergen,** D, 17.10.18, Munster Laz, oA, Eitzendorf Nr. 67, Haussohn
**Gansberg,** Hr.Wilh, 9.9.14, Chalons, 6./FAR 26, Altenbücken, Landwirt
**Garbers,** D. Hr, 23.2.15, F, IR 73, Eystrup, Briefbote
**Garbers,** Wilh. Herm, 28.9.18, Chatel, 9./FAR 270, Vilsen, Vollbürger
**Garlisch,** Hr, 2.9.15, oA, IR 77, Oerdinghausen Nr. 20, Vollmeiersohn
**Garlisch,** Fr. Hr, 20.7.18, Brüssel Laz, Etatkp. Großer Gen.stab, Süstedt Nr. 3, Halbmeier
**Garlisch,** Hr, 7.9.18, Charkow Laz, oA, Süstedt, Kaufmann und Leutnant
**Garns,** Herm, 28.2.15, oA, 7./RIR 92, Bruchhausen, Nr. 27a, Arbeiter
**Garns,** Hr, 17.8.15, oA, 7./RIR 78, Bruchhausen, Nr. 27a, Müller
**Gauger,** Wilh. Anton, 13.6.18, Cuvill, 5./IR 163, Hoya, Schüler
**Gaumann,** Hr, 6.10.15, Perthes, 5./FAR 10, Asendorf, Sattler
**Gehrke,** Hr. Fr, 23.5.15, F, IR 77, Hassel Nr. 68, Anbauersohn
**Gehrke,** Wilh. Fritz, 1.6.18, Schwarme gest, ArmiergsBtl 141, Schwarme Nr. 209, Schneidersohn
**Gerdes,** Joh. Gerhard, 3.10.18, Premont, IR 81, Scholen Gut Wrissenberg, Leutnant dR
**Gerke,** Fr. Aug, 8.10.16, Tahure, RIR 73, Hohenmoor, Pächter
**Gerke,** Fr. Hr, 22.5.17, Ripont, 10./IR 92, Bruchhausen Nr. 14, Maler
**Gerking,** Wilh, 31.5.18, Chemin des Dames, IR 154, Ochtmannien, Dienstknecht
**Gerland,** Wilh. Hr, 9.5.15, Galizien, 1./IR 74, Homfeld, Lehrer
**Geus,** Karl Joh, 3.6.17, Gladbach Laz, RIR 262, Martfeld Nr. 105a, Steinsetzer
**Gilster,** Ernst Hr, 22.2.16, Przemysel, FAR 74, Bücken, Schneider
**Göbber,** Willy D, 21.3.18, F, IR 73, Warpe, Halbmeiersohn
**Göbber,** D. Fr, 30.12.18, oA Laz, IR 73, Warpe, Halbmeiersohn
**Gode,** Fr, 2.10.17, Radautz R, IR 360, Hoyerhagen Nr. 58, Brinksitzersohn
**Goertz,** Herm. Joseph, 28.7.18, Trier Laz, LdstInfBtl VIII/13, Vilsen, Viehaufkäufer
**Göllner,** Hr, 30.3.18, Morcnil, 9./IR 426, Asendorf, Dienstknecht
**Gotthardt,** Wilh, 10.7.15, Vogesen, IR 73, Martfeld, Nr. 218, Anbauersohn
**Gotthardt,** Joh. D, 12.5.18, Aubvillers, RIR 252, Martfeld Nr. 218, Anbauersohn
**Gräpel,** D, 16.2.15, Perthes, 8./RIR 74, Wöpse, Häusling
**Grauerholz,** Herm. Hr, 14.10.14, F, IR 74, Gandesbergen, Nr. 31, Anbauersohn
**Grauerholz,** Hr. Wilh, 16.8.16, F, oA, Gandesbergen Nr. 31, Anbauersohn
**Grefe,** Christian Hr, 17.9.15, R, IR 84, Hassel Nr. 14, Kaufmannssohn
**Grieme,** Joh. Hinrich, 23.10.14, Draibank, 9./RIR 215, Uenzen Nr. 5a, Häusling
**Griepenkerl,** Wilh, 29.7.15, St.Eloi, BayIR 18, Bruchhausen Nr. 35, Kaufmann
**Griepenkerl,** Paul, 30.6.18, Romigny, 1./ResJägBtl 16, Bruchhausen Nr. 35, Kaufmann
**Griese,** Karl Hr, 20.10.15, F, IR 74, Eystrup, Schuhmacher

**Grimm,** Joh. Aug, 25.2.15, Perthes, 5./RIR 78, Wienbergen, Dienstknecht
**Grimm,** D. Fr, 22.8.15, Schratzmännle, IR 78, Loge, Haussohn
**Grimm,** Joh. Albert, 20.9.17, Flandern, IR 77, Loge, Haussohn
**Grimm,** Fritz, 26.4.18, Kemmelberg, ResJägBtl 10, Hoyerhagen, Dienstknecht
**Grimmelmann,** Fr, 29.8.14, oA verm, 8./RIR 74, Hoya, Postbote
**Grimmelmann,** Hr, 8.5.16, Dünaburg, 11./RIR 259, Calle Nr. 12, Landwirt
**Grimmelmann,** Fritz, Aug.16, F verm, MGK 99, Ubbendorf Nr. 11, Vollmeiersohn
**Grimmelmann,** Hr. D. Conrad, 21.9.18, Bussy, RIR 92, Duddenhausen Nr. 26, Brinksitzersohn
**Gründel,** Johannes, 29.8.15, Clobowieze, 4./ResJägBtl 22, Hoya, Bildhauer
**Gründel,** Joseph, 22.5.17, Ripont, 10./IR 92, Hoya, Steinmetz
**Grundmann,** Fr. Hr, oA, Verdun, 4./JägBtl 10, Asendorf, Sohn Dreiviertelmeier
**Grünhagen,** Wilh, 4.8.15, oA, 10./GRzF 5, Mehringen, Dienstknecht
**Grünhagen,** Herm. Wilh, 31.10.18, oA, Ers/JägRegzPferd 2, Mehringen, Dienstknecht
**Grütter,** Fr. Hr, 1.8.15, oA verm, RIR 74, Uenzen Nr. 54, Brinksitzer
**Güber,** Albert, 4.8.16, Neweandrowsky, IR 257, Süstedt Nr. 1, Lehrer und Leutnant
**Güber,** Fr. Joh, 23.10.16, Somme, RIR 92, Süstedt Nr. 1, Vollmeiersohn
**Güber,** Joh. Gerd, 25.4.18, Kemmel, 9./RFAR 36, Wöpse, Landwirt
**Gulitz,** Willy Herm, 27.3.15, Ziombki, 7./GrenR 5, Hoya, Zapfer
**Gulitz,** Otto, oA, oA verm, UlanenR 12[4], Hoya, Schneider
**Gummels,** Wilh. Gerhard, 29.4.16, Verdun Laz, 2./FußArtBtl 22, Vilsen, Uhrmacher
**Gumprecht,** Ernst, 15.7.18, oA, Sächs FAR 1, Hoya, Schuhmacher
**Günnemann,** Hr. Herm, 2.10.17, Flandern, RIR 73, Hohenmoor, Haussohn
**Haack,** Fritz Hr, 12.10.16, Somme, 6./RIR 73, Schweringen, Schneider
**Haarberg,** Fr. Wilh, 19.5.17, F, RIR 73, Warpe Nr. 18, Eggekötnersohn
**Haarde,** Aug. Julius, 22.3.18, F, IR 79, Eystrup, Kötnersohn
**Haarde,** Karl Wilh, 31.7.18, Buoquoy, 8./RIR 91, Hoya, Bäcker
**Haase,** Herm. Georg, 20.10.17, F, IR 463, Eystrup, Kaufmann
**Habekost,** Fr, 5.9.16, Courcelette, 5./GaResReg 1, Klein-Borstel, Landwirt
**Habichthorst,** Hr, 28.3.18, F, RIR 6, Weseloh Nr. 4a, Pächtersohn
**Habighorst,** Hr. Joh, 31.7.17, Flandern, 2.MGK/RIR 94, Kampsheide Nr. 16, Halbkötnersohn
**Hachmeister,** Fr. Hr, 13.8.15, Tschaiki, 5./LdstIR 10, Vilsen, Hauptlehrer
**Hadeler,** Hr, 21.7.16, F, RIR 77, Weseloh Nr. 6a, Pächter
**Hadler,** Hr, 19.9.17, oA verm, RIR 77, Oerdinghausen Nr. 12, Pächter
**Hägedorn,** Hr. Fr. D, 20.10.17, Laon, 4./GaFAR 2, Brebber Nr. 27, Sohn Brinksitzerwitwe
**Hägedorn,** Willi, 4.7.18, oA, IR 403, Graue Nr. 11, Halbkötnersohn

---

[4] Gulitz diente im Reserve-Ulanen-Regiment 12 und wird seit der Schlacht von St.Quentin am 29. August 1914 vermisst.

**Hägemann,** Herm. Hr, 18.11.16, Somme verm, Sankp 232, Schweringen, Ziegeleiarbeiter
**Hambrock,** Hr .Georg, 9.10.14, F, IR 74, Eystrup, Schneider
**Hambrock,** Fr. D, 18.11.14, Nieuport, LwIR 78, Hassel, Steinsetzer
**Hambrock,** Gerhard, 6.9.16, F, IR 75, Gandesbergen Nr. 40, Steinsetzer
**Hanfeld,** Julius, 16.9.14, Nogent, FAR 26, Hoyerhagen, Tischler
**Hans,** D. Hr. Fr, 5.7.16, Garodische, 10./RIR 228, Hustedt Nr. 2, Halbkötnersohn
**Hansmann,** Wilh. Gotthilf, 23.6.18, oA, oA, Hassel, oA
**Harms,** Herm. Hr, 27.11.14, Gutschewo, 4./GrenReg 1, Schweringen, oA
**Harms,** Joh. Hr, 24.6.16, Pustamity R, 7./GaGren 203, Essen Nr. 1, Vollmeiersohn
**Harms,** Hr. Fr, 5.7.16, Schtschara, 6./LwIR 6, Bücken, Sattler
**Harms,** Fr. Hr. Ehler, 15.10.16, Wolhynien, PiBtl 1, Schweringen, Bahnmeister
**Harms,** Herm, 31.5.17, oA, RIR 225, Oerdinghausen Nr. 5, Verwalter
**Harnacke,** Hr. Herm, 14.8.14, Ripemont, IR 74, Magelsen, Maurer
*Harnacke, Wilh. Hr, 30.8.14, Ribemont, RIR 174, Mehringen, Maurer*[5]
**Harries,** Joh. Ehler, 23.8.14, Charleroi, 7./IR 74, Wechold Nr. 15, Halbkötnersohn
**Harries,** Dietrich, 9.9.14, Chalons, 11./IR 164, Eitzendorf Nr. 55, Haussohn
**Harries,** Joh. Hr, 17.8.15, Kratowo R, RIR 230, Martfeld Nr. 1a, Arbeiter
**Harries,** Herm, 22.3.18, Cambrai, 1./LehrIR, Eitzendorf Nr. 1, Vollmeieranerbe
**Harries,** D. Hr, 16.7.18, F verm, 4./ResJägBtl 23, Klein-Borstel, Dienstknecht
**Harries,** Joh. Fr, 8.10.18, Rethel, 3./FußArtBtl 55, Helzendorf, Brinksitzer
**Harries,** D. Wilh, oA, R, RIR 1, Wechold Nr. 15, Halbkötnersohn
**Hartje,** Peter, 3.9.16, Somme, GRzF 4, Ochtmannien, Haussohn
**Hartmann,** Fr. Hr, 11.4.16, R in Gef gest, 1./RIR 75, Vilsen, Tischler
**Hashage,** Joh. Hr, 6.6.18, oA, RIR 273, Oerdinghausen Nr. 20, Dienstknecht
**Hassel,** Hr. Fr, 24.3.18, F, 1./RIR 218, Asendorf, Häusling
**Hasselhoop,** Hr. Joh, 30.9.15, F, IR 77, Uepsen, Brinksitzer
**Heideke,** Otto Hr, 12.4.15, F, 4./FüsR 86, Heesen, Drechsler
**Heidorn,** Herm. Hr, 23.10.16, Somme, 5./RIR 73, Bücken, Lehrer
**Heimsoth,** Herm. Fr, 6.10.15, F, IR 78, Eystrup, Tischler
**Heimsoth,** Fr. D, 26.3.18, F, IR 395, Eystrup, Steinsetzer
**Heininger,** Michael, 29.8.14, Moslin, IR 78, Hoya, Steinmetz
**Heise,** Joh. Hr, 18.8.18, F, FußArtBtl 134, Haßbergen, Haussohn
**Heithoff,** Joh. D, 9.4.16, F, 1./RIR 201, Homfeld, Pächter
**Heitmann,** Gerd, 6.9.16, oA, 11./FR 73, Berxen, Sohn Anbauer
**Helmke,** Hr, 21.3.18, Omand-Noureil, 11./IR 164, Schwarme Nr. 130, Anbauersohn
**Helms,** Joh. Gerd, 16.2.15, Bois de Ville, oA, Landsturm, Schwarme Nr.

---

[5] Harnacke ist doppelt eingetragen für Mehringen und Magelsen, er fiel am 30.8.1914 im 7./RIR 74 bei Ribemont.

119, Häusling
**Herbst,** Joh. Ehler, 6.2.15, R, oA, Hassel Nr. 22a, Maurersohn
**Herkens,** Johannes, 17.9.14, Reims, MGK/RIR 91, Hoya, Maler
**Herwig,** Konrad Anton, 18.4.18, oA, UC 79, Eystrup, Seeoffizier
**Herwig,** Albert Fr, 2.5.18, Kortryk Laz, 6./RFAR 19, Bruchhausen Nr. 127, Offz-Stellv
**Hespenheide,** Wilh. Fritz, 30.4.17, AisneChampg, 1./IR 370, Bruchhausen Nr. 110, Landwirt
**Hetebrink,** D. Fr, 15.6.15, Suwalki verm, 11./RIR 253, Klein-Borstel, Landwirt
**Heuer,** Fr. Joh, 29.8.14, Epinay, RIR 74, Hassel Nr. 42a, Steinsetzer
**Heuer,** Fritz, 16.2.15, Champagne, IR 74, Calle Nr. 11, Häusling
**Heuer,** Hr. D. Wilh, 6.5.16, Verdun, Miwkp5/51. Div, Calle Nr. 34, Tischler
**Heuer,** Hr. Christian, 17.9.16, Somme, 2./IR 229, Calle Nr. 34, Anbauer
**Heuer,** Hr. D, 7.7.19, in engl. Gefgschft, IR 74, Wechold Nr. 62, Brinksitzersohn
**Heuhusen,** Hr, 2.5.18, Amiens, 3./RIR 20, Schwarme Nr. 121, Anbauersohn
**Hildebrand,** Wilh, 17.3.15, Gr.Kabada, oA, Süstedt, Brinksitzer
**Hildebrand,** Joh, 27.9.15, Wischnew, 4./RIR 230, Süstedt Nr. 28, Brinksitzersohn
**Hillmann,** Fr, 16.2.15, oA, RIR 74, Oerdinghausen Nr. 7, Vollmeiersohn
**Hillmann,** Joh. Hr, 22.6.15, Oppeln, 6./IR 74, Holtrup Nr. 11, Brinksitzersohn
**Hillmann,** Joh, 7.9.16, oA verm, FüsR 73, Oerdinghausen Nr. 7, Vollmeiersohn
**Hillmann,** D. Joh, 17.9.16, Somme, 2./RIR 77, Wöpse, Vollmeier
**Hilmer,** Paul, 19.5.15, Przepna, 10./RIR 254, Bücken, Lehrer
**Hingst Zum,** Hr. D, 28.6.16, Hoya Laz, 11./IR 229, Kuhlenkamp, Haussohn
**Hingst Zum,** Joh, oA, oA verm, 11./RIR 74, Hoya, Schaffner
**Hinrichs** Fr, 28.12.16, Rumänien, RIR 217, Süstedt Nr. 43, Anbauersohn
**Hittmeyer,** Fr, 5.12.16, oA, IR 152, Graue Nr. 29a, Haussohn
**Hittmeyer,** Aug. D, 4.2.17, Karparten, 9./GrenReg 1, Vilsen, Schlachter
**Hittmeyer,** Erich Fr, 26.4.18, Haugard verm, 3./IR 74, Bücken, Klempner
**Hittmeyer,** Joh, 15.7.18, oA, IR 426, Graue Nr. 29a, Haussohn
**Hittmeyer,** Hr. D, oA, F, RIR 215, Asendorf, Anbauer
**Hittmeyer,** Fr, oA, oA verm, RIR 74, Graue Nr. 57, Gastwirt
**Hocke,** Fr, 8.8.15, oA Laz, ArmierungsBtl 86, Weseloh Nr. 10, Brinksitzer
**Hoffmeyer,** Fr. Hr, 14.4.17, Bertricourt, GaIR 7, Bücken, Schmied
**Hogrefe,** Fr, 29.8.14, oA, GRzF 2, Graue, *20.5.89, oA
**Hogrefe,** Fr. Hr, 3.9.14, oA, GRzF 2, Hassel Nr. 109, Schuhmacher
**Hogrefe,** D. Joh, 22.4.16, Bethincourt, 11./RIR 203, Haßbergen, Anbauer
**Holle,** Hr. Joh, 21.8.15, Nendorf am Bug, 5./RIR 232, Bruchhausen Nr. 27, Vollbürger
**Holle,** D. Hr, 11.8.16, Ablaincourt, Pikp 246, Uenzen Nr. 94, Anbauersohn
**Holle,** D, 19.9.16, Somme, RIR 230, Martfeld Nr. 174, Anbauersohn
**Holle,** Joh. Herm, 27.7.17, Flandern, 2./RIR 84, Schwarme Nr. 183, Anbauersohn
**Hollen von,** Hr, 23.3.16, Lannois, IR 77, Martfeld, Nr. 197, Kaufmann

**Hollwedel,** Herm, 18.9.18, Hannover Laz, IR 603, Ochtmannien, Dienstknecht
**Holthus,** Hr. Fr, 5.3.15, Argonnen, PiBtl 16, Hassel, Schmied
**Holthus,** D. Fr. Hr, 22.7.18, Höhe 141 F, 11./IR 98, Haendorf, Haussohn
**Höltje,** Hr, 9.10.18, F verm, 10./IR 411, Haßbergen, Haussohn
**Holtz,** Wilh. Otto, 31.10.14, Roulers Laz, RIR 215, Hoya, Lehrer
**Holze,** Fritz, 24.8.18, La Foutaille, 1./GrenReg 12, Mehringen, Haussohn
**Homfeld,** D. Herm, 30.8.16, Somme, 3./GRzF 5, Wienbergen Nr. 26, Brinksitzersohn
**Homfeld,** Fr. D, 7.4.17, Neuville, RIR 30, Martfeld,Nr. 64,Vollkötnersohn
**Homfeld,** Hr. Ludolf, 24.4.17, Reims, Mikp/GrenR 12, Bücken, Haussohn
**Hopmann,** Joh, 4.7.16, Zaturce, 9./IR 91, Wienbergen Nr. 8, Brinksitzersohn
**Hopmann,** D. Fr, 17.4.19, Verden Laz, RIR 65, Wechold Nr. 57, Vollkötnersohn
**Hoppe,** Karl, 6.9.14, Esternay, IR 75, Bruchhausen Nr. 25, Gärtner
**Hoppe,** Wilh. Joh, 14.10.15, R, 3./IR 372, Schwarme Nr. 276, Anbauersohn
**Hornbostel,** Wilh. Ernst, 29.9.15, Weißensee R, RIR 259, Duddenhausen, Kaufmann
**Horstmann,** Fr, 9.8.15, oA, IR 92, Oerdinghausen Nr. 12, Dienstknecht
**Huhn,** Herm. Fr, 5.4.18, Amiens, GrenReg 8, Oiste, Arbeiter
**Humrich,** Herm,16.12.14, oA verm, 2./MatrArtR 1, Doenhausen, Zimmermann
**Hünecke,** Fr. D. Hr, 2.7.15,Galizien, IR 74, Nordholz Nr. 29, Tischler
**Hünecke,** Hr, 26.9.16, oA, IR 368, Graue Nr. 18, Vollkötner
**Hünecke,** Hr. Joh, 12.6.17, Montois, 7./IR 92, Helzendorf, Halbmeier
**Hünecke,** Fr. Hr. Jo, 20.8.18, Ukraine, FAR 274, Brebber Nr. 19, Halbkötnersohn
**Hünecke,** Herm, oA, St.Seeger, 3.MGK/IR 77, Bruchhausen Nr. 48, Landwirt
*Hüneke, Herm. Fr, 25.3.18, St.Seger, 3.MGK/IR 77, Wöpse, Knecht*
**Hüneke,** Joh. Hr, 16.4.17, Aisne, 7./RIR 74, Hoya, Klempner
**Hupe,** Fr. Hr, ?.5.15, Sawdiniki, RIR 251, Duddenhausen, Altenteilersohn
**Hupe,** Wilh. Hr, 19.9.16, Seilig, 5./RIR 74, Asendorf, Maurer
**Hustedt,** Joh. Wilh, 7.9.14, Sisonne, 11./RIR 74,Vilsen, Schlachermeister
**Hustedt,** Hr. Fr, 17.1.15, Basenkur Laz, 12./RIR 73, Vilsen, Lehrer
**Hustedt,** Wilh, 3.4.16, Douaumont, 7./RIR 92, Schwarme Nr. 128, Müller
**Hustedt,** Christian Hr, 19.1.17, Perronne, IR 73, Hustedt Nr. 27, Witwensohn
**Hustedt,** Herm. Rennig, 2.5.18, Montifinn, IR 73, Hustedt Nr. 27, Witwensohn
**Huth,** Christian, 4.12.14, Ypern Laz, JägBtl 18, Bruchhausen Nr. 17, Klempner
**Huth,** Adolf, 22.7.16, Horgny, 9./FüsR 90, Bruchhausen Nr. 17, Stellmacher
**Ihde,** Fr. Joh, 17.3.16, Chambrettes, MinwerfBtl 3, Bücken, Maurer
**Isenbeck,** Henry, 18.12.14, Naulia SW-Afrika, Schutztrup., Hoya, Gefreiter
**Isenbeck,** Karl Fr, 16.6.15, Galizien, RIR 232, Eystrup, Kaufmann
**Jonashoff,** Joh. D, 16.2.15, Perthes, IR 74, Scholen Nr. 33, Anbauer

**Kaese,** Fr. Hr, 9.6.18, Orvlilers, IR 78, Hassel, Schaffner
**Kahle,** Hr. Fr, 23.6.16, R, 2./RIR 260, Anderten, Anbauersohn
**Kahle,** Fritz Hr, 13.11.16, Somme, 10./GaGren 5, Anderten, Anbauersohn
**Kahmeyer,** Hr. Adolf, 6.9.14, F verm, 11./RIR 73, Klein-Borstel, Landwirt
**Kahmeyer,** Karl Adolf, 18.3.15, Perthes, 7./RIR 74, Klein-Borstel, Kaufmann
**Kammann,** Wilh. Hr, 23.9.14, F, RIR 74, Gandesbergen Nr. 31, Hofmeiersohn
**Kammer Zur,** Hr. Fr, 28.7.15, R, 2./IR 91, Asendorf, Vollkötner
**Kappelmann,** Hr, 15.9.14, Reims, IR 74, Hassel, Knecht
**Kargheck,** Hr, 14.3.16, Dieusstal F, RIR 79, Hoyerhagen, Dienstknecht
**Karspeck,** Wilh, 9.4.16, oA, LdstIR 27, Hohenmoor, Haussohn
**Karspeck,** Hr. Fr, 6.4.18, Mayeueville, IR 164, Hohenmoor, Haussohn
**Kaste,** Fritz Wilh, 3.1.18, Bremen Laz, Radkp/JägBtl 2, Vilsen, Kellner
**Kastens,** Wilh, 20.2.15, Tahure, 6./FAR 26, Hoya, Drechsler
*Kastens, Willy Hr, 21.2.15, F, FAR 26, Warpe, Schuhmachersohn*
**Kastens,** Fritz, 9.10.15, Tahure, 3./IR 73, Süstedt Nr. 19a, Häusling
**Kastens,** Hr. Fr, 6.11.18, Hannover Laz, FußArtReg 10, Schweringen, Haussohn
**Kehlbeck,** Hr. Joh, 1.9.15, R, 1./IR 78, Helzendorf, Vollkötner
**Kehlbeck,** Wilh. Hr, 30.10.16, F, IR 77, Uepsen, Pächter
**Kemker,** Fr, 16.7.15, R, RIR 229, Weseloh Nr. 6b, Pächtersohn
**Kemker,** Gerhard, 14.4.17, F, RIR 73, Weseloh Nr. 6b, Pächtersohn
**Kirchhoff,** Herm, 21.8.15, oA, LwIR 46, Graue Nr. 42, Anbauersohn
**Kirchhoff,** Hr, 10.9.15, oA, ResDiv 78 Stab, Graue Nr. 42, Anbauersohn
**Kirchhoff,** Joh, 7.2.16, oA, RIR 229, Graue Nr. 19, Halbkötner
**Klaptor,** Bernhard, 10.1.16, oA, RIR 230, Oerdinghausen Nr. 15, Dienstknecht
**Klausen** , Fritz, 16.3.15, Rethel, IR 74, Martfeld Nr. 248, Maurer
**Klausing,** Carl D. Hr, 8.10.16, R, 3./IR 177, Helzendorf, Haussohn
**Klausing,** Hr. Fr, 24.8.17, oA, GRzF oA, Hassel Nr. 9, Brinksitzersohn
**Kleinschmidt,** D, 23.7.15, oA, LdstInfErsBtl 2, Graue Nr. 13, Pächter
**Klinker,** Hr, 22.2.15, Perthes, 5./RIR 78, Eitzendorf Nr. 13, Kaufmann
**Klusmeyer,** Wilh. Fr, 12.8.18, Flandern, 11./RIR 170, Asendorf, Maler
**Knief,** Hr. Fr, 1.8.16, Sinnawaka R, 3./IR 74, Haendorf, Haussohn
**Knippelmeyer,** Hr. Fr, 14.6.17, Wilna Laz, 2./LdstInfBtl Eylau II, Vilsen, Arbeiter
**Knipping,** Fr. Georg, 22.2.15, Perthes, 8./IR 78, Brebber Nr. 36, Brinksitzer
**Knipping,** Joh. Fr, 21.4.16, Verdun, 10./RIR 78, Bücken, Dienstknecht
**Knipping,** Jo. Hr. Fr, 13.7.16, Verdun, 1./IR 75, Brebber Nr. 36, Brinksitzerwitwensohn
**Knipping,** Hr. Joh, 6.6.18, Busigny, FeldBäckKolo 59, Brebber Nr. 36, Buchhalter
**Knoop,** Hr. Joh, 17.7.15, oA Laz, GaMGAbt 2, Engeln, Häuslingssohn
**Knüppel,** Wilh, 12.9.15, Melane, ResJägReg 18, Martfeld Nr. 14, Eggekötnersohn
**Knüppel,** Herm. Hr, 28.9.17, oA, LdstBtl Leuthen, Martfeld Nr. 9, Brinksitzer

**Koch,** Fritz Hr. Brüne, 7.9.14, Reims, 11./IR 74, Schwarme Nr. 6, Häuslingssohn
**Koch,** Joh. Chr, 22.3.15, BudyPosysicki, 3./IR 54, Bruchhausen Nr. 34, Landwirt
**Koch,** Herm. Joh, 16.7.15, F, RIR 232, Hassel Nr. 131, Zimmermann
**Koch,** Joh. Hr, 5.4.16, Verdun, 10./RIR 78, Homfeld, Dienstknecht
**Koch,** Hr. Fr, 5.5.18, Laz oO, GaGren 4, Hoya, Viehändler
**Koch,** Fr. Louis, 4.6.18, Chadun, RIR 212, Hassel, Häuslingssohn
**Köhler,** D. Albert, 7.7.15, R, 11./RIR 253, Calle Nr. 30, Haussohn
**Köhlmos,** Joh. Hr, 9.9.14, F verm, RIR 74, Wechold Nr. 60, Brinksitzersohn
**Kohlwey,** Hr. Fr, 16.7.15, R, RIR 229, Hassel Nr. 32, Brinksitzersohn
**Köhrmann,** D, 27.1.16, oA, RIR 230, Oerdinghausen Nr. 31, Anbauersohn
**Koithan,** Hr. Georg, 2.2.15, F, 8./RIR 74, Anderten, Kötner
**Koithan,** Wilh, oA, 7.15, R, oA, Anderten, Kötnersohn[6]
**Kolkmann,** Hr, 11.1.16, Hartmannsweilerkopf , 6./IR 74, Asendorf, Häusling
**Köneking,** Fr. D, 2.3.17, Maashöhen, 1./LwBrigErsBtl 37, Kampsheide Nr. 44, Brinksitzer
**Könenkamp,** Joh. Gerd, 26.6.18, Bremen Laz, 4./RIR 79, Süstedt Nr. 82, Händler
**Koopmann,** Georg Fr. Karl, 19.7.15, Italien, ResJägBtl 10, Eystrup, Schuhmacher
**Koopmann,** Hr, 6.1.16, R, IR 91, Engeln, Dienstknecht
**Koopmann,** Hr. D, 22.8.16, Somme, IR 85, Hämelhausen, Brinksitzersohn
**Koopmann,** Fritz Albert, 20.4.18, Elsaß, RIR 259, Hämelhausen, Brinksitzersohn
**Koopmann,** Fr. Hr, 25.4.18, F, RIR 73, Hämelhausen, Anbauersohn
**Koppermann,** Fr. D, 2.8.17, Flandern, 11./RIR 231, Essen, oA
**Koröde,** Herm, 20.9.17, Flandern, RFAR 20, Berxen, Dienstknecht
**Kortum,** Hr. D, 3.1.16, Filiponze, 3./IR 136, Bücken, Ackerbürgersohn
**Köster,** Karl, 14.2.15, Rayanka, 3./RIR 223, Süstedt, Nr. 48, Rittergutsbesitzerssohn
**Köster,** Hr, 8.10.15, St.Soublet, 10./IR 77, Loge, Lehrer
**Köster,** Rennig, 27.10.15, La Basse, 6./RIR 77, Klein-Borstel, Landwirt
**Köster,** Herm. Carsten, 22.4.16, Chery, 9./GRzF 3, Schwarme Nr. 204, Häuslingssohn
**Köster,** Hr. Joh, 26.8.16, Verdun, 7./RIR 74, Schwarme Nr. 204, Häuslingssohn
**Köster,** Fr. Hr, 16.5.17, Sisonne, 3./IR 74, Hilgermissen, Halbmeier
**Köster,** Joh. Hr, 26.6.18, Courchamps, 6./GaGrenReg 3, Klein-Borstel, Dienstknecht
**Köster,** Herm. D, 2.10.18, Serbien, Gebirgsbatt 2, Tuschendorf Nr. 9, Brinksitzersohn
**Köster,** Hr, 31.7.17, Flandern, RIR 31, Martfeld Nr. 2, Brinksitzersohn

---

[6] gebürtig aus Erichshagen, gefallen bei 10./LwIR Nr. 51 laut Verlustliste vom 2.8.1915.

**Köstermann,** Adolf Fritz, 14.10.14, Laomtie, Radfahrerkp/JägBtl 10, Vilsen, Kaufmann
**Kotensen,** Ernst Fr, 6.9.14, Chalons, 4. GaFAR 2, Bruchhausen Nr. 89, Stellmacher
**Kranz,** D. Fr, 28.3.18, Boussicourt, 5./GrenReg 109, Wöpse, Knecht
**Kronerding,** Wilh. Karl, 30.5.15, Monasterg, 9./IR 74, Hoya, Kaufmann
**Krüger,** Joh. Kurt, 14.8.17, oA, 4./RIR 6, Mehringen, Dienstknecht
**Krüger,** Albert Joh, 14.8.17, Romagne, 1./FußArtReg 10, Schwarme Nr. 15, Maler
*__Krüger,__ Albert, 14.8.18, Flandern, oA, Süstedt Nr. 12a, Pächtersohn*
**Krüger,** Joh. Hr, 26.9.18, Somme-Py, FAR 601, Süstedt Nr. 12a, Pächtersohn
**Kuhlencord,** Herm. Georg, 4.10.15, La Folie, 4./GRzF 2, Vilsen, Kaufmann
**Kuhlenkamp,** Hr, 20.5.15, oA, RIR 260, Graue Nr. 48, Anbauersohn
**Kuhlmann,** Wilh. Fritz, 2.12.15, Cohicy, 12./IR 77, Haßbergen, Arbeiter
**Kuhlmann,** Hr. Christian, 18.6.16, R Twerdyen, IR 77, Hassel, Arbeiter
**Kuhlmann,** Hr. D, 17.8.17, Verdun, IR 368, Schweringen, Leutnant dR, Landwirt
**Kühne,** Hr. Ehler, 6.10.15, Somme-Py, 2./IR 91, Mehringen, oA
**Laackmann,** Herm, 27.9.18, Laon, 13./FußArtReg 5, Schwarme Nr. 117, Pächtersohn
**Lackmann,** Hr, 23.9.15, Brest-Litowsk, 7./GRzF 3, Eitzendorf Nr. 54, Halbkötner
**Lakemann,** Joh. D, 7.10.14, F verm, 1./IR 86, Hustedt, Nr. 22, Brinksitzer
**Lange,** Joh. Hr, 26.10.15, Essarts, 3./GRzF 1, Doenhausen, Telegraphenvorarbeiter
**Langöse,** Aug. Hr, 1.8.17, Langemark, 9./RIR 229, Haßbergen, Offz-Stellv
**Laue,** D, 28.5.15, Mezeral, 12./RIR 78, Homfeld, Leutnant dR, Postsekretär
**Laue,** Hr. Fr, 21.3.18, Bullecourt, 2./IR 73, Dedendorf, Landwirt
**Laue,** Hr, 25.4.18, Wytschaete, 5./RIR 73, Berxen, Landwirt
**Leefers,** D, 14.1.15, Sennheim, 4./IR 75, Schwarme Nr. 85, Anbauersohn
**Leefers,** Fr, 17.4.18, Cöln Laz, 3.MGK/IR 465, Schwarme Nr. 226, Anbauersohn
**Leefers,** Herm. Joh, 23.4.18, F, 7./RIR 259, Schwarme Nr. 85, Anbauersohn
**Leemhuis,** Joh. Eberhard, 12.12.14, Poelkapelle, 4./ResJägBtl 23, Hoya, Kaufmann
**Lehmann,** Joh. Hr, 26.7.15, Tschaki R, RIR 228, Wechold Nr. 42, Halbkötnersohn
**Lehmeier,** Hr. Fr, 31.10.17, F, IR 465, Gandesbergen Nr. 7, Haussohn
**Leiding,** Fr. D, 1.11.16, Rumänien, 7./JägBtl 10, Anderten, Maurer
**Leman,** Philipp Karl, 6.2.15, F, IR 74, Eystrup, Fabrikantensohn
**Leman,** Alexander, 28.5.18, Loging, 1./FAR 406, Haßbergen, Haussohn
**Lerbs,** Hr, 30.12.17, Eschweiler Laz, oA, Loge, Landwirt
**Leue,** Ferdinand, 9.12.17, Farra Italien, FAR 601, Martfeld, Bäcker
**Leymann,** Wilh, 27.2.15, Westen, FüsR 73, Engeln, Häusling
**Lichtenberg,** Hr, oA, Arras Laz, RIR 91, Windhorst Nr. 35a, Pächtersohn
**Lindemann,** Joh. Fr, 30.10.17, De Ruiter, IR 465, Martfeld Nr. 71, Halbkötnersohn

**Lindhorst,** Joh, 4.10.17, Langemark, 10./RIR 73, Süstedt, Postbote
**Löffelholz,** Aug. Albert, 11.4.17, La Basse, 1./FAR 19, Schweringen, Ziegeleiarbeiter
**Lübbert,** Hr. D, 10.11.17, Poelcapelle, IR 140, Duddenhausen Nr. 30a, oA
**Lüdecke,** Hr. Joh, 22.3.18, Ranpy, 8./IR 442, Bücken, Landwirtssohn
**Lüdeke,** Fr. D, 2.8.15, Lingenkopf, 6./RIR 74, Kampsheide Nr. 60, Tischler
**Lüdeke,** Hr, 25.4.16, F, 4./RIR 202, Asendorf, Pächter
**Lüdeke,** Hr. Fr, 16.11.16, Le Sars, 2./RIR 93, Schweringen, Tischler
**Lüdeke,** Fr. Wilh, 1.7.17, Langemark, 5./RIR 91, Schweringen, Haussohn
**Lueß,** Fr. Hr, 30.6.16, Caturee, 12./IR 74, Schwarme Nr. 115, Brinksitzer
**Lührs,** Hr. Christel, 30.9.16, Somme, IR 91, Hämelhausen, Schuhmacher
**Lüneberg,** Hr. Wilh, 21.4.17, Reims, IR 91, Magelsen, Häuslingssohn
**Lütjemeyer,** D. Fritz, 24.8.15, Kowno, IR 70, Heesen, Anbauersohn
**Lütjemeyer,** Joh. Hr. Kort, 29.6.17, Verdun, 10./RIR 37, Heesen, Anbauersohn
*__Lütjemeyer,__ Joh. Hr, 29.6.17, Verdun, 10./RIR 37, Mehringen, Dienstknecht*
**Lyßmann,** D. Hr, 20.5.17, Argonnen, 8./RIR 203, Duddenhausen Nr. 8, Maurermeister
**Maas,** Hr, 16.8.15, Poniwiecz, 3./IR 152, Eitzendorf Nr.60, Vollmeiererbe
**Magnus,** Louis Ernst, 4.9.18, Laon Laz, 5./GaKürasR 1, Bücken, Drechsler
**Mahler,** Wilh, 17.4.16, Douaumont, 2./PiBtl 10, Schweringen, Haussohn
**Mahlstädt,** Hr, 17.7.15, Lublin, 5./IR 91, Asendorf, Brinksitzer
**Mahlstädt,** Jo. D, 2.5.17, F, Minwerfkp/GrenR 12, Asendorf, Dienstknecht
**Malitzke** Joseph, 29.7.15, oA, IR 92, Oerdinghausen Nr. 19, Dienstknecht
**Mallen Zum,** Herm, 4.11.15, Krotoschin, ArtMunKol 1/ 1.AK, Heesen, Vollkötner
**Marks,** Hr. Joh, 17.2.15, Perthes, 3./RIR 74, Bücken, Handlungsgehilfe
**Marks,** Fr. Herm, 17.7.16, Delville, 12./IR 153, Bücken, Dienstknecht
**Marquard,** Georg Hr, 26.9.16, Somme, 3./RIR 77, Haendorf, Haussohn
**Martens,** Ludwig Hr, 3.9.16, oA verm, 3./FR 73, Bücken, Kaufmann
**Maschendorf,** Hr. D, 15.2.15, Perthes, 7./IR 74, Schwarme Nr. 114, Brinksitzersohn
**Maschendorf,** D, 15.3.15, Argonnen, 7./IR 77, Schwarme Nr. 114, Brinksitzersohn
**Maschendorf,** Hr. Joh, 5.8.18, F, 2. MGK/IR 90, Schwarme Nr. 275, Postbotensohn
**Masemann,** Christel, 1.10.14, F verm, RIR 166, Hoyerhagen Nr. 65, Anbauersohn
**Masemann,** Herm, 20.2.15, F verm, 6./RIR 74, Klein-Borstel, Landwirt
**Masemann,** Hr, 28.4.15, Suwalki Laz, RIR 253, Hoyerhagen, Dienstknecht
**Masemann,** Hr. Fr, 6.7.15, Biala Plata, 9./RIR 253, Schwarme Nr. 103, Pächtersohn
**Masemann,** Herm, 26.9.15, Wilna, GaResReg 1, Martfeld Nr. 122, Postbote
**Masemann,** Fr, 15.10.15, Souplet, IR 77, Hoyerhagen, Dienstknecht
**Masemann,** Joh, 4.5.16, Bezonvaux, FußArtR 2, Bruchhausen, Landwirt
**Masemann,** D. Joh, 17.10.16, Rumänien, ErsBtl 88, Engeln, Pächtersohn
**Masemann,** Herm, 20.3.18, Cambrai, 2./IR 440, Schwarme Nr. 152, Maurersohn

**Mehlhop**, Fr. D, 2.5.15, Galizien, 1./GaFAR 4, Kampsheide Nr. 28, Dreivirtelmeyersohn
**Merz**, Fritz, 29.9.16, Somme, RIR 74, Hoyerhagen, Musiker
**Meyer**, Hr. Joh, 29.8.14, Bonnay, 6./RIR 74, Schwarme Nr. 247, Anbauersohn
**Meyer**, D, 7.9.14, oA verm, 12./RIR 74, Mehringen, Maurer
**Meyer**, Albert, 8.9.14, Thuni, 1./LdstInfBtl Nienburg, Schwarme Nr. 42, Zimmermann
**Meyer**, Hr. Fr, 17.11.14, Ypern, RIR 74, Kampsheide Nr. 9, Eggekötnersohn
**Meyer**, Fr. Joh, oA, 11.14, Yserkanal, 7./RIR 215, Bruchhausen Nr. 36, Kleinbürger
**Meyer**, Fr. Ludwig, oA 1914, Reims, FR 73, Asendorf, Dienstknecht
**Meyer**, D, 16.2.15, Perthes, 1./IR 73, Süstedt, Pächter
**Meyer**, Theo. Hr, 19.2.15, Perthes, 9. RIR 73, Asendorf, Vollkötner
**Meyer**, Hr, 1.3.15, Argonnen, 9./IR 73, Eitzendorf Nr. 90, Anbauer
**Meyer**, Hr, 22.6.15, Salome F, RIR 77, Hoyerhagen Nr. 95, Landwirt
**Meyer**, Hr. Herm, 4.7.15, Zablowic R, IR 74, Magelsen, Tischler
**Meyer**, Fritz, 10.7.15, Priesterwald, 3./GaBrigErsBtl 1, Hoya, Dachdecker
**Meyer**, Hr, 20.7.15, Dzienin Lacki, RIR 204, Weseloh Nr. 6, Halbmeiersohn
**Meyer**, Hr. Fr. Wilh, 22.7.15, R, IR 232, Uepsen, Landwirt
**Meyer**, Karl Fr, 16.8.15, Cholm Laz, 1./RIR 232, Hoya, Kaufmann
**Meyer**, Fr. Hr. D, 20.8.15, Szafranki R, 4./IR 373, Haßbergen, Haussohn
**Meyer**, Joh. D. Hr, 22.8.15, Hartmannsweiler, 10./RIR 78, Brebber Nr. 2, Halbmeiersohn
**Meyer**, Hr. D. Fr, 13.10.15, La Basse, 12./RIR 77, Wöpse, Häusling
**Meyer**, Joh. Fr, 15.10.15, Argonnen, PiBtl 1, Martfeld Nr. 232, Maler
**Meyer**, Herm. Fr. Hr, 12.4.16, Bialystock, Mil-Eisenbahnbetriebsamt I, Haßbergen, Haussohn
**Meyer**, Fritz, 22.4.16, oA, RIR 74, Graue Nr. 21, Halbkötner
**Meyer**, Fritz, 11.5.16, oA, 12./RIR 79, Mehringen, Landwirt
**Meyer**, Hr. Hr, 17.5.16, Loos, RIR 229, Hohenmoor, Haussohn
**Meyer**, Hr. D, 19.6.16, Kiselin R, 6./IR 74, Klein-Borstel, Landwirt
**Meyer**, D. Hr, 26.6.16, Hoya Laz, IR 7, Martfeld Nr. 33, Brinksitzer
**Meyer**, Herm. Hr. Fr, 4.7.16, Zabiluo, IR 77, Martfeld Nr. 78, Anbauersohn
**Meyer**, Wilh. D, 27.7.16, Verdun, 1./ResJägBtl 10, Hoya, Eisenbahngehülfe
**Meyer**, D. Brüne, 30.9.16, Somme, 5./RIR 91, Tuschendorf Nr. 19, Anbauersohn
**Meyer**, Julius Hr, 12.10.16, oA, 3./IR 68, Wechold Nr. 21, Vollkötnersohn
**Meyer**, Fr. Wilh, 13.11.16, Riencourt, 2./RFAR 19, Bücken, Schuhmacher
**Meyer**, Joh. Fr. D, 3.2.17, Beugny, 7./RIR 64, Hilgermissen, Vollmeier
**Meyer**, Joh. Hr, 28.4.17, Arleux, 10./FüsR 73, Kampsheide Nr. 39, Pächter
**Meyer**, D. Joh. Herm, 28.4.17, oA, 7./RIR 91, Mehringen, Dienstknecht
**Meyer**, Herm. Fr. Joh, 6.6.17, Chemin dD, ResErsR 4, Altenbücken, Landwirt
**Meyer**, Georg Fr. D, 24.6.17, Rumänien gest., Stab/FAR 65, Helzendorf, Haussohn
**Meyer**, Hr. D, 30.7.17, Langemark, 11./FüsR 73, Hoya, Bäcker

**Meyer,** Hr. Jo. D, 14.8.17, R, IR 73, Warpe, Brinksitzersohn
**Meyer,** Rennig, 19.8.17, Tarnopol, 11./FußArtR 16, Schwarme Nr. 254, Gastwirtssohn
**Meyer,** Albert Hr, 20.8.17, Höhe 304 verm, ResErsReg 4, Duddenhausen Nr. 4, Eggekötnersohn
**Meyer,** Herm. Fr. Hr, 25.8.17, Lens, GaRIR 1, Duddenhausen Nr. 2, Eggekötnersohn
**Meyer,** Hr. Fr. D, 8.9.17, Mikau Laz, 6./GRzF 4, Berxen, Eisenbahnarbeiter und Unteroffizier
**Meyer,** Joh. Hr. D, 12.10.17, oA Laz, FAR 26, Uenzen Nr. 1a, Pächter
**Meyer,** Renny Hr, 14.10.17, Zuzomcourt, oA, Magelsen, Halbmeier
**Meyer,** D. Hr. Fr, 13.12.17, Hörde Laz, 1./FAR 100, Haßbergen, Anbauer
**Meyer,** Joh. D, 6.1.18, Dedendorf gest, IR 84, Dedendorf, Arbeiter
**Meyer,** Karl Fr. Ernst, 22.3.18, Epehy, 7./RIR 440, Wöpse, Häusling
**Meyer,** Fr. Robert, 31.3.18, F, FAR 26, Hämelhausen, Gastwirtssohn
**Meyer,** Kurt Karl, 6.4.18, Amillegrand, GaFußArtR, Asendorf, Gutspächter
*Meyer, Kurt Karl, 6.4.18, Conchy, 1./GaRFußArtR 1,Bruchhausen Nr. 149, Landwirt*
**Meyer,** Hr. Herm, 7.4.18, St.Quentin Laz, 3.MGK/IR 465, Haendorf, oA
**Meyer,** Hr. Fr. D, 9.4.18, F Laz, 6./GRzF 5, Haßbergen, Arbeiter
**Meyer,** Joh. Rennig, 9.4.18, Festubert, RIR 203, Martfeld Nr. 77, Jagdmeier
**Meyer,** Hr, 18.4.18, Mons, RIR 91, Martfeld Nr. 55, Brinksitzersohn
**Meyer,** D. Joh. Hr, 22.4.18, gest in franz Gefg, IR 91, Wechold Nr. 75, Brinksitzersohn
**Meyer,** Wilh. D, 11.5.18, Colomone, Miwerfkp 215, Magelsen Nr. 22, Brinksitzersohn
**Meyer,** Hr, 14.5.18, R, IR 74, Uepsen, Häusling
**Meyer,** Erwin Albert, 16.5.18, Caix F, FernsprAbtlg 21, Magelsen Nr. 54, Vollmeiersohn
**Meyer,** Hr, 22.5.18, Ballincourt, 5./IR 412, Schwarme Nr. 109, oA
**Meyer,** D. Joh, 26.5.18, Concy, MG-Abtlg 13, Schwarme Nr. 247, Anbauersohn
**Meyer,** Wilh, 14.6.18, Mt Notre Dame, 16./GRzF 4, Bruchhausen Nr. 22, Schlachtermeister
**Meyer,** Fr, 16.6.18, Nonnes, RIR 259, Hoyerhagen Nr. 50, Halbkötnersohn
**Meyer,** Hr. Joh. Wilh, 23.6.18, Saily, 2./RFAR 44, Essen Nr. 1, Pächtersohn
**Meyer,** Joh. Hr. Ernst, 6.7.18, Malancourt, 10./RIR 232, Mehringen, Maurer
**Meyer,** Hr, 12.7.18, Mally Avre, 10./RIR 20, Mehringen, Dienstknecht
**Meyer,** Herm. Julius, 19.7.18, Marcuil, TrainErsAbt 10, Wienbergen, Gutspächtersohn Hingste
**Meyer,** Joh. Hr. Chr, 20.7.18, Reims, IR 210, Magelsen Nr. 48, Brinksitzersohn
**Meyer,** Hr, 22.8.18, oA, RIR 259, Oerdinghausen Nr. 14, Pächter
**Meyer,** Joh. Hr. Richard, 26.8.18, Holthoester Wald, oA, Altenbücken, Landmesser und Leutnant
**Meyer,** Wilh. Herm, 12.9.18, Havrincourt, 4./IR 92, Süstedt Nr. 67, Anbauersohn
**Meyer,** Wilh. Konrad, 18.9.18, Havricourt, 4./IR 79, Bücken, Lehrer und

Leutnant
**Meyer,** Willi, 18.9.18, oA, RIR 1, Graue Nr. 21, Halbkötnersohn
**Meyer,** Joh. Herm, 6.10.18, Oldenburg Laz, FußArtReg 25, Süstedt Nr. 19, Vollmeiersohn
**Meyer**, Hr, 20.11.18, Artzfeld Laz, Munkol 228, Schweringen, Anbauer
**Meyer,** Aug. D, oA 1918, Mally F, JägReg 3, Magelsen Nr. 13, Halbmeiersohn
**Michaelis,** Fr, 29.8.14, St.Quentin, 8./RIR 78, Süstedt Nr. 58, Anbauersohn
**Michaelis,** Hr, 20.7.16, Barleux F, IR 25, Ochtmannien, Dienstknecht
**Michaelis,** Joh. Fr, 24.10.18, Verlain, 7./IR 6, Süstedt Nr. 58, Anbauersohn
**Mindermann,** Hr. Klaus, 6.11.17, Verviers Laz, Miwerfkp 14, Hoya, Schiffer
**Möbes,** Paul, 2.10.15, Somme-Py, 1./IR 79, Süstedt, Lehrer[7]
**Möhlmann,** Hr. Fr, 1.10.14, St.Leonhard, 5./GRzF 3, Haendorf, Haussohn
**Möller,** Otto, 23.10.15, F, oA, Hassel, Lehrer
**Mori,** Joh. Hr, 19.9.19, Wechold gest, UlanReg 14, Wechold Nr. 72, Vollkötnersohn
**Morische,** Herm.Hr, 22.10.14, Ypern, 10./RIR 215, Asendorf, Pächter
**Mühlenfeld,** Hr. D, 29.8.18, Laon, UlanReg 13, Warpe Nr 24, Halbmeiersohn
**Mühlenstedt,** Joh, 5.11.14, Merkem, RIR 212, Schwarme Nr. 109, Anbauersohn
**Müller,** Hr. D, 17.9.14, F, RIR 74, Uepsen, Pächter
**Müller,** Fr. Hr. Wilh, 27.9.14, F, 1./PiReg 19, Asendorf, Anbauer
*Müller, Fr. Hr, 27.9.14, Triere, PiReg 19, Hohenmoor, Maurer und Anbauer*
**Müller,** Joh. Fr, 10.10.14, Staden, JägBtl 10, Süstedt Nr. 53, Anbauersohn
**Müller,** Joh. Hr. D, 27.1.15, Essey, 5.Btl/GaBrig, Bücken, Schneider
**Müller,** Fr, 9.3.15, oA, RIR 74, Graue Nr. 16a, Häusling
**Müller,** Fr, 31.8.15, Schratzmännle, 6./PiErsBtl 10, Uenzen, Malergehilfe
**Müller,** Herm, 6.10.15, Champagne, 3./IR 79, Asendorf, Dienstknecht
**Müller,** D. Joh, 17.10.16, Somme, 10./RIR 6, Brebber Nr. 45, Pächtersohn
**Müller,** Herm. Joh, 17.2.17, Serre, 9./RIR 230, Wöpse, Knecht
**Müller,** Hr. Wilh, 15.4.17, Lagmicourt, RIR 91, Oiste Nr. 12, Haussohn
**Müller,** Herm. Joh, 4.10.17, F verm, IR 92, Oiste Nr. 12, Haussohn
**Mysegades,** Fritz, 6.9.14, F verm, 8./IR 74, Wöpse, Landwirt
**Mysegades,** Joh. Hr, 27.1.16, Arras, 10./RIR 231, Wöpse, Knecht
**Mysegades,** Hr. Christel, 31.3.18, Maisonblank, 11./IR 74, Hoya, Maler
**Mysegades,** Fr. Hr, 17.4.18, F, oA, Hassel, Häuslingssohn
**Neddermann,** Joh. Fr, 14.11.15, Serbien, RIR 232, Süstedt Nr. 54, Anbauersohn
**Neddermeyer,** Georg Hr, 27.4.18, Hoogomotte F, RIR 73, Anderten, Kötnersohn
**Niebuhr,** Joh. D, 11.1.15, Hannover Laz, ErsInfBtl 6, Hohenmoor, Haussohn

---

[7] gebürtig aus Hannover.

**Niebuhr,** Fr. Joh, 25.9.15, Beaurains, 2./JägBtl 13, Schwarme Nr. 11, Halbmeiersohn
**Niebuhr,** Wilh. David, 10.10.15, Perthes, IR 74, Uepsen, Dienstknecht
**Niebuhr,** Segelke, 28.9.16, Borowsn, IR 33, Oiste-Neddernhude, Haussohn
**Niebuhr,** Joh, 22.9.17, oA verm, 4./RIR 39, Süstedt Nr. 80, Bäckermeister
**Niebuhr,** Joh. D, 21.7.18, Armentieres, 1./RIR 260, Uenzen, Knecht
**Niehaus,** Joh, 19.5.15, Wilkoweschki, IR 79, Ochtmannien, Dienstknecht
**Niehaus,** Hr, 30.3.16, F, IR 216, Ochtmannien, Pächter
**Niemann,** Aug, 20.9.16, R, 11./IR 136, Schwarme Nr. 120, Anbauer
**Niemann,** Aug. Louis, 17.8.17, Lens, RIR 93, Hämelhausen, Anbauersohn
**Niemeyer,** D. Wilh, 12.9.15, Maizagola, RIR 253, Wienbergen Nr. 10, Brinksitzersohn
**Niemeyer,** Hr. Fr, 26.5.17, R, LwIR 6, Hohenmoor, Anbauer
**Noack,**Theodor Joh, 15.7.17, oA, GrenR 89, Hassel, Maurer
**Nöbel,** Hr. Joh, 7.10.15, F, IR 91, Eystrup, Kaufmann
**Nolte,** Wilh, 20.6.17, Hildesheim Laz, 5./RIR 74, Süstedt Nr. 17, Halbmeiersohn
**Nolte,** Hr. D, 3.11.18, Monzer Laz, TelegrAbt 107, Klein-Borstel, Landwirt
**Nordhausen,** Ernst, 22.11.14, Lodz, 1./IR 231, Eitzendorf, Haussohn
**Nordhausen,** Fr. Hr, 29.1.16, Lens, IR 84, Magelsen, Tischler
**Nordhausen,** Fr, 20.3.16, Verdun, 8./RIR 74, Asendorf, Musiker
**Nordhausen,** Hr. Wilh, 6.5.18, Kemmel, JägReg 2, Hohenmoor, Haussohn
**Nordhusen,** Hr. D, 1.5.16, Verdun, II./IR 73, Hustedt Nr. 30, Anbauersohn
**Nordmann,** Wilh. Joh, 28.12.15, Hartmannsweilerkopf, 6./RIR 74, Bücken, Tischler
**Nullmeyer,** Joh. Hr, 31.10.17, Flandern, IR 73, Stendern, Tagelöhnersohn
**Oehlschläger,** Fritz Richard, 30.12.15, Hartmannsweilerkopf, 8./RIR 74, Calle Nr. 7, Haussohn
**Oehlschläger,** Hr. D, 26.10.18, Hannover Laz, 6./RIR 74, Calle Nr. 7, Haussohn
**Oestmann,** Hr. Fr, 1.7.15, R, 13./RIR 79, Anderten, Halbmeiersohn
**Oestmann,** Fr. Hr, 24.10.18, F, 3./RFAR 15, Hohenholz, Anbauersohn
**Ohlen von,** Hr. Joh, 11.7.16, Artois, RIR 77, Hassel Nr. 18, Vollmeiersohn
**Ohlhoff,** Wilh, 28.4.16, oA, RIR 78, Oerdinghausen Nr. 12, Pächter
**Ohlmann,** Joh. Hr, 25.7.18, Baslieux, 2./ResJägBtl 24, Uenzen Nr. 58, Kötnersohn
**Ohlmann,** Herm. Hr, 2.11.18, oA Laz, Brückentrain X.AK, Uenzen Nr. 58, Kötnersohn
**Ohlmeyer,** Fr. Joh, 7.10.15, oA, Hassel Nr. 70, Weichenstellersohn
**Ohlmeyer,** Aug. Joh, 28.3.18, oA, IR 75, Hassel Nr. 26, Postbote
**Ohlmeyer,** Herm. Hr, 11.7.18, Laz oA, RIR 201, Hassel, Knecht
**Ohnesorge,** Kurt Karl, 11.6.18, Jüterbog, Fliegerschule, Heiligenberg Nr. 15, Hegemeistersohn und Leutnant
**Oiste von,** Hr. Lüdeke, 15.7.16, Witschaete, 8./IR 215, Schwarme Nr. 20, Halbmeiersohn
**Oldenburg,** Fr, 22.6.15, Münster/Elsaß, 1./IR 74, Schwarme, Pächtersohn
**Oldenburg,** Fr. D, 30.6.16, Pustomity, 6./RIR 201, Asendorf, Pächter
**Oldenburg,** Fr. Hr, 13.4.18, Arras, 2.MGK/IR 440, Schwarme Nr. 41,

Anbauersohn
**Oldenburg,** Willy Theod, 30.5.18, Thyry, GaFAR 4, Asendorf, Kaufmann
**Onken,** Herm. Hr, 2.9.18, F, Fernsprechabt 38, Hassel Nr. 83, Malermeistersohn
**Ostermeyer,** Wilh. Hr, 15.6.16, Verdun, 5./RIR 73, Asendorf, Lehrer
**Otto,** Fritz Hr, 26.4.18, Amiens, 1./MiwerfBtl 10, Schwarme Nr. 265, Anbauersohn
**Pabst,** Hugo, 1.3.15, Somme-Py, FüsR 73, Hoya, Arbeiter
**Padberg,** Herm. Eugen, 2.10.17, Langemark, 6./IR 92, Bücken, Maschinenbauer
**Papelitzki,** Hr. D, 24.10.18, Preux, 3./GaResReg 2, Hoya, Schuhmacher
**Papenhausen,** Joh, 1.8.15, oA, oA, Berxen, Landwirt
**Peimann,** Joh. D, 18.7.18, Jüterbog Laz, oA, Loge, Haussohn
**Peters,** Hr. Adolf, Juli 1915, Argonnen, oA, Hoya, Einjährig-Freiwilliger
**Peters,** Joh, 27.10.16, Zurawieck, 12./IR 77, Kuhlenkamp, Haussohn
**Petzold,** Richard, 19.6.16, Radingheim, 6./IR 230, Uenzen, Stallschweizer
**Petzold,** Karl, 20.8.17, Verdun Höhe 304, ResErsReg 4, Hoya, Kaufmann und Leutnant d.L.
**Pielhop,** Christian D, 2.2.16, Neuville, 2./RIR 229, Schweringen, Ziegeleiarbeiter
**Pinkenell,** Hr. Ehler, 21.6.15, Hrykowa, GRzF 1, Wienbergen Nr. 9, Brinksitzersohn
**Plumhoff,** Hr. Wilh, 4.11.16, St.Pierre-Vastwald, MGK/JägBtl 3, Hoya, Schlosser
**Prange,** Ratje Louis, 8.11.18, Charmois, 7./IR 79, Schwarme Nr. 40, Halbmeier
**Precht,** Wilh, 18.8.17, Gadenecorde, IR 216, Ochtmannien, Dienstknecht
**Prekel,** Fr. Hr, 20.9.17, St.Julien, 2.MGK/RIR 91, Hoya, Dienstknecht
**Ptaschinski,** Max, oA, verm, 10./GrenR 3, Hoya, Schriftsetzer
**Pütschler,** Karl Paul, 9.9.15, oA, 9./RIR 78, Hoya, Bäcker
**Rabbe,** D, 17.8.16, Verdun, 11./IR 39, Süstedt Nr. 33a, Pächtersohn
**Rabbe,** Joh. D, 12.11.17, Broodfeinde, 5./ResErsReg 4, Hoya, Landwirt
**Rabe,** Fr, 31.3.18, Bapaume, 2./FußArtR 406, Bruchhausen, Haussohn
**Rahlmann,** Joh. Herm, 1.8.17, Dun Laz, RIR 74, Hoya, Arbeiter
**Rajes,** Christian D, 14.5.15, R, IR 73, Scholen Nr. 12, Pächtersohn
**Rajes,** Fr. Wilh, 11.10.15, F, IR 73, Scholen Nr. 12, Pächtersohn
*Rajes, Fritz Fr, 11.10.15, oA verm, 3./IR 73, Süstedt Nr. 6a, Häusling*
**Rathkamp,** Hr, 27.9.14, Reims, oA, Süstedt Nr. 79, Anbauersohn
**Rathkamp,** Hr. Joh, 1.12.15, Würzburg Laz, RIR 74, Hustedt Nr. 33a, Anbauersohn
**Raven,** Joh, 28.3.18, Laz oA, 3./RIR 230, Uenzen Nr. 50, Pächtersohn
**Raven,** Wilh, 19.9.18, Armentiers, RIR 253, Engeln, Pächtersohn
**Rehmstedt,** Georg, 1.5.17, oA, ResErsReg 1, Oerdinghausen Nr. 16, Brinksitzer
**Rehmstedt,** Hr, 26.7.17, R, RIR 396, Weseloh Nr. 1b, Haussohn
**Reimers,** Fr. Hr, 24.10.15, Slonim R, IR 74, Dedendorf, Tischler
**Reimers,** Detlef, 11.5.17, Cherisy Arras, 2./RIR 86, Uenzen, Handlungsgehilfe

**Reinecke,** Fr. Hr, 28.7.16, Apolonia, 5./IR 74, Vilsen, Arbeiter
**Reinecke,** Hr. Joh, 10.4.17, Cernyen Laonnois, 6./IR 77, Wöpse, Landwirt
**Reinhardt,** Fr. Wilh, 19.10.18, Minden Laz, FAR 69, Hassel, Schneider
**Rengstorf,** Fritz, 24.9.17, Flandern, RIR 230, Hoyerhagen Nr. 56, Eggekötnersohn
**Richter,** Paul, 24.6.18, Verdun, IR 92, Bruchhausen Nr. 45, Schlosser
**Rickmann,** Fr, 18.10.16, oA, RIR 92, Oerdinghausen Nr. 12, Brenner
**Rieckers,** Joh, 10.10.17, Houthulst, 1./IR 187, Schweringen, Haussohn
**Ripke,** Joh. Hr, 20.7.15, Glodki, 1./RIR 230, Haßbergen, Anbauer
**Rippe,** Joh. Hr, 8.8.15, Lingelkopf, 7./IR 74, Wechold Nr. 53, Brinksitzersohn
**Rippe,** Joh. Fr. Justus, 8.11.15, Verdun, Reslaz Verden, Hoya, Maler
**Rippe,** D. Hr, 15.2.17, Rirdka-Miegecka, 11./LwIR 37, Wienbergen Nr. 7, Vollmeier
**Rippe,** Fr, 7.6.17, Kassel Laz, ResErsR 4, Eitzendorf Nr. 76, Anbauererbe
**Rippe,** Joh, 30.7.17, Flandern, 2./IR 46, Wienbergen Nr. 12, Brinksitzersohn
**Rippe,** Wilh, 31.7.17, Galizien verm, IR 73, Eitzendorf Nr. 59, Vollmeieranerbe
**Rippe,** Joh. Hr, 31.7.17, Flandern, oA, Magelsen, Jäger, Brinksitzersohn
**Rische,** Hr. Fr, 16.4.17, Chermieg, Sankp 510, Bücken, Zimmermann
**Rische,** Aug. Wilh, 4.7.17, Diedenhofen Laz, FußArtR 16, Bücken, Bürgersohn
**Robbert,** Joh. Hr, 26.9.16, R, LwIR 6, Schwarme, Anbauersohn
**Roden von,** Adolf Hr, 25.2.17, Armentiers, IR 92, Haendorf, Lehrer und Leutnant[8]
**Rohlfs,** D, 1.10.16, Freiburg Laz, IR 98, Hassel Nr. 43, Kötnersohn
**Röhrs,** Fr. Christoph, 5.11.16, Rumänien, JägErsBtl 10, Eystrup, Kaufmann
**Rolfs,** Wilh. Herm, 1.2.15, F, IR 78, Eystrup, Schlachter
**Rönitz,** Herm. Hr, 18.9.16, Somme, RIR 77, Duddenhausen Nr. 25, Großbrinksitzersohn
**Röpe,** Alex Konrad, 6.8.14, Belgien, IR 74, Eystrup, Knecht
**Röpe,** Wilh. Konrad Georg, 3.9.15, F, IR 88, Eystrup, Knecht
**Rosebrok,** Hr. Fr, 9.6.16, oA, oA, Hassel-Heithüsen 50, Brinksitzersohn
**Rosenhagen,** D. Hr, 8.1.16, Charleroi, 3./IR 73, Schwarme Nr. 73, Brinksitzer
**Roßkämmer,** Hr. Ludwig, 23.9.14, Marnecelle, 2./LdstBtlNienburg, Holtrup Nr. 28, Häusling
**Rottmann,** Wilh. Fr, 15.10.15, St.Maria-Py, 12./IR 91, Kampsheide Nr. 27, Vollkötnersohn
**Rottmann,** Joh. Hr, 25.4.18, Hamel, Stab/FAR 26, Kampsheide Nr. 27, Vollkötnersohn
**Röver,** Herm. Fr, 4.9.16, Bernay verm, 11./IR 31, Doenhausen, Haussohn
**Röver,** Fritz Joh, 12.2.17, Rumänien, IR 253, Eystrup, Anbauersohn

---

[8] von Roden ist in der Regimentsgeschichte des IR 92 nicht verzeichnet (ebenso RIR 92). Da die Verlustlisten ab Ende 1916 keine Einheiten mehr melden, bleibt unklar, wo er gedient hat.

**Rübekamp,** Karl Hr, 11.3.17, Boiry, 3./IR 128, Bruchhausen Nr. 78, Bäcker
**Rübekamp,** Wilh, 3.6.18, Neiilly, 9./RIR 259, Bruchhausen, Landwirt
**Rübekamp,** Joh. Hr, 20.10.18, Ferriere Ferme, 3.MGK/IR 462, Bruchhausen Nr. 78, Landwirt
**Ruge,** D, 16.5.16, F verm, RIR 78, Hoyerhagen, Anbauer
**Ruge,** Hr, 26.4.17, oA, IR 396, Graue Nr. 33a, Häuslingssohn
**Ruge,** Joh, 12.5.17, Laon, RIR 4, Hoyerhagen, Dienstknecht
**Ruge,** Hr, 1.12.17, Somme, IR 92, Hoyerhagen, Dienstknecht
**Runde,** D. Joh, 23.2.15, R, IR 137, Gandesbergen Nr. 22, Anbauersohn
**Runde,** Fr, 22.7.15, R, IR Kronprinz, Gandesbergen Nr. 22, Anbauersohn
**Runge,** Fr, 22.4.15, Sturm auf Hetsas, 6./RIR 213, Hoya, Kaufmann
**Runge,** Hr. Herm, 3.3.16, Festubert, 2./RIR 77, Wechold Nr. 39, Brinksitzersohn
**Runge,** Johannes, 12.4.17, Neuville, 2./RIR 77, Asendorf, Zimmermann
**Runge,** Joh, 17.4.17, F verm, RIR 77, Süstedt Nr. 2a, Häuslingssohn
**Runge,** Hr. D, 17.8.17, Malancourt verschüttet, 9./RIR 74, Süstedt, Knecht
**Runge,** Herm. Christian, 17.8.17, Rumänien, IR 373, Wechold Nr. 39, Brinksitzersohn
**Ruröde,** Joh, 27.5.17, Le Chateau, FußArtReg 10, Ochtmannien, Anbauer
**Rust,** Hr, 28.6.15, Quesnoy Laz, 11./LwIR 78, Hoya, Müller
**Rust,** Hr. Fr, 20.10.16, Somme, PiBtl 10, Kuhlenkamp Nr. 5, Vollkötner
**Rüter,** Fritz Joh, 28.6.16, Galizien, RIR 204, Eystrup, Kötnersohn
**Sack,** Hr, 4.11.14, F, LwIR 78, Engeln, Häusling
*__Sack,__ Hr, 4.11.14, Belgien, LwIR 78, Weseloh Nr. 10, Pächter*
**Sagehorn,** Joh, 20.10.16, Alexandrowka, 10./IR 91, Haßbergen, Handlungsgehilfe
**Sagehorn,** Joh. Segelke, 28.10.16, Peronne, 11./RIR 394, Schwarme Nr. 119, Häuslingssohn
**Sagehorn,** Hr. D, 21.9.18, Cambrai, MGK/GaGrenReg 1, Schwarme, Sergeant
**Sander,** Eduard Georg, 3.4.16, Aisne, 4./IR 74, Hoya, Postgehülfe
**Sander,** Wilh. Hr, 28.3.18, Cambray, 8./FAR 237, Engeln, Pächtersohn
**Schäding,** Fritz Hr, 5.6.16, Jena Laz, 7./IR 74, Schwarme Nr. 129, Anbauersohn
**Schäfer,** D. Kasten, 22.8.14, Charleroi, 7./IR 74, Scholen Nr. 21, Vollkötnersohn
**Schäfer,** Herm, 19.1.16, Bayern Laz, 7./RIR 230, Engeln, Dienstknecht
**Schäfer,** D. Hr, 24.2.16, F, 3./RIR 77, Berxen Nr. 35, Tischler
**Schäfer,** Joh. Hr, 5.8.16, verm oA, 2./IR 162, Scholen Nr. 21, Vollkötnersohn
**Schäfer,** Fritz, 23.8.18, oA, RIR 440, Graue Nr. 12, Halbkötnersohn
**Schäfer,** Joh, 23.10.18, Fallaise, 1./IR 97, Eitzendorf Nr. 21, Bankbeamter
**Schattling,** Ernst, 29.5.16, Flandern, FAR 26, Asendorf, Kaufmann
**Schiefelbein,** Theodor, 26.7.18, Rilly, FAR 18, Martfeld, Dienstknecht
**Schierenbeck,** Hr. Lüdeke, 16.7.15, Matelin, 9./IR 232, Schwarme Nr. 281, Anbauersohn
**Schierenbeck,** Joh. Hr, 7.8.15, R verm, 6./IR 92, Klein-Borstel, Landwirt
**Schierholz,** Fr. Hr, 11.11.14, Ypern, 6./GRzF 1, Vilsen, Malermeister

**Schierholz,** Joh. Hr, 23.7.15, Pultusk R, 8./RIR 230, Bücken, Pächter
**Schierholz,** Hr. Fr, 21.4.16, Verdun, 10./RIR 78, Schweringen, Arbeiter
**Schierloh,** Hr. Joh, 2.9.18, Cambrai, RIR 18, Oiste Nr. 28, Haussohn
**Schildhauer,** Joh, 16.2.16, Ypern, 6./RIR 92, Asendorf, Arbeiter
**Schlake,** Joh. Fr, 15.2.15, Perthes, 7./RIR 74, Hoya, Schuhmachermeister
**Schlake,** Hr. D, 12.9.18, F, FußArtReg 11, Schweringen, Haussohn
**Schlottmann,** Fr. Aug, 31.7.17, Langemark, 4./RIR 229, Bücken, Arbeiter
**Schlüter,** Hr, 27.11.15, Satischyd, 8./GRzF 1, Schwarme Nr. 268, Tischlersohn
**Schlüter,** Joh, 30.10.17, Flandern, 8./IR 465, Schwarme Nr. 268, Tischlersohn
**Schmalhusen,** D. Herm, 28.8.14, Guise, oA, Wechold Nr. 106, Schuhmachersohn
**Schmeckpeper,** Fr. Hr, 14.2.15, Karpathen, 3./IR 223, Heesen Nr. 16, Brinksitzer
**Schmidt,** Fr. Bernhard, 8.10.14, Hirson, 11./IR 73, Klein-Borstel, Maurer
**Schmidt,** Joh, 24.4.15, St.Julien, oA, Hoya, Dienstknecht
**Schmidt,** Ehler, 18.8.15, Vogesen, IR 78, Martfeld Nr. 182, Anbauer
**Schmidt,** Hr, 5.9.15, Breslau Laz, RIR 232, Martfeld, Musketier
**Schmidt,** Hr, 17.2.17, F, FußArtReg 620, Schwarme Nr. 147, Maurer
**Schmidt,** Joh. Hr, 5.4.17, Viny, RIR 261, Süstedt, Bahnhofswirt
**Schmidt,** Hr. Joh, 21.8.17, Malancourt, 7./RIR 74, Klein-Borstel, Landwirt
**Schmidt,** Georg Hr, 11.12.17, Loos, 6./LwIR 77, Asendorf, Dienstknecht
**Schmidt,** Hermann D, 26.8.18, Carlu, 1./RFAR 43, Asendorf, Dienstknecht
**Schmidt,** Wilh, 23.10.18, F, FußArtBtl 139, Hohenmoor, Haussohn
**Schmidt,** Karl D, oA, Karpathen, FR 73, Asendorf, Dienstknecht
**Schmidt,** Dr. med, Joh. Fr. D, 7.2.18, Obermorschweiler, RFAR 48, Hoya, Arzt und Stabsarzt
**Schmilling,** Hr. Ernst, 4.10.17, Flandern, RIR 92, Magelsen, Pächter
**Schneckner,** Hr. Fr, 10.10.15, Somme-Py, 3./IR 74, Bücken, Landwirtssohn
**Schneckner,** Fr. Karl, 30.4.18, Jekaterineslaw Laz, Munkol 144, Hoya, Eisenbahnschaffner
**Schoke,** Wilh, 24.11.16, Sekulowa Laz, GrenReg 11, Kuhlenkamp, Lehrer und Leutnant dR
**Scholing,** Hr. Wilh, 27.9.15, Argonnen, PiBtl 20, Mahlen Nr. 5, Hofmeiersohn
**Schöniger,** Karl Edmund, 25.3.18, oA Laz, 2./FüsR 73, Hoya, Techniker
**Schoof,** Ludwig, 1914, oA verm, oA, Schweringen, Zimmerer
**Schoof,** D. Joh, 23.4.17, Guemappe, 9./IR 188, Schweringen, Knecht
**Schoof,** Ehler Fr, 31.7.17, Langemark, 11./RIR 229, Schweringen, Schuhmacher
**Schrader,** Hr. D, 16.4.17, oA, RIR 92, Hoya, Schlachter
**Schrader,** Fritz, 12 .11.17, oA, LdstInfReg 37, Graue Nr. 8a, Pächter
**Schröder,** Herm. Hr, 29.8.14, Westen verm, RIR 74, Engeln Nr. 46, Anbauersohn
**Schröder,** Joh. Hr, 7.9.14, F verm, RIR 74, Engeln Nr. 10, Brinksitzersohn
**Schröder,** Joh. D. Brüne, 9.9.14, Reims, 8./RIR 74, Asendorf, Pächter
**Schröder,** Joh, 16.2.15, oA, RIR 74, Oerdinghausen Nr. 6, Pächter

**Schröder,** D, 12.8.15, Kowno, 9./IR 166, Vilsen, Maurermeister
**Schröder,** Fr. Joh. Wilh, 15.10.15, R, RIR 259, Oiste Nr. 9, Haussohn
**Schröder,** Wilh, 11.12.15, Champagne, 5./RIR 75, Eitzendorf Nr. 47, Haussohn
**Schröder,** Hr. D. Fr, 17.12.15, F, IR 53, Gandesbergen, Architekt
**Schröder,** Hr. Fr, 27.10.16, Douaumont, RIR 90, Martfeld Nr. 165, Anbauersohn
**Schröder,** Hr. Fr. D, 3.11.16, Rumänien Alfatar, ResFußArtR 13, Oiste Nr. 9, Haussohn
**Schröder,** Hr, 25.2.17, oA, Pikp1 X.AK, Oerdinghausen Nr. 12, Dienstknecht
**Schröder,** Wilh, 8.10.17, Laz Wolfenbüttel, 3. ErsBat/FAR 46, Bruchhausen Nr. 145, Landwirt
**Schröder,** Hr, 3.12.17, Bourlon, 2./LehrIR, Eitzendorf Nr. 47, Haussohn
**Schröder,** Fr, 27.5.18, LaMalmaison, 2./LdstInfBtlX14, Eitzendorf Nr. 35, Landwirt
**Schröder,** Hr. Joh, 29.7.18, Wangeril, Miwerfkp/RIR 230, Engeln Nr. 10, Brinksitzersohn
**Schröder,** Wilh. Hr, 1.8.18, F, RIR 23, Gandesbergen, Arbeiter
**Schröder,** Joh. Hr, 15.7.19, Verden Laz, MG-Schützentrupp 11/RIR 66, Engeln Nr. 46, Anbauersohn
**Schröder,** Albert, oA, Somme, IR 230, Ochtmannien, Haussohn
**Schröder,** Otto Fr, 5.4.18, Dernancourt, 12./RIR 230, Uenzen Nr. 103, Anbauersohn
**Schuhmacher,** Hr. Joh, 9.9.18, Belgien, 1./IR 74, Schwarme Nr. 77, Anbauersohn
**Schulenberg,** Joh. Hr, 23.8.14, Maubeuge, 1./ResJägBtl 10,Schwarme Nr. 278, Anbauersohn
**Schulenberg,** Gerhard, 7.10.15, Somme-Py, 9./IR 92, Süstedt Nr. 7a, Häusling
**Schulenberg,** Joh, 16.4.17, F verm, 6./RIR 73, Süstedt Nr. 17a, Pächter
**Schulz,** Gustav, 7.8.16, Verdun, 10./FußArt 13, Haßbergen, Lehrer
**Schumacher,** D. Hr, 23.3.15, Poelkapelle, oA, Helzendorf, Zimmermann
**Schumacher,** Hr, 13.6.15, Galizien, GRzF 1, Kuhlenkamp, Haussohn
**Schumacher,** D, 16.6.16, R, IR 77, Ochtmannien, Haussohn
*Schumacher, D, 18.6.16, Twerdin, 8./IR 77, Uenzen, Knecht*
**Schumacher,** Hr. Christian, 19.7.16, Wonnun, 3./LwIR 74, Hoya, Müller
**Schumacher,** Hr. D. Fr, 14.8.16, Loos, 10./RIR 229, Calle Nr. 4, Anbauer
**Schumacher,** Joh. Hr, 14.8.16, Montmedi Laz, 5./RIR 78, Haendorf, Haussohn
**Schumacher,** D, 10.1.17, Sereth, IR 136, Uenzen Nr. 36, Kötnersohn
**Schumacher,** Herm. Hr, 18.4.17, Aisne, 10./IR 186, Hohenholz Nr. 4, Kötnersohn
**Schumacher,** Ehler Herm, 12.11.18, oA Laz, LehrIR 7, Martfeld Nr. 57a, Häuslingssohn
**Schumann,** D. Karl, 13.12.16, Belgien, FAR 282, Martfeld Nr. 109a, Häusling
**Schumann,** Hr. Joh, 18.7.18, Tahure, IR 426, Hassel Nr. 16, Vollmeiersohn

**Schünemann,** Wilh. Hr, 29.9.16, SommePy verm, 4./IR 92, Haendorf, Häusling
**Schünemann,** Hr. Joh, 4.1.17, Bapaume, IR 130, Heiligenberg Nr. 4, Landwirtssohn
**Schütte,** Karl, 12.2.15, Perthes, 8./RIR 74, Haßbergen, Maurer
**Schütte,** Hr. Carsten, 28.9.15, La Basse, 3./RIR 91, Schwarme Nr. 14, Pächtersohn
**Schwarz,** Hr. Fr, 10.8.17, oA, FAR 26, Hassel, Gastwirt
**Schwecke,** Herm, 13.3.15, Perthes, IR 74, Martfeld Nr. 143, Anbauersohn
**Schwecke,** D. Hr, 13.10.18, Neuville, FAR 102, Martfeld Nr. 1, Sergeant
**Schwekendiek,** Wilh. Karl, 24.4.18, Hannover Laz, 4./LdstBtl X 4, Kampsheide Nr. 45, Beamter
**Sebade,** Hr. Fr, 30.9.17, Ypern, 5./IR 78, Dedendorf, Landwirt
**Seevers,** Wilh. Hr, 6.5.15, Rowno, 2./IR 77, Essen Nr. 19, Anbauersohn
**Senning,** Joh. Fr, 17.8.15, NowoGeorgiewsk, II./LdstIR 10, Doenhausen, Zimmergeselle
**Severs,** Hr, 20.2.16, oA, GRzF 1, Oerdinghausen Nr. 20, Dienstknecht
**Sieling,** Ernst, 1.11.17, F, FAR 26, Hassel, Schuhmacher
**Siemers,** Hr. Joh, 19.6.16, Kisolin, 6./IR 74, Asendorf, Schuhmacher
**Siemers,** Joh, 18.8.17, St.Quentin, GRzF 4, Ochtmannien, Anbauer
**Siemers,** Karl, 19.12.17, oA, FernsprAbtlg 417, Graue Nr. 45, Mühlenbesitzersohn
**Siemers,** D, 14.10.18, Hildesheim Laz, 4./RIR 77, Vilsen, Dienstknecht
**Siemers,** Hr. Ehler, oA, Marcoing, IR 30, Wienbergen, Gutspächtersohn Hingste
**Sievers,** Herm. Hr, 20.9.14, Nampcel, 4./IR 75, Süstedt Nr. 44, Anbauersohn
**Sievers,** Fr. Ernst, 26.6.16, Radinghem, 1./FüsR 73, Vilsen, Anbauer
**Sievers,** Rudolf, 20.11.17, F verm, 9./IR 387, Haßbergen, Anbauer
**Sill,** Fritz Hr, 10.2.16, Pinsk, GaPio, Asendorf, Schmied
**Sohn,** Hr, 14.9.14, Braye, 6./RFußArtR 2, Bruchhausen Nr. 26, Kaufmännischer Direktor und Offz-Stellv
**Soller,** Joh. Herm, 16.2.15, Orainville, 10./IR 74, Tuschendorf Nr. 21, Anbauersohn
**Soller,** Joh. Fr, 30.6.16, Zaturce, 12./IR 91, Süstedt Nr. 12a, Pächtersohn
**Soller,** Hr, 23.8.16, oA Laz, IR 98, Martfeld Nr. 129, Postbotensohn
**Soller,** Hr. Herm, 16.9.17, Süstedt gest, 2. Inf.Div/X.AK, Süstedt Nr. 12a, Pächter
**Soller,** D. Albert, 10.3.18, Munster Laz, LdstErsBtl 603, Martfeld Nr. 4, Gastwirt
**Soltau,** Joh, 28.6.18, Soissons verm, 1./IR 56, Schwarme, Brinksitzersohn
**Spannhake,** Ernst, 23.9.15, R, 2./IR 116, Vilsen, Kellner
**Spannhake,** Aug, 16.3.17, Achits la Petit, 8./IR 85, Vilsen, Bäcker
**Spatz,** Herm. Karl, 24.11.17, oA, IR 77, Hoya, Bankvorsteher und Leutnant
**Spöring,** Fritz, 2.7.15, Banoin Laz, Drag 19, Bruchhausen Nr. 186, Müller
**Stahmann,** Cord Hr, 20.4.16, Verdun, 3./RIR 202, Homfeld, Halbkötnersohn
**Stange,** Otto, 26.10.17, Gewelt, 5./RIR 86, Hoya, Bauarbeiter
**Steemke,** Hr. Joh, 15.1.17, F, 2.MGK/FR 73, Asendorf, Großbrinksitzer

**Steffens,** Theodor, 6.9.15, oA, IR 77, Eystrup, Kellner
**Steffens,** Carl, oA, Somme, 7./RIR 77, Schwarme Nr. 15, Malerlehrling
**Stege,** Fr. Joh, oA, Nienburg Laz, 7./RIR 74, Windhorst, Maurer
**Stege,** Hr. D, oA, verm, 4./IR 164, Windhorst, Maurer
**Stehmann,** Wilh. Hr, 31.7.18, oA Laz, Fuhrparkkol 3, Eystrup, Steinsetzer
**Stein,** Wilh. Ernst, 19.7.16, Somme, 7./RIR 229, Hoya, Dachdecker
**Steinhaus,** Fr. Hr, 30.10.15, Belgien, RIR 215, Eystrup, Schmied
**Stelling,** Karl Ferd, 18.7.15, Wolka Laz, IR 92, Bruchhausen Nr. 32, Zimmermann
**Stelling,** Ernst, 3.3.16, Verdun, Miwerfkp 21, Hoya, Maurer
**Stelling,** August, 19.4.17, Chambroy Laz, 2./IR 77, Hoya, Zimmermann
**Stelter,** Christian, 11.7.16, oA, RIR 79, Oerdinghausen Nr. 12, Dienstknecht
**Stelter,** Joh. Hr, 28.8.18, F, Munkol 835, Martfeld Nr. 206, Anbauersohn
**Stephan,** Reinhold, 20.9.17, St.Julien, 10./RIR 91, Hoya, Schriftsetzer
**Stieghahn,** Wilh, 30.4.17, Verdun, LdstR 212, Bruchhausen, Schlachter
**Stockmann,** Kurt Karl, 2.8.15, Vogesen, RIR 74, Hoya, Regierungsbauführer und Leutnant d.R.
**Strahmann,** Joh. Fr, 23.7.18, Dulchy le Chateau, 4./RIR 260, Wöpse, Vollkötner
**Straßburg,** Andreas Hr, 8.1.15, Reims, RIR 74, Hassel Nr. 28, Gastwirtssohn
**Straßburg,** Fritz Hr, 13.11.16, Kaluckowa, Fernsprechzug 101, Hassel Nr. 44, Brinksitzersohn
**Striepe,** Adolf, 30.10.14, Morslede, 5./ResErsR 4, Asendorf, Postbote
**Strodthoff,** Johannes, 2.3.16, Festieux, 5./FAR 26, Hoya, Bäcker
**Strohmaier,** Karl, 7.4.18, F, 9./GaGren 4, Hoya, Klempner
**Strohmann,** Fr, 20.10.14, Staden, RIR 215, Weseloh Nr. 3, Kötner
**Strohmann,** Hr. D, 31.6.15, R, FAR 26, Warpe Nr. 5, Halbkötnersohn
**Struß,** Fritz, 15.3.15, F, IR 73, Gandesbergen Nr. 42, Rottenführer
**Struß,** Hr. D, 26.6.16, Zaturce, 11./IR 77, Schweringen, Knecht
**Struß,** Joh, 15.4.17, oA, oA, Hassel, Landwirtssohn
**Struß,** Hr. Ehler, 26.6.17, Houthulst, 12./RIR 91, Schweringen, Knecht
**Struß,** Hr. Fr. Herm, 23.3.18, F, IR 79     Eystrup, Bahnarbeiter
**Struß,** Fr. Hr, 2.11.18, oA verm, FAR 213, Schweringen, Schuhmacher
**Strutz,** Max Paul, 9.9.17, Dünaburg, 5./LwIR 27, Bruchhausen Nr. 8, Konditor
**Stubbe,** Georg Fr, 26.10.14, Festubert, 3./IR 113, Bruchhausen Nr. 14, Kaufmann
**Stubbendick,** Wilh, 23.5.15, Przemysl, 9./RIR 16, Süstedt Nr. 39, Anbauersohn
**Stubbendick,** Albert Fr, 22.1.18, Bremen Laz, RIR 16, Süstedt Nr. 39, Knecht
**Stubbmann,** Joh, 29.4.17, Festieux Laz, 5./RIR 78, Uenzen, Maurer
**Stuckenschmidt,** Hr. D, 2.10.17, oA, 11./RIR 73, Mehringen, Maurer
**Stuckenschmidt,** Herm, 2.5.18, Noyon, IR 400, Wienbergen Nr. 25, Brinksitzersohn
**Stumpenhusen,** D. Herm, 29.8.14, Guise, FAR 26, Windhorst, Burdorf 37, Halbmeiersohn

**Stünkel,** Wilh, 17.9.17, Nürnbg Laz, FAR 10, Altenbücken, Viehhändler
**Stuwe,** Aug, 12.10.17, Bremen Laz, FAR 67, Engeln, Dienstknecht
**Sudholz,** Hr. Joh, 30.6.16, Baranowitsch, 10./LwIR 6, Asendorf, Halbkötner
**Sudholz,** Hr. D, 8.11.18, Quiny, IR 79, Asendorf, Dienstknecht
**Sudhop,** Fritz, 14.8.15, Losice, 10./IR 228, Schwarme Nr. 4, Vollmeiersohn
**Sudmann,** Fritz Hr, 20.2.18, Uenzen gest, ArmierungsBtl 141, Uenzen Nr. 3a, Pächtersohn
**Suhr,** Hr. Fr, 6.7.15, R, 9./IR 91, Anderten, Anbauersohn
**Suling,** Fritz Louis, 19.6.16, Wolhynien, oA, Hoya, Gefreiter
**Sump,** Wilh. Christian, 16.9.14, Namcel, IR 75, Duddenhausen, Brinksitzersohn
*Sump, Christian Wilh, 20.9.14, Nampcel, 2./IR 75, Wöpse, Knecht*
**Tasto,** Hr. Albert, 6.9.14, F, IR 75, Uepsen, Haussohn
**Tastow,** Joh, 10.6.16, Somme, IR 75, Bruchhausen Nr. 46, Haussohn
*Tastow, Joh, 10.7.16, Somme, 7./IR 75, Süstedt, Schaffner*
**Tecklenburg,** Albert Fr, 3.3.15, oA, 3./RIR 260, Scholen Nr. 3, Vollmeiersohn
**Tecklenburg,** D, 2.8.19, oA Laz, 7./RIR 164, Schwarme Nr. 68, Zimmermannssohn
**Tegtmeyer,** Joh. Fr, 13.10.15, Dumblischki, 12./RIR 260, Schweringen, Haussohn
**Thalmann,** Herm. Joh, 17.11.14, Ypern verm, RIR 73, Wechold Nr. 58, Halbkötnersohn
**Thalmann,** Fr. Herm, 17.7.15, Pilaszkowici, 12./IR 74, Wechold Nr. 67
**Thalmann,** Herm. Ehler, 2.9.16, Thiaumont, 6./GRzF 2, Wechold Nr. 67
**Thalmann,** Herm. Joh, 10.10.18, F, FAR 845, Wechold Nr. 10, Halbkötner
**Thiele,** Hr. Fr, 7.7.15, Maslomecz, 12./RIR 232, Mahlen Nr. 10, Arbeiter
**Thiermann,** Wilh. Hr, 19.10.17, Culm Laz, 2./LwIR 73, Bruchhausen Nr. 33, Kaufmann
**Thies,** Fr. Wilh, 8.2.15, Perthes, 2./RIR 74, Brebber Nr. 25, Brinksitzersohn
**Thies,** Joh. Hr, 16.9.16, Ham Laz, 11./RIR 215, Hoya, Kaufmann und Uffz.
**Thies,** Wilh, 26.3.18, Vermand, 11./IR 91, Brebber Nr. 25, Brinksitzersohn
**Thöle,** Harry Fritz, 11.11.18, Ratibor Laz, 1./JägBtl 10, Altenbücken, Haussohn
**Thölke,** Hr. Karl, 7.7.17, Laon, 7./RIR 259, Anderten, Mühlenbesitzersohn
**Thölke,** Karl Hr, 29.11.17, Cambrai, RIR 440, Martfeld, Kaufmann
**Timmen,** Max, 12.4.16, Douaumont, 12./RIR 73, Schwarme Nr. 172, Pächter
**Tramann,** Joh. D, 1.12.16, Verdun, 1./GrenR 8, Dedendorf, Landwirt
**Trautmann,** Wilh, 4.9.14, St.Amand Laz, 8./RIR 74, Hoya, Unteroffizier
**Troue,** Hr. D, 23.12.16, Spandau Laz, Pulverfabrik Spandau, Kampsheide Nr. 56, Anbauersohn
**Troue,** Philipp, 5.5.17, oA, 1./FAR 26. Wienbergen Nr. 2, Vollmeiersohn
**Trube,** Alexander, 3.12.16, Warschau Laz, oA, Hoya, Kaufmann
**True,** Fr. Hr, 18.4.17, F, RFAR 19, Magelsen Nr. 12, Brinksitzersohn
**Trütner,** Hr, 26.4.16, oA, RIR 74, Oerdinghausen Nr. 9, Landwirt
**Twele,** Wilh, 2.9.17, Riga, RIR 78, Martfeld Nr. 156, Pastorensohn
**Twiefel,** D. Wilh, 20.2.15, Perthes, 6./IR 78, Mehringen, Dienstknecht

**Twietmeyer,** D. Fr, 20.9.14, Nampcel, 7./IR 75, Wienbergen, Postassistent
**Twietmeyer,** Joh. Fr, 9.4.18, Douai Laz, 3./FAR 10, Haendorf, Haussohn
**Twietmeyer,** Herm. Gerd, 15.6.18, F, 2./GRzF 1, Warpe Nr. 7, Halbmeiersohn
**Uchtmann,** D, 21.9.15, Glauchau Laz, IR 73, Weseloh Nr. 17, Steinsetzer
**Uhde,** Herm, 13.10.16, Somme, 6./FußArtR 4, Asendorf, Dienstknecht
**Uhlhorn,** Joh. Herm, 20.3.17, Mazedonien, 4./GaSchützBtl, Kampsheide Nr. 29, Tischler
**Uhlhorn,** Fr. Hr. Wilh, 30.4.17, Arras, Stab/RIR 262, Kampsheide Nr. 29, Lehrer[9]
**Uhlhorn,** Willi D, 9.9.14, Ostpreußen, 1./GaResReg 2, Kampsheide Nr. 29, Halbkötnersohn
**Uhlhorn,** Herm. D, 16.6.17, Boiry, 6./RIR 76, Kampsheide Nr. 58, Schlosser
**Uppendahl,** Hr, 25.2.15, Charleville, IR 74, Martfeld Nr. 244, Anbauersohn
**Vöge,** Fritz, 19.6.15, Pt a Marcq, 2./RIR 77, Süstedt, Dienstknecht
**Vogelsang,** Joh. Hr, 21.10.17, Chemin des Dames, 2./RIR 201, Haendorf, Anbauer
**Voigts,** Joh, 26.6.15, Galizien, 4./IR 91, Schwarme, Schuhmachersohn
**Voigts,** Fr. Joh, 4.8.15, Vogesen, RIR 74, Schwarme Nr. 236, Anbauersohn
**Völker,** Wilh, 4.9.18, oA, 2./FußArtBtl 162, Hoya, Gärtner
**Vollmer,** Hr, 1.8.17, Flandern, 8./RIR 229, Hoya, Wehrmann
**Wachendorf,** Joh. Herm, 1.4.16, St.Eloi, 10./RIR 216, Hoya, Hofmeier
**Wacker,** Segelke Brüne, 20.7.15, Pagny, 3./LwBrigErsBtl 38, Schwarme Nr. 17, Pächter
**Wagenfeld,** Herm, 22.7.16, F, RIR 77, Weseloh Nr. 29, Arbeiter
**Walkowiack,** Fr. Hr, 2.6.17, oA, RIR 260, Hassel, Arbeiter
**Wark,** Joh, 23.7.15, Dobrylas, 3./FüsR 33, Wöpse, Knecht
**Weber,** Hr, 28.10.15, Cobryn, Fuhrparkkol 48, Ochtmannien, Vollkötner
**Wecke,** Wilh, 17.4.17, F, GRzF 1, Gandesbergen Nr. 2, Kötner
**Wedemann,** Wilh. Karl, 7.9.14, F, IR 73, Hassel, Bahnarbeiter
**Wehrenberg,** Hr, 30.7.18, Ollnilly, 3./IR 154, Bruchhausen Nr. 44, Landwirt
**Wehrmann,** D, 20.9.17, verm oA, RIR 77, Oerdinghausen Nr. 6, Dienstknecht
**Wehrmann,** Albert D, 31.8.18, F, FAR 40, Eystrup, Knecht
**Wehrmann,** Joh. Hr. D, 31.8.18, Ailette, oA, Hohenholz, oA
**Welling,** Konrad Hr, 23.11.14, Borowow, 11./GaFüsReg, Vilsen, Kleinbürger
**Wendt,** Fr, 17.2.15, Vouzieres, IR 74, Ochtmannien, Pächter
**Wendt,** Joh. Wilh, 16.7.16, Yser, 5./ResErsReg 4, Mehringen, Halbkötner
**Wendt,** Hr, 4.10.17, Somme verm, IR 79, Ochtmannien, Maurer
**Wendt,** Herm, 6.10.18, Berrieuse, IR 78, Ochtmannien, Pächter

---

[9] Leutnant d.R., geb. 6.5.1891 Kampsheide, in Verlustliste vom 22.5.1917 zunächst als schwer verwundet gemeldet. Mit Liste vom 23.6 1917 dann Korrektur, dass verstorben.

**Wendte,** Hr. D, 28.3.18, oA, GRzF oA, Hassel Nr. 53, Schuhmacher
**Wenholz,** Wilh. D, 25.6.16, Duchcze, RIR 232, Hassel Nr. 54, Knecht
**Werder,** Joh. Hr, 30.3.15, Skobolowo, 12./RIR 260, Uenzen Nr. 30, Pächtersohn
**Werhahn,** Hr. Fr, 27.3.18, Flandern, 5./IR 52, Asendorf, Dienstknecht
**Werhan,** Karl Herm, 25.10.14, Bixschote, 2./RIR 216, Bücken, Landwirtssohn
**Werner,** Joh, 17.10.15, Wolzy, RIR 228, Hoyerhagen Nr. 60, Brinksitzersohn
**Werner,** Joh. Hr, 21.11.16, Somme, oA, Hoya, oA
**Wesseloh,** Willi Hr, 15.2.17, Dünaburg, FeldFlugAbt 223, Bücken, Schofför und Flugzeugführer
**Westermann,** Herm. Hr, 1.3.15, Laz oA, 6./RIR 74, Uenzen Nr. 65, Brinksitzersohn
**Wichmann,** Joh, 12.2.15, oA, RIR 74, Graue Nr. 32b, Häusling
**Wichmann,** Fritz, 8.6.17, gest oA, LdstInfBtl Aurich X 1, Oerdinghausen Nr. 12, Schmied
**Wicke,** Herm, 16.12.14, Macle Laz, 8./RIR 74, Berxen, Vollmeiersohn
**Wicke,** Wilh, 18.2.15, Czyrak, 3./RIR 223, Wöpse, Vollkötner
**Wicke,** Wilh, 8.8.15, Marokko Gefg, 10./RIR 74, Asendorf, Vollkötner
**Wicke,** Fr, oA, oA, Berxen, Vollmeiersohn
**Wiechmann,** Joh. Hr, 12.2.15, Perthes, RIR 74, Hohenmoor, Pächter
**Wiechmann,** Joh. Fr, 1.9.16, F, FußArtBtt 274, Haßbergen, oA
**Wieck,** Hr. Joh, 22.2.17, oA, 1./PiBtl 10, Bruchhausen Nr. 4, Zimmermann
**Wiegmann,** Carsten, 6.9.16, Somme, 10./IR 31, Schwarme Nr. 179, Anbauersohn
**Wienecke,** Ernst, 16.10.15, Thelus, 10./RIR 31, Hoya, Bäcker
**Wigger,** Hr. Joh, 16.9.14, Nampsel, IR 75, Schwarme Nr. 29, Häuslingssohn
**Wigger,** Fr. Hr, 30.9.14, Nogent, 7./RIR 74, Nordholz Nr. 34, Anbauer
**Wigger,** D. Joh, 11.5.17, Graudenz Laz, RekrDepot, Hustedt Nr. 29a, Anbauersohn
**Wiggers,** Fr. Hr, 23.9.16, Bapaume, 1./RIR 230, Hohenholz Nr. 3, Großbrinksitzer
**Wilke,** Herm. Wilh, 9.7.18, Hamburg Laz, FR 73, Asendorf, Gärtner
**Wilkens,** Rudolf, 10.2.15, Lowicz, 6./RIR 227, Doenhausen, Kellner
**Wilkens,** Ernst, 15.3.15, oA verm, 2./IR 16, Doenhausen, Koch
**Wilkens,** Burghard, 21.2.17, Poniewicz, IR 10, Doenhausen, Friseur
**Wilkens,** Joh. Hr, 2.11.17, Flandern, Ers/Gren Reg 9, Schwarme Nr. 224
**Willenbruch,** Hr. D, 30.3.15, Skobolowo, 12./RIR 260, Uenzen Nr. 68, Brinksitzersohn
**Willenbruch,** Eberhard, 16.6.15, Mühlbach, 7./RIR 74, Uenzen Nr. 68, Brinksitzersohn
**Willenbruch,** Joh, 19.2.18, Witten Laz, 8./FAR 4, Schwarme Nr. 246, oA
**Winkelmann,** Joh, 12.10.15, Serbien, 12./RIR 203, Berxen Nr. 39, Anbauersohn
**Winkelmann,** Herm, 1.8.17, Bousheque, 3./IR 68, Schwarme Nr. 52, Kötnersohn
**Winkler,** Karl, 29.8.15, Mazanowka Laz, 3./GRzF 1, Hoya,

Regierungsbauführer
**Winter,** Joh, 8.6.16, Douaumont, 7./RIR 73, Loge, Haussohn
**Winter,** Fr, 3.10.16, St.PierreVaast, 8./RIR 37, Vilsen, Arbeiter
**Winter,** Hr. Herm, 9.11.18, Diedenhofen Laz, RekrDepot, Hustedt Nr. 12, Kötnersohn
**Winter,** Fr, 8.6.18, Breuil, 4./RIR 260, Loge, Haussohn
**Wissel,** Adolf, 5.9.18, oA Laz, FAR 102, Hoya, Dienstknecht
**Wohlers,** Herm. Georg, 29.8.14, F, oA, Hassel, oA
**Wohlers,** Ernst Hr, 9.9.14, Reims, IR 73, Windhorst 11, Vollkötnersohn
**Wolf,** Hr. Fr, 25.9.14, Reims, oA, Hoya, Gefreiter
**Wolf,** Hr. Fr, 3.5.17, Morehy, RIR 6, Martfeld, Anbauer
**Wolters,** Joh, 18.5.15, R verm, GaFüsReg, Hoyerhagen, Arbeiter
**Wolters,** Herm. D, 25.4.18, Flandern, RIR 39, Hilgermissen, Vollmeiersohn
**Wolters,** Herm. Hr, 28.11.18, Verden Laz, IR 74, Wechold Nr. 25, Halbkötnersohn
**Wöpse,** Fritz, 19.7.17, Chemin des Dames, 3./SturmBtl 5, Schweringen, Knecht
**Wortmann,** Herm, 28.3.18, Roye, Fuhrparkkol 606, Schwarme Nr. 29, Halbmeier
**Wübbeling,** Fritz, 15.5.15, Houthulst Laz, RIR 214, Bücken, Bäckermeistersohn
**Wübbeling,** Fritz, 23.2.18, Rozebois, IR 412, Hoyerhagen Nr. 67, Brinksitzersohn
**Wurtmann,** Joh. Hr, 4.9.17, Azannes, 6./RIR 260, Klein-Borstel, Landwirt
**Zabel,** D. Herm, 31.7.17, Flandern, IR 164, Eystrup, Zimmermann
**Zimmermann,** Fritz Emil, 4.11.16, Canteleux, RIR 231, Hoya, Kaufmann
**Zschuppe,** Hellmut, 18.9.17, Moronvillers, oA, Hoya, Student

## Verwendete Abkürzungen:

Vornamen: D:Dietrich,Fr:Friedrich,Herm:Hermann,Hr:Heinrich,Joh:Johann
F: Frankreich
FAR: Feldartillerie-Regiment
FR/FüsR: Füsilier-Regiment
FußArtR: Fuß-Artillerie-Regiment
GaGrenR: Garde-Grenadier-Regiment
GaSchützBtl: Garde-Schützenbataillon
GRzF: Garderegiment zu Fuß
IR: Infanterieregiment
Laz: Lazarett
LdstInfBtl/Reg: Landsturm-Infanteriebataillon/ oder -Regiment
LehrIR: Lehr-Infanterie-Regiment
LwIR: Landwehr-Infanterie-Regiment
MGK: Maschinengewehr-kompanie
oA: ohne Angaben
R: Russland
RekrDepot: Rekruten-Depot

RFAR: Reserve-Feldartillerie-Regiment
RIR: Reserve-Infanterie-Regiment
ResErsReg: Reserve-Ersatz-Regiment

## Beispiele für Abkürzung der Einheiten:
6./RIR 260: 6. Kompanie des Reserve-Infanterie-Regiments Nr. 260
8./FAR 4: 8. Batterie des Feld-Artillerie-Regiments Nr. 4
Das häufig genannte „IR 73" existierte nicht. Wahrscheinlich ist das „FR 73" (Füsilier-Regiment) gemeint.